KB039954

대한민국 부동산
부의 역사

대한민국 부동산
부의 역사

한반도 부의 흐름을 한눈에 살피는
부동산 입지 변천사

이상우, 유성운 지음

포레스트북스

부동산이라는 하나의 주제로 각기 다른 분야의 최고 전문가가 써 내려간 이 책은 역사서인 동시에 투자 안내서이기도 하다. 부동산이라는 주제를 보다 깊이 이해하고자 하는 독자라면 반드시 읽어봐야 할 부동산 교양서라 할 수 있다. 땅이라는 물리적 공간 위에 사람이 만들어간 역사의 흔적들이 우리 삶을 어떻게 규정하는지를 과거와 현재라는 렌즈로 바라보는 이 책을 읽다 보면 미래의 모습이 뚜렷하게 다가오는 경험을 할 수 있을 것이나.

- **최준영**(법무법인 율촌 전문위원, 유튜브 「최준영 박사의 지구본연구소」 진행자)

이 책에는 정조 시대 선비 유만주의 이야기가 나온다. 그는 죽기 전 12년간 꼼꼼하게 일기를 썼다. 일기에는 명동에 집 사는 문제로 골머리를 앓는 그의 모습이 생생히 그려져 있다. 사려는 집의 가격이 한양 중산층의 11년 치 생활비에 맞먹었으니, 이재에 초연하라고 배웠던 조선의 선비에게도 '인서울' 집 장만은 큰 숙제였다. 이 책은 부동산에 관한 인간의 심리뿐 아니라 역사의 큰 틀에서 땅을 보는 식견을 넓힐 수 있는 보기 드문 작품이다.

- **김용석**(서울역사박물관장)

부동산과 역사학이 만나면 이런 책이 나오는구나! 원고를 받아보고 깜짝 놀랐다. 이 책의 다섯 가지 키워드는 교육 환경, 직주근접, 교통 호재, 자연환경, 도시계획이다. 각자의 분야에서 베스트셀러를 쓴 두 분의 전문가가 삼국 시대부터 미래 한국에 이르기까지 통용되는 풍부한 인사이트를 이 다섯 가지 키워드로 풀어낸다. 거의 모든 페이지에 실려 있는 컬러 사진과 지도, 도표가 독자의 이해를 돕는다. 성인을 위한 투자 지침서로서도, 청소년을 위한 생활 경제 교과서로도 권해드릴 수 있겠다.

- **김시덕**(도시 답사가이자 문헌학자, 『우리는 어디서 살아야 하는가』 저자)

조선 시대 한양 북촌, 경복궁과 창덕궁 사이에 자리 잡은 1급지 30평 기와집의 가격은 현재 가치로 거의 15억을 호가할 만큼 비쌌다. 현재 서울 아파트의 평당 가격이 5,000만 원이라는 점을 고려하면, 지금도 이 가격은 되어야 30평대 아파트를 살 수 있다. 2021년 하반기부터 시작된 부동산 시장의 침체 국면이 끝나고 가장 크게 반등할 곳은 어디일까? 나는 이 책을 읽은 후 대략적인 가닥을 잡았고 독자들도 충분한 힌트를 얻을 수 있을 것으로 전망한다.

- 홍춘욱(이코노미스트, 유튜브 「홍춘욱의 경제강의노트」 진행자)

이 책을 읽으면서 부동산을 둘러싼 한국인의 2,000년 DNA를 한눈에 그려볼 수 있었다. 유성운 기자가 풀어놓는 시트콤 같은 옛날이야기 위에 이상우 작가의 깊이 있는 2022년 분석이 트레이싱 페이퍼처럼 겹치며, 신선한 통찰을 경험하게 된다. 역사와 분석이 '단짠단짠' 교차하는 독특한 구성을 즐기다 보면 어느새 나도 대한민국 부동산의 '장기적 차트'를 조망해볼 수 있겠다는 자신감이 슬며시 고개를 든다. 집의 가치를 본질적이면서도 흥미롭게 살펴볼 수 있는 맛깔스러운 양질의 콘텐츠다.

- 류호진(tvN 「어쩌다 사장 1, 2」 PD, 소설 『플레이어 1, 2』 저자)

앞으로 50년 동안 지금 우리나라에 존재하는 거의 모든 집과 건물과 도시는 다시 지어지고 재구성될 것이다. 지난 50년간 전 세계에서 유례를 찾을 수 없던 대한민국의 눈부신 발전 덕분에 현존하는 집과 건물과 도시의 형태가 이제 우리에게는 맞지 않는 옷이 됐기 때문이다. 다가오는 50년은 엄청난 변혁의 시기가 될 것이다. 우리나라 대도시에서는 상상할 수 없는 규모로 건물과 주택이 재배치되고 재건축되는 광경이 펼쳐질 테고 그 과정은 또 한 번 이 땅의 부가 재편되는 기간이 될 것이다. 그 시기에 유용하게 활용할 지혜들을 이 책은 잘 담고 있다.

- **이진우**(경제 전문 기자, MBC 「손에 잡히는 경제」 유튜브 「삼프로TV」 진행자)

부동산은 면면히 흐르는 인간의 삶이다

이상우

『대한민국 아파트 부의 지도』라는 졸저를 낸 것이 지난 2018년의 일이다. 5개의 황금열쇠라는 관점에서 주거지를 고르면 '큰실수'를 하지 않는다는 조언을 담은 책이었는데, 지난 4년여의 시간이 흐르는 동안 많은 요청을 받았다. 개정판을 내지 않느냐는 것이었다. 사실『부의 지도』를 집필할 때 이제 부동산책을 또 쓸 일은 없을 것이라는 생각을 담았다. 주거지를 고르는 기준 5개는 인간의 삶에서 쉽게 변할 만한 요인들이 아닌 데다, 어떤 미래가 닥쳐온다고 해도(물론 뭔가의 격변을 통해 인간의 본성이 부인된다면 달라질 여지는 충분하다) 계속 중시할 수밖에 없는 것이라고 판단했기 때문이다.

그런데 뜻밖의 제안을 받게 됐다. 몇 년 전 일간지 기사에서 상당한 깊이가 있는 부동산 기사를 접한 적이 있다. 바로「중앙일보」 유성운 기자님이 작성한 '퇴계 이황과 정약용이 말하는 부동산 이야기'였다. 당시 굉장히 인상적으로 읽었는데, 그분과 부동산책을 쓸 기회가 생긴 것이다. 나 혼자서는 더 할 말이 없으리라고 봤던 것에서 생각이 바뀐 결정적 계기였다. 우리나라의 유구한 역사 속에서 꼭꼭 숨겨져 있던 부동산 이슈들이 더해지고, 전작에서 다루지 못했던(나 자신도 책을 발간하고 어느 정도 시간이 지나니 아쉬운 점이 조금은 있었다) 것들을 추가할 수 있게 된 것이다.

특히 전작은 '고소득 직장'에 포커스를 맞췄고 그 점이 다른 부동산책들과 명확히 구분되는 특징이었는데, 여기에 역사가 더해진다면 나는 어떤 쪽에 더 집중해야 할까 하는 생각이 들었다. 고심 끝에 얻은 결론이 '교육'이었다. 전작에서는 '돈벌이'에 집중해 일반인의 소비력을 파고들었다면, 교육 관점을 조금 더 폭넓게 다뤄보자는 생각을 했다. 그렇다면 이를 어떻게 표현할 수 있을까에 몰두했고, 그 결과가 바로 '네트워크'의 형성이다. 사실 현대 사회에서는 네트워크 역시 어느 정도 돈으로 만들 수 있다는 점을 부인할 수 없는 만큼 전작에서 다뤘던 '고소득 직장'에 따른 인기 주거지와 교육의 연계성은 더욱 높아질 수밖에 없다. 이번 『대한민국 부동산 부의 역사』 '현대 편'은 이런 관점에서 읽는다면 더 이해하기가 쉽지 않을까 생각된다.

그렇다고 해서 고소득 직장을 소홀히 보진 않았다. 지난 4년여의 시간 동안 높은 연봉을 주는 회사들의 입지가 눈에 띄게 변화했기 때문이다. 예전에 강남을 떠났던 회사들이 유턴하고 있는 최근 모습은 고소득 직장 부분을 작성하는 데 새로운 시각을 부여해줬다. 특히 지난 4년 동안 코로나 탓에 일반인의 생활 패턴이 급변한 것을 두고 '도심을 떠나는 것'이라는 일반론적 해석이 확산됐는데(물론 미국이나 호주, 캐나다처럼 국토가 어마어마하게 큰 나라라면 그럴 수도 있겠지만) 오히려 대한민국, 그것도 서울에서는 도심 집중 현상이 가속화됐다는 사실은 매우 큰 의미가 있다고 판단했다. 앞으로도 이런 현상이 지속된다면 아직도 정의가 분명치 않은 '메타버스'라는 개념으로 인기 지역의 부동산 수요가 감소하리라고 예상하는 것은 지나친 확대 해석이 아닐까 하는 생각이 들었다. 그래서 사고의 확장 차원에서 메타버스 이야기도 언급했다. 게다가 주요 지방 도시들의 주택 가격 상승에 '상당한' 기여를 했다고 자신하는 혁신도시 이슈까지(정치적으로 해석될 여지가 있어서 조금은 위험할 수도 있지만) 다뤘다. 지방 도시에 공공기관 이전이 미친 여파는 생각 이상으로 컸다는 점을 꼭 말하고 싶었다.

여기에 자연환경과 도시계획 등도 다른 관점에서 파고들기 위해 노력했다. 특히 자연환경은 『부의 지도』에서는 고도차高度差에 따른 가격 변동을 주요 포인트로 제시했는데, 이번에는 인간의 노력과 과학기술의 발전에 따른 변화 가능성에 주목해야 함을 강조했다. 호수공원·중앙공원으로 대표되는 1·2기 신도시의 인공자연환경(?)뿐 아니라 군부대 이전이나 민간공원 특례사업과 같은 새로운 부지 만들기, 그리고 대단지 아파트 내에 만들어지는 조경까지 함께 살펴봤다. '노오력'이라는 비아냥이 유행했듯이 어느 날부터 '노력'이라는 단어가 부정적 시각만을 담게 된 듯한데, 여전히 인간의 노력은 자연을 극복하는 원동력이라는 점을 꼭 밝히고 싶었다.

이 책을 통해 부동산에 대한 시각이 근래에 갑자기 생겨난 것이 아니고 시대를 관통하는 인간 삶의 연속이라는 생각을 모두 가질 수 있기를 기대한다.

고대부터 오늘날까지, 사람은 어디에서 사는가

유성운

대학 3학년 때 '조선경제사'라는 강의를 들었다. 한 학기 내내 조선 전반기의 토지제도와 세금만으로 수업이 진행됐다. 가장 어려운 수업 중 하나여서 졸기도 많이 졸았다. 그런데 '퇴계 이황도 재산 증식에 관심이 많았다. 아들에게 보낸 편지를 보면 노비 관리에 대해 무척 구체적으로 지시하고 있다'라는 이야기는 이상하리만큼 머릿속에 오래 남았다. 이에 대한 논문을 찾아보고 더 자세히 알게 된 것은 한참 뒤였는데, 조선 양반들 역시 지금 자산가들 못지않게 경제에 관심이 많았다는 것이 무척 흥미롭게 느껴졌다.

2017년 정치부에 있을 때 역사와 정치를 접목해 칼럼 형식의 기사를 썼는데 반응이 제법 나쁘지 않았다. 당초엔 일회성으로 생각했으나 '유성운의 역사정치'라는 타이틀을 달고

3년 가까이 연재하게 됐다. 그중 반응이 가장 뜨거웠던 것은 "'부귀를 경계하라'던 퇴계 이황은 어떻게 재산을 늘렸나"(2018년 9월 15일 자)라는 기사였다. 이틀 동안 기사 클릭 수가 180만 건에 달했다. 여기저기서 기사를 재밌게 봤다는 연락도 많이 받았다. 대학 때 고생(?)한 게 헛되지 않았다는 생각도 하게 됐다.

기사의 효과를 제대로 실감한 것은 두어 달쯤 후였다. 이 기사를 흥미롭게 봤다는 이상우 대표님과 만나게 된 것. 이날 대화는 대체로 부동산에 집중됐고, 각자의 관심사를 주거니 받거니 하다가 이참에 과거와 현재를 아우르는 땅에 대한 이야기를 써보자고 했다. 어떤 땅에 사람들이 모이고 어떤 땅에 살고 싶어 하는지를 다뤄보자는 것이었다. 때마침 부동산 가격이 치솟던 시기였고, 내 집 마련의 중요성과 무게감을 실감하고 있었기에 더욱 끌렸던 것 같다. 그렇게 해서 나온 결과물이 이 책이다. 러시아의 문호 톨스토이의 단편집 제목을 흉내 내자면 '사람은 어디에서 사는가' 정도라고나 할까.

인간이 사는 데 가장 중요한 3요소로 의식주를 꼽는다. 특히 집은 한번 결정하면 바꾸기도 어렵고 돈도 많이 들기 때문에 무엇보다 기회비용이 크다고 할 수 있다. 이는 과거에도 다르지 않았다. 서울과 인천을 놓고 어디에 사는 것이 더 좋을지 논쟁을 벌인 온조와 비류 설화는 이미 옛날 사람들이 부지 선정에 얼마나 고민했는지를 보여준다. 또 신라 석탈해가 계략을 써서 경주에 있는 호공瓠公의 집을 빼앗은 설화는 그때도 좋은 터와 좋은 집에 대한 애착이 지금 못지않게 강렬했다는 것을 보여준다.

한편 서울 집값이 높았던 것은 어제오늘 일이 아니며, 조선 시대 사람들도 치솟는 한양 집값 때문에 골머리를 앓았다. 일부는 사금융과 '아빠 찬스'를 이용해 집을 마련하기도 했지만, 이런 동아줄이 없는 사람들은 한양 외곽으로 튕겨 나가야 했다. 그토록 한양에 살고자 한 이유 중 하나는 교육 인프라였다. 한양에 거주한다는 것은 양질의 교육과 더 많은 찬스를 의미했기 때문이다. 이런 현상은 그보다 앞선 고려 개경에서부터 확인된다. 강남의 8학군 현상은 그토록 유서가 깊은 것이다.

그 외에도 시야를 넓혀보면 서울은 왜 많은 국가(백제, 조선, 한국)로부터 수도로 낙점을 받았을까. 단지 명당이기 때문일까? 또 한양의 상권은 왜 종로에서 발달했을까, 고대에는 신도시 개발을 어떻게 했을까 등등 관련된 생각거리가 무한히 확장된다.

이 책에서는 역사적 사례들을 통해 과연 인간은 어떤 곳에서 살고 싶어 했는지, 그리고 어떤 곳이 가치 있는 땅이라고 평가받았는지 등을 다뤄보고자 했다. 그리고 과거에서 이어지는 물음은 이상우 대표님이 현대의 사례들을 제시하며 보완하고 현시점의 답을 찾아갈 수 있도록 정리해주셨다. 아마도 이상우 대표님과의 협업이 아니었으면 이 작업은 '과거 사람들이 어쨌다더라' 하는 그저 그런 대중 역사책 정도에 머물렀을 것이다. 그런 졸고에 프리미엄의 가치를 부여해준 것이 이상우 대표님의 글이다. 그 덕분에 미처 알지 못하고 지나칠 뻔했던 사례들을 다시 챙겨 보고 새로운 사실들에 눈뜰 수 있었다. 그래서 이런 기회를 얻은 것에 굉장히 감사하고 있다.

모쪼록 이 모든 것이 나 혼자만의 착각이 아니며, 독자 여러분도 비슷한 경험을 하기를 기대한다. 누군가가 이 책을 읽고 조금이라도 즐거움을 느낀다면 몇 달 동안 낑낑거렸던 기억이 뿌듯한 보람으로 채워질 것 같다.

차례

1부 부동산 보는 안목을 키우는 첫 번째 키워드: 교육 환경

2부 부동산 보는 안목을 키우는 두 번째 키워드: 직주근접

3부 부동산 보는 안목을 키우는 세 번째 키워드: 교통 호재

4부 부동산 보는 안목을 키우는 네 번째 키워드: 자연환경

5부 부동산 보는 안목을 키우는 다섯 번째 키워드: 도시계획

1부

부동산 보는
안목을 키우는
첫 번째 키워드:
교육 환경

1장

좋은 학군은
예나 지금이나
선호 지역 1순위

과거 급제 1번지
개경 구재동

학자들에 따르면, 1만 1,800년 전 마지막 빙하기가 끝나면서 이전에 비해 놀라울 정도로 기후가 따뜻해졌다고 한다. 추운 기후 때문에 수십만 년 동안 동굴 등에 처박혀 움츠리고 지냈던 인류는 비로소 밖으로 나와 수렵, 채집에 이어 농경, 무역으로 활동 영역을 확장했다. 인류학자들은 이때부터 인류 문명이 시작됐기에 신생대 제4기에 해당하는 이때를 '인류세'로 불러야 한다고도 말한다.

신생대부터 농경을 시작한 인류는 협동의 중요성을 깨달았고, 잉여생산물이 만들어지면서 사제나 군인 같은 전문직이 생겨났으며, 외부의 침략을 방어하기 위해 위계질서가 형성됐다. 그렇게 만들어진 것이 도시다. 그러니 도시는 인류세의 산물이자, 인류를 여타 생물과 구별 짓게 하는 가장 위대한 '발명품'인지도 모른다.

　시간이 갈수록 인구도 늘고 각종 산업이 발달하면서 도시는 점차 번영을 이뤘는데, 그 원동력이 무엇이었을까? 농업? 상업? 유통? 모두 맞다. 하지만 무엇보다 중요한 요소는 교육이었다.

　고대 그리스의 아테네가 세계의 수도로 꽃을 피운 것은 경제적 번영 때문만은 아니었다. 아테네가 지중해 세계에서 두각을 나타내면서 외부에서 내로라하는 학자들이 찾아오기 시작했고, 새로운 사상과 혁신이 전반적인 도시 발전을 이끌었다. 아테네 모델은 이후에도 몇 차례 더 등장했다. 중세 유럽의 프랑스 파리와 이탈리아 볼로냐, 르네상스 시기의 이탈리아 피렌체가 대표적이다. 20세기 이후에는 미국 보스턴을 꼽을 수 있다. 이 도시는 하버드를 비롯한 유수의 대학을 보유하면서 역사를 이어가고 있다. 교육은 경제발전 못지않게 도시로 인재를 끌어들이고 재생산하는 강력한 동력이 되어왔다.

　우리 역사에서 이 같은 최초의 모델을 찾아보라면 단연 고려의 수도 개경이다. 물론 이전 왕조의 수도들, 이를테면 고구려의 평양, 백제의 공주와 부여, 신라의 경주 같은 곳에도 분명 교육기관이 있었을 것이다. 특히 고구려는 소수림왕 때인 372년 태학이라는 국립 교육시설이 설립됐다는 명확한 기록이 있다. 백제도 박사博士 제도를 두었고 왕인과 아직기를 일본으로 보내 유학을 전파했다고 하니 역시 교육기관이 있었을 것으로 추정할 수 있다. 이들에 비해 개경은 훨씬 더 구체적이고 풍부한 기록이 남아 있다.

이승장이 개경으로 간 이유

고려 명종 때 사람인 이승장은 상주 경산부(지금의 경북 성주) 출신이다. 그의 부친은 과거에 급제해 권지감찰어사(종6품)까지 오른 관료였는데 이승장이 어렸을 때 세상을 떠났다. 이승장의 모친이 생계를 이어가기 위해 재혼을 했는데 그 집도 유복한 형편은 아니었던지 새아버지는 의붓아들이 가업에 종사해주기를 바랐다. 아마도 상업이나 농업에 종사하는 집안이었던 것 같다. 그러자 이승장의 모친이 이렇게 애원했다.

"첩은 의식을 해결하기 위해 재가를 하게 됐습니다. 그런데 이아이가 다행히도 학문에 뜻을 두고 있으니, 반드시 아버지의 본래 문하에 돌아가게 해서 공부를 시켜야 합니다. 그렇게 하지 않으면 제가 지하에서 어떻게 전남편의 얼굴을 다시 보겠습니까?"

이런 얘길 들으면 꽤 불쾌할 것 같은데, 아내를 무척 사랑했는지 그 남편은 요청을 들어줬다. 이승장은 극적으로 개경으로 갔고, 친부가 다녔던 학교에 입학했다. 그리고 열심히 공부해 1168년(의종 22) 과거에서 장원 급제하여 모친의 기대에 부응했다. 이승장은 훗날 권지감찰어사까지 올라갔는데, 요절한 부친과 같은 벼슬이었으니 감회가 남달랐을 것이다.

여기서 주목할 곳은 이승장이 입학한 학교, 문헌공도文憲公徒다. 이승장의 어머니가 '반드시 아버지의 본래 문하에 돌아가게 해서 공부를 시켜야 한다'고 이곳을 콕 찍은 데는 이유가 있었다.

교육 시티, 개경

이승장이 청운의 꿈을 안고 공부하던 무렵 개경에는 현재 확인되는 것만 해도 12개의 유명한 사립학교가 있었고 각각의 캠퍼스까지 합치면 20여 개의 교육시설이 들어차 있었다. 개경에 사립학교 바람을 일으킨 사람은 '해동공자'라고 불리던 최충이었다. 고려의 최고 벼슬인 문하시중까지 오른 그는 은퇴하면서 사비를 털어 교육기관을 설립했다.

최충의 당초 목적이 무엇이었는지는 모르겠으나, 문헌공도는 결과적으로 인기 있는 과거 전문 입시학원이 되어버렸다. 『고려사』에서 "학도들이 모여들어 거리와 골목을 메우게 됐다"며 "무

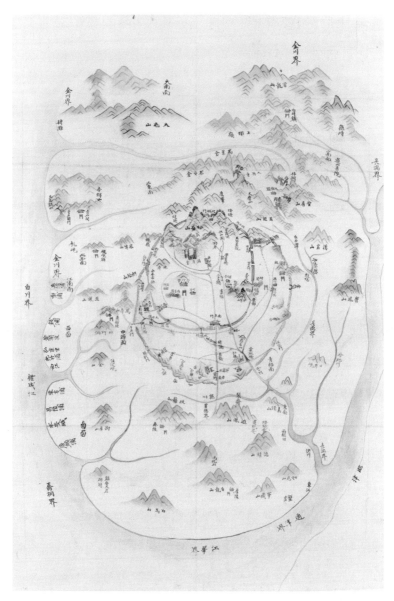

1872년 지방 지도에 그려진 개경

자료: 서울대학교 규장각한국학연구원

릇 과거에 응시할 학생은 반드시 먼저 여기에 적을 두고 배워야 했다"라고 할 정도였다.

해동공자 최충은 1타 강사?

최충은 장원 급제를 한 뒤 한림학사, 예부시랑 등 학술과 관련된 관직을 거친 데다가 과거시험 문제를 출제하는 지공거知貢擧도 여러 차례 맡았다. 지금으로 치면 최고의 '1타 강사'였던 셈이다. 아니, 1타 강사라는 칭호로도 부족하다. 행정고시를 패스해 수능을 주관하는 교육과정평가원 원장과 교육부 장관을 거쳐 국무총리까지 올랐다가 고시 강사가 된 인물이니 말이다. 그런 최충이 학교를 세웠으니 과거시험 비법을 전수받기 위해 전국의 학생들이 바글바글 몰려든 건 당연하다고 할 만했다. 그의 교육 사업이 잘되지 않았다면 되려 이상한 일이다.

『고려사』에 기록된 것처럼 그에게 배우려는 사람들이 거리와 골목을 메우게 되자, 결국 교정을 아홉 군데로 늘렸다. 낙성재·대중재·성명재·경업재·조도재·솔성재·진덕재·대화재·대빙재였다. 그래서 '구재학당九齋學堂'이라고도 불렸다. 오늘날로 치면 종로학원 대치·교대·신촌·목동·송파 등이 있는 것처럼 개경에 9개의 캠퍼스를 만든 셈이다. 캠퍼스별로 특화된 전문 분야가 있었다

고려 수도 개경과 주요 지역
최충은 개경 북쪽 구재동에 학당을 마련했다.
자료: 정은정, 「12·13세기 개경의 영역 확대와 郊外 편제」, 『역사와 경계』 67호, 부산경남사학회; 『개경의 생활사』, 휴머니스트, 2007 참고

는데, 정확한 과목은 전해지지 않는다.

　우리의 주인공 이승장은 9개의 캠퍼스 중 솔성재에서 공부했고, 고려 후기 최고의 문인으로 추앙받는 이규보는 열네 살에 성명재에 입학했다. 당시엔 구재학당에 들어가는 것이 과거 합격에 가장 가까워지는 길이었기에 최충이 머무른 자하동은 개경

최고의 교육특구가 됐다. 나중엔 아예 학원 이름을 따서 구재동이라고 불리게 됐다.

12개의 사립학교가 세워진 개경

최충의 시도가 대성공을 거두자 여기저기서 유사 학교들이 만들어졌다. 11개가 추가로 세워졌는데, 홍문공도·광헌공도·남산도·서원도·문충공도·양신공도·정경공도·충평공도·정헌공도·서시랑도·구산도 등이다. 모두 최충처럼 고위직과 지공거를 역임한 사람들이 세운 학교다.

이것이 11세기의 일이다. 단정하긴 어렵지만, 세계적으로 단일 도시에 이렇게 많은 학교시설이 들어찬 곳은 아마도 드물었을 것이다. 인구 10만 명가량의 도시 안에 국가 교육기관 외에도 12개의 사립학교가 운영되고 전국의 인재가 모여들었으니, 당시 분위기는 아테네나 보스턴과 비슷하지 않았을까.

이성계의 책사로서 조선 건국을 설계한 정도전 역시 경북 영주에서 신동 소리를 듣다가 지역 유지들의 추천을 받아 개경의 12공도 중 한 곳에 들어갔다. 개경의 활기차고 지적인 분위기는 민감한 수재였던 정도전에게 지적 충격과 자극을 줬을 것이다.

이곳에서 정도전은 조준 등 본인 못지않은 일생의 동지들을 만나게 되는데 이들은 나중에 새로운 토지제도를 만들고 새 국가를 건설하는 데 결정적인 영향을 끼쳤다. 일종의 '인적 자본의 외부 효과'라고 할 수 있겠다. 물론 이것은 먼 훗날의 이야기다.

이렇게 12개의 사학이 명성을 떨쳤지만 역시 최강은 최충의 문헌공도였다. 문헌공도라는 명칭은 최충의 시호 문헌공文憲公에서 유래했는데, 당시엔 대단한 권위의 상징이었을 것이다. 지금은 사라졌지만 과거 경기고·서울고 교복에 배지를 달고 다니던 이들이 느끼던 자부심과 비슷하지 않았을까 싶다.

개경 최고의 학부 문헌공도의 비결

여러 학교가 경쟁하는 개경에서 문헌공도가 톱 클래스를 유지한 비결은 최충의 명성도 있었지만, 동문들의 탄탄한 인적 인프라도 무시할 수 없었다. 예를 들어 이승장이 솔성재에서 공부할 때 그를 가르친 인물은 당대 최고 권력자 김부식의 아들 김돈중이었다. 어린 시절 아버지를 여의고 아무런 '빽'도 없던 이승장에게 이것은 대단한 연줄이 됐다.

김돈중 역시 과거에 차석으로 합격했거니와 과거를 주관하는 지공거를 여러 번 맡았기에 과거시험을 훤히 꿰고 있는 인물이었다. 이런 든든한 스승 밑에서 공부할 수 있다는 점 때문에 이승장의 모친이 그토록 무리를 해가면서 문헌공도에 아들을 넣으려고 했는지도 모른다. 김돈중은 이후 이승장의 관직 생활에서도 든든한 버팀목이 되어줬다.

물론 문헌공도가 가진 힘은 이런 연줄 정도에 그치지 않는다. 구재학당은 여름마다 귀법사라는 사찰에서 특별 코스를 열었다. 일종의 서머스쿨 강좌다. 여기선 구재학당 출신으로 과거에 합격해 아직 관직에 나가지 않은 선배들이 특별 코칭을 맡았다.

이때 실시한 '각촉부시刻燭賦詩'라는 프로그램의 기록도 남아 있다. 선배들이 초에 금을 새긴 뒤 초가 그만큼 타들어 갈 때까지 시를 쓰게 하고, 성적에 따라 술자리를 베풀었다. 이런 특별한 자리는 구재학당 학생들에게 상당한 자부심을 안겨줬을 것이다.

고려 후기의 천재 시인 이규보는 문헌공도 시절 이 대회에서 1등을 독차지해 큰 기대를 모은 유망주였다. 이처럼 차별화된 시스템이 바로 전국의 수재들이 모인 개경에서도 문헌공도가 최고의 인재들을 끌어들인 비결이었다.

최충의 자하동만 있었을까?

개경에 이런 교육 타운이 자하동뿐이었을까? 그렇지 않았을 것이다. 정확한 위치가 아직 알려지지 않은, 나머지 11개 사학이 있던 곳 역시 마찬가지였을 것이다. 그 외에도 개경의 교육열을 보여주는 사례는 많다.

선비 강경룡이 집에서 글을 가르쳤는데 그의 제자 10명이 이 과
거에 합격했다. 그들이 와서 뵙느라고 떠들썩한 소리가 밤새도
록 그치지 아니했다. 종실 익양후의 집이 그 곁에 있었는데, 어
느 날 익양후가 입궐하여 그 이야기를 아뢰니, 관리에게 명하여
곡식을 그의 집에 주게 했다.

- 『고려사절요』 충렬왕 5년 3월

족집게 강사였던 강경룡은 익양후라는 작위를 받은 종실의 이웃에
살았을 만큼 고소득자였던 것 같다. 한 차례의 과거에서 제자가 10명
이나 합격했다면 대단한 실력을 지닌 강사였을 테고 연봉도 꽤 높았을
것이다.

개경은 사교육의 천국이었다. 송나라 사신 서긍이 쓴 『고려도경』에는
개경은 일반 주택가에도 두세 집 건너 경관(經館)·서사(書社) 등이 있었
다고 기록돼 있는데, 경관은 지금의 사설학원 같은 곳으로 추정된다. 과
거를 앞두고 족집게 강사를 찾는 일은 드물지 않았으며, 천재 이규보조
차 과거 직전 족집게 과외를 받았다. 그런데도 3전 4기로 붙었으니 경쟁
이 얼마나 치열했는지 알 수 있다. 그러니 너도나도 개경으로 몰려들 수
밖에 없었으리라. 충렬왕 때 고위직을 지낸 김태현은 열 살 때 아버지가
사망하자 어머니가 전남 영광에서 개경으로 데리고 와 교육을 시켰다고
한다. 개경의 교육 인프라를 새삼 실감할 수 있다. 김태현은 열다섯 살
때 사마시에 수석으로 합격했다. 좋은 학군에서 살고자 하는 고려인의
열망은 오늘날 우리와 다르지 않았던 것이다.

한양은
'고려 고시생의 신림동'이었다

요즘은 어디로 가는지 모르겠는데, 내가 대학에 다니던 1990년 대 후반에는 청평이 MT의 성지였다. 금요일 오후에 청량리역에 서 무궁화호를 타고 경춘선을 따라 한 시간 남짓 달려 청평역에 도착하면, 광란의 밤이 우릴 기다리고 있다는 생각에 가슴이 두 근두근했다. 물론 광란의 밤이라고 해봐야 기타 치고 노래하다 가 사발식을 치른 뒤 토하는 정도였지만….

지금도 주말에 가끔 청평을 찾는다. 차를 타고 대성리역에서 청평-자라섬까지 이어지는 46번 도로를 따라 올라가다 보면 큼 지막하게 붙은 '청평 한샘기숙학원', '남양주스카이에듀학원', '대치쿰100기숙학원' 등의 표지판이 눈에 띈다.

찾아보니 여기뿐 아니라 양평이나 가평 곳곳에 이런 기숙학원들이 있는 것 같다. 대학생 때는 눈에 전혀 들어오지 않던 것이라서 '이 근방에 왜 이리도 기숙학원이 많을까?' 생각해본 적이 있다.

내 나름대로 추측해본 바는 이렇다. 조용하고 강을 끼고 있어서 경치가 좋은 데다, 여차하면 한 시간 이내에 서울까지 갈 수 있기 때문이 아닐까. 다만 여름에는 북한강 변에서 수상스키 등 신나게 즐기는 인파를 보노라면 공부에 집중이 잘 될지는 모르겠다. 약이 올라서 더 열심히 할 수도 있겠지만….

고려 시대에도 이런 곳이 있었는데, 다름 아닌 서울이었다. 당

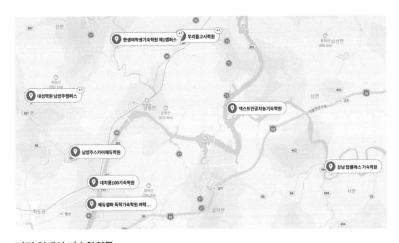

가평 일대의 기숙학원들
여름에 저곳은 서핑 등 수상 레저의 낙원인데 공부가 될지 모르겠다.
자료: 네이버 지도

시엔 남경으로 불렸으며, 서경(평양), 개경(개성)과 함께 3경으로 일컬어졌다.

용산은 고려의 양평·강촌

龍山橫枕城西角(용산을 가로지른 성 서쪽 모퉁이에)

斗起奔來一峯綠(우뚝 솟은 한 봉우리)

下有幽人數間屋(한가로운 사람 그 밑에 집을 지었는데)

白面學子魚聚族(모든 선비들 마치 물고기 떼처럼 모여들어)

橫經鼓篋此爲塾(공부에 뜻을 갖고 여기를 서숙으로 삼는구나)

- 이규보, 『동국이상국집』 '진수재(晉秀才)의 별장에 써서 붙이다' 중

서울의 용산 인근에 1타 강사가 살았다. 워낙 똑똑해 '수재'라고 불렸지만, 진晉 씨라는 것 외에는 알려진 바가 없다. 다만 선비들이 물고기 떼처럼 모여들 정도로 인기가 많았다고 한다. 앞서 언급한 개경의 선비 강경룡만큼이나 유명했으며, 아마도 입시계의 전설과도 같은 인물이었을 것이다. 지금으로 치면 수학 강사 현우진 같은 존재가 아니었을까. 그러니 당대 최고의 문호였던 이규보의 시에도 등장하지 않았겠는가.

흥미로운 건 시에 등장하는 장소가 진수재의 별장이라는 점이

다. 그는 개경에 본가를 두고, 이곳에서 학원을 열었던 것 같다. 지금은 아예 갈 수도 없는 곳이 됐지만 당시에도 서울에서 개경(개성)은 말이나 배를 타고 하루 이틀은 족히 걸리는 거리였다. 다른 지역에 비하면 멀다고 할 수는 없을지라도 개경에서 학생들이 통학을 했을 리는 만무하다. 이규보가 시에서 '숙塾'이라고 표현했듯이 선비들은 이 근방에서 숙식하면서 진수재의 수업을 들었을 것이다.

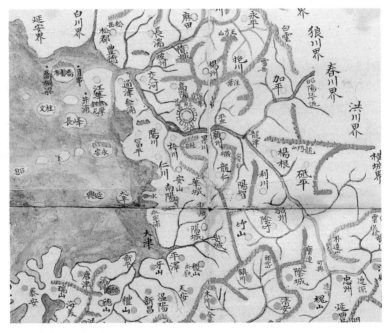

남경의 위치
19세기 전반에 그린 지도로 추정되는 고지도의 일부. 가운데 노란색 원 주변에 흰 테두리가 있는 지역이 남경(서울)이다. 왼쪽 상단에 보이는 '松都(송도)'는 개경이다.
자료: 서울역사박물관

앞서 언급했듯이 서울은 고려 시대 때 남경으로 불렸는데, 개경과 가장 가까운 교통 중심지로 한강을 통해 내륙과 바다(서해)가 모두 연결되는 도시였다.

이곳에는 관료들이 급료 명목으로 받은 과전과 별장들이 모여 있었다. 특히 한강에 맞닿은 용산은 땅이 비옥하고 풍요로워서 인기가 많았다고 한다. 1타 강사 진수재의 별장도 용산에 있었다. 다만 시끌벅적하게 향락을 즐기는 귀족들의 물놀이를 보면서 향학열이 불타올랐을지는 역시 잘 모르겠다.

추정컨대 진수재의 아카데미에는 다소 여유가 있는 개경 귀족의 자제들이 주로 등록하지 않았을까 싶다. 경치, 교통(한강), 레저(낚시 등) 인프라가 모두 갖춰진 이곳에서 그들은 조상 대대로 물려 내려온 별장을 거처로 삼고 럭셔리한 학창 시절을 보냈으리라.

고려의 신림동, 삼각산

용산 못지않게 주목받은 곳이 삼각산(북한산)이었다. 고려사를 훑어보면 과거를 준비하기 위해 삼각산에서 공부했다는 인물들이 적잖게 보인다. 공교롭게도 대개가 지방 출신이다.

경상도 봉화 출신의 정운경(정도전의 부친)이 삼각산에서 공부해

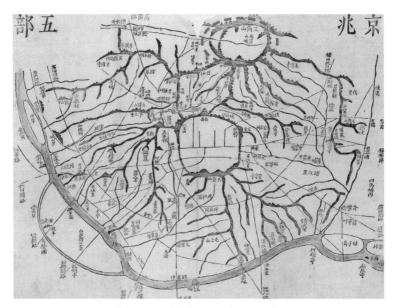

조선 시대 한양을 그린 <경조오부도(京兆五部圖)>
붉은 원으로 표시된 곳이 삼각산이다. 정몽주, 이색 등 지방 출신 고시생들이 이곳에서 공부해 과거에 급제했다.
자료: 서울역사박물관

과거에 급제했으며, 경상도 영일 출신의 정몽주와 경주 출신 이존오도 2년간 삼각산의 한 사찰에서 공부했다. 훗날 고려의 대학자로 성장한 이색도 소년 시절 삼각산에서 공부해 장원 급제한 뒤 원나라까지 진출했다. 그 역시 충청도 한산이 고향이다.

개경 명문가의 자제들보다는 과거 급제가 조금 더 절실한 계층이 이곳을 찾았던 것 같다. 아마도 이들은 한강 주변에서 펼쳐지는 귀족 청년들의 놀이에 눈을 돌릴 여유가 없었을 것이다.

정도전 초상화

삼각산 일대가 고학생들의 고시촌이었다는 것은 신산했던 정도전의 사례에서도 찾아볼 수 있다. 정도전의 호는 '삼봉三峯'으로, 삼각산(북한산)에서 유래했다. 삼각산 아래서 공부했던 그는 이곳을 제2의 고향처럼 편히 여겼다고 한다.

정도전은 1375년 성균관 사예 시절 원나라 사신의 영접을 반대하다가 나주로 유배를 갔다. 그의 첫 번째 정치적 시련이었다. 2년 뒤 풀려나 고향인 경북 영주와 이곳저곳을 떠돌다가, 1382년 삼각산 아래에 삼봉재라는 학원을 세우고 학생들을 가르쳤다.

공이 삼봉재에서 글을 강론하자 사방의 학자들이 많이 따랐다. 이때에 향인으로 재상이 된 자가 미워하여 재옥(齋屋)을 철거하자 공은 제생(諸生)들을 데리고 부평부사 정의(鄭義)에게 가서 의지하여 부(府)의 남촌에 살았는데, 전임 재상 왕모(王某)가 그 땅을 사기 별장으로 만들려고 또 재옥을 철거하여 공은 또 김포로 거처를 옮겼다.

　- 정도전, 『삼봉집』

　학원이 헐리는데 제대로 반항하지도 못하고 떠돌아 다닌 정도전의 신세도 처량하지만, 그런 그를 쫓아다닌 학생들의 처지도 딱하기 그지없다. 만약 정도전의 학생 중에서 개경에 기반을 둔 명문가의 자제가 있었다면 과연 이런 일을 당했을까? 고려에 그토록 학원 시설이 많았는데도 거렁뱅이처럼 이리저리 떠돌아다니는 정도전을 따른 것을 보면, 그들이 정도전의 학원이 아니면 배울 수 없는 열악한 처지에 있었음을 보여준다. 수업료가 꽤 저렴했던 것은 아닐까.

　이로부터 1년 뒤 정도전은 함길도에 있는 동북면도지휘사 이성계를 찾아갔고, 그 만남에서 새로운 역사가 쓰였다.

사찰과 교육의 방정식

남경이 개경과 어깨를 나란히 하는 교육의 메카로 부상한 데는 종교의 역할도 빼놓을 수 없다. 중세 유럽에서 대학은 대개 가톨릭 수도원에서 출발했다. 프랑스를 대표하는 파리대학교도 12세기 시테섬에 세워진 노트르담 성당의 교육시설에서 파생됐고, 영국의 케임브리지대학교 역시 12세기 일리 대성당의 신학 공부에서 시작됐다. 유럽뿐 아니라 인도, 이슬람 국가들도 상황은 비슷했다. 동서를 막론하고 중세 시대의 수도사는 학문적 엘리트 계층이었다. 우리가 중·고등학교 때 중세 유럽을 대표하는 지식인으로 배우는 토마스 아퀴나스 역시 신학자라는 점에서도 알 수 있다.

고려도 마찬가지였다. 남경 삼각산 일대에는 왕실에서 관리하는 신혈사를 비롯해 인수사, 도봉사 등 유명한 절이 많았다. 절이 많다 보니 승려가 많았고, 도시 전반적으로 지적 분위기가 넘쳤다. 말하자면 남경은 고려의 케임브리지 또는 볼로냐 같은 지식 도시로서 기능을 갖출 수 있었다는 이야기다. 이를 정도전의 시에서도 찾아볼 수 있다.

弊業三峰下(하찮은 나의 터전 삼봉 아래라)
歸來松桂秋(돌아와 송계의 가을을 맞네)

家貧妨養疾(집안이 가난하니 병 수양에 방해롭고)

心靜定忘憂(마음이 고요하니 근심 잊기 족하구려)

護竹開迂徑(대나무를 가꾸자고 길 돌려 내고)

憐山起小樓(산이 예뻐 작은 누를 일으켰다오)

隣僧來問字(이웃 중이 찾아와 글자 물으며)

盡日爲相留(해가 다 지도록 머물러 있네)

정도전이 지은 '산중山中'이라는 시로, 이웃에 있는 절에서 중이 찾아와 해가 다 지도록 지식을 나눴음을 노래한다. 훗날 남경이 조선의 수도로 낙점받은 데는 이런 배경도 작용했을 것이다.

남경은 좋은 교육 인프라가 갖춰진 대도시였고, 고려에서 과거를 통해 관료로 등용된 인사들 중에는 남경이 익숙한 사람들이 많았다. 또 고려 말 정도전처럼 혁명을 꿈꾸던 비非개경 출신 인사들은 이곳에서 몸과 마음을 추스르며 내일을 기약했다.

낙성대와 강감찬

서울대가 있는 낙성대는 고려의 대표적 위인 강감찬이 태어난 곳으로, 별이 떨어지는 태몽에서 유래했다. 귀주대첩에서 활약한 일 때문에 무인 이미지가 강하지만, 사실 강감찬은 983년(성종 2) 과거에서 장원 급제한 문관 출신이다. 또 현종 때는 과거를 주관하는 지공거였을 정도로 뛰어난 학문을 인정받은 학자였다.

　그의 본관이 금천(현재의 금천구) 강씨라는 점은 강감찬 집안이 대대로 이 지역에서 살아왔음을 보여준다. 그런 사연을 가진 낙성대에 서울대가 자리 잡은 것은 재미있는 우연의 일치다.

조용한 시골이던 선산은
어떻게 지역 명문이 됐나

지금은 많이 퇴색했지만, 예전에는 지방 명문고가 꽤 기세를 떨
쳤다. 부산고·대전고·경북고·광주서석고·울산학성고 같은 지방
명문들이 SKY에 50~100명가량을 합격시키면서 서울의 웬만한
고교보다는 낮다는 평가를 받았다. 다음의 기사가 당시 상황을
잘 보여준다.

이번 입시 결과의 특징을 간추려보면 서울의 세칭 일류 고교들
이 일류 대학에 많이 들어가기는 했으나 예년에 비해 합격률이
크게 낮아졌고, 지방 명문 고교들의 서울 진출이 괄목할 만큼 두

드러지게 나타났고 (…) 서울대를 보면 서울의 경기고(330명), 서울고(248명), 경복고(220명)에 이어 경남고(173명), 부산고(141명), 광주일고(131명), 경북고(112명), 대전고(100명) 등 5개 지방 고교가 모두 100명 이상의 합격자를 냈고 (…).

- 「동아일보」 1972년 2월 7일

이렇게 서울에 입성한 지방고 출신 정치인과 관료들은 서로 밀어주고 끌어주며 공고한 네트워크를 형성했다. 서울 및 수도권의 외국어고가 기세를 올리던 1990년대 이전까지의 이야기다.

조선도 상황이 비슷했다. 조선 전기까지는 학문 권력이 지방 쪽에 기울어 있었다. 지방 명문들이 과거 급제자를 다수 배출하고 위상이 올라가면서 인근 인재들을 쓸어 담는, 이른바 '선순환' 구조로 재미를 봤다. 이렇게 한양으로 진출한 동향 출신 급제자들은 선후배가 서로 기댈 언덕이 되어주면서 탄탄한 세력을 쌓았다.

그 선두 주자가 영남 사림, 그중에서도 경북의 작은 고을 선산이었다. 모든 이야기는 조선 개국 후 8년이 지난 1400년, 길재와 이방원의 만남에서 시작된다.

길재의 낙향과 조선형 자사고 설립

조선 초인 1400년(정종 2), 길재를 소환하라는 왕명이 떨어졌다. 1392년 조선이 건국되자, 길재는 불사이군不事二君을 내세워 고향 선산으로 내려가 외부와 담을 쌓고 지냈다. 하지만 나라에서 역마驛馬까지 보내며 재촉하니 계속 뿌리치기 어려웠던지 왕세자 이방원을 만났다.

사실 두 사람은 각별한 사이였다. 어린 시절 개경의 같은 동네에 살면서 동문수학했다. 이방원은 길재의 학문을 높이 샀고 깍듯하게 대했다고 한다. 이날도 마찬가지였다. 이방원은 길재에게 벼슬을 제안하면서 새 왕조에 동참하도록 구슬렸다. 그러나 길재의 뜻이 워낙 확고해 이방원은 그를 돌려보낼 수밖에 없었다. 대신 세금 및 부역 감면이라는 선물로 옛 친구에게 호의를 베풀었다.

당시 국왕은 허수아비였고, 조선의 권력은 차기 왕위가 예약된 이방원에게 있었다. 이방원이 길재를 어떻게 대우하는지를 본 지방관들은 태도가 바뀌었다. 선산군수 이양은 길재에게 밤실의 토지를 내줬고, 경상감사 남재는 그가 살 집과 가묘家廟를 지어줬다.

이를 바탕으로 길재는 선산에 학교를 세웠고, 머지않아 각지에서 학생들이 몰려들었다. 선산뿐 아니라 군위, 영천, 청도, 비안 그리고 멀리 전라도에서도 학생들이 찾아왔다. 관청과 지역 유지들의 후원 속에 외부 인재까지 빨아들인 길재의 학교는 지금으로 치면 유명 자립형사립고(자사고)나 마찬가지였다. 조선 전기의 이런 분위기는 『중종실록』에서 "관학館學에 모여 학업을 연마하지 아니하고 사사로이 집에서 배우고 있다"라고 지적한 데서도 엿볼 수 있다.

조선 초의 교육특구 선산

조선의 자사고는 확실한 성과를 보여줬다. 개국 이래 단종 대까지 64년 동안 서른다섯 차례의 과거(대과)시험이 치러졌는데, 선산에서만 26명의 급제자가 배출됐다. 이 기간에 과거 급제자가 총 1,011명이었으니 합격자의 2.6%가 선산에서 나온 것이다. 조선 시대 군·현 수는 약 330개로, 산술적으로 따지면 한 고을당 과거 급제자가 평균 3명 정도여야 한다. 그런데 선산에서는 26명이 배출돼 평균의 9배에 육박했다. 선산이 전주나 경주처럼 대도시

(단위: 명)

선산	전국	지역별 평균
26	1,011	3.06

선산의 대과 합격자 수

가 아니었다는 점을 고려하면 더욱 놀라운 수치다.

　내용을 들여다보면 흥미로운 점이 또 있다. 대과 합격자 26명 중 장원과 부장원이 6명인데 이들은 모두 선산의 영봉리라는 한 마을 출신이었다. 큰 도시도 아니고 리里 단위의 마을에서 60년간 사법시험 수석과 차석 6명이 나온 셈이니, 단연 돋보일 수밖에 없었다. 그래서 영봉리에는 '장원방壯元坊'이라는 별칭이 붙었다.

　여기서 잠깐 조선 시대 과거시험의 프로세스를 알아보자. 흔히 현대의 고시와 비교되기도 하지만, 내부를 들여다보면 그 이상으로 합격하기 어려운 시험이었음을 알 수 있다.

　조선의 과거는 통상 3년마다 치르는 문과를 가리킨다. 소과와 대과로 나뉘는데 소과는 초시(1차 시험)에서 700명, 복시(2차 시험)에서 200명을 선발했고, 이들에겐 성균관 입학과 대과에 응시할 자격이 주어졌다. 고시로 치면 1차 시험 격이다. 소과 합격만으로도 관직에 나갈 수 있지만, 주로 하위직만 맴돌기 때문에 대부분 대과에 도전했다.

　대과는 다시 초시와 복시를 거쳐 33명을 선발했는데, 이들이 흔히 이야기하는 과거 급제자다. 이 33명을 대상으로 순위를 가리는 시험(전시)을 치르는데, 여기서 1등 한 사람을 '장원'이라고 불렀다.

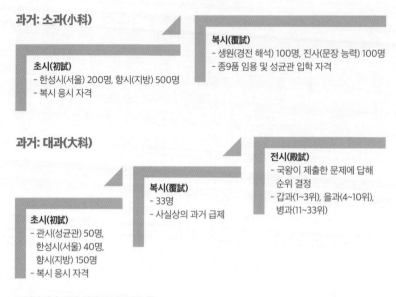

과거: 소과(小科)

초시(初試)
- 한성시(서울) 200명, 향시(지방) 500명
- 복시 응시 자격

복시(覆試)
- 생원(경전 해석) 100명, 진사(문장 능력) 100명
- 종9품 임용 및 성균관 입학 자격

과거: 대과(大科)

초시(初試)
- 관시(성균관) 50명,
  한성시(서울) 40명,
  향시(지방) 150명
- 복시 응시 자격

복시(覆試)
- 33명
- 사실상의 과거 급제

전시(殿試)
- 국왕이 제출한 문제에 답해
  순위 결정
- 갑과(1~3위), 을과(4~10위),
  병과(11~33위)

※ 전시 갑과 1등을 장원(壯元)이라고 함.
※ 전시 갑과는 정7품, 을과는 정8품, 병과는 정9품에서 관직을 시작하되, 장원은 종6품으로 시작함.

조선의 과거시험 제도
3년마다 치르는 정기시험(식년시) 외에 증광시, 별시, 알성시 등 비정기시험도 있었다.

이처럼 과거 급제자는 3년마다 수십만 명의 응시생 중 선발된 33인을 가리키는 말이니, 장원이 아니더라도 대단한 수준의 인재였음을 알 수 있다(최근까지 한국에서 특급 인재로 인정했던 3대 고시, 즉 사법·행정·외무고시에서는 해마다 1,300명가량이 합격했다).

과거 급제자 중에서 뛰어난 인재를 선발했던 집현전에도 선산 출신이 많았다. 1420년(세종 2) 설립돼 1455년(세조 2) 문을 닫을 때까지 35년간 96명의 학사가 거쳐 갔는데, 선산 출신이 6명(6.3%)이었다. 훗날 2품 이상 재상급 관료로 승진한 사람도 8명이나 됐다.

선산의 성공 비결

선산에서 만들어진 이 놀라운 결과를 어떻게 봐야 할까? 단순히 교육특구라는 측면만이 아니라 이 지역이 가진 구조적 특징을 살펴봐야 온전한 모습을 그릴 수 있을 것이다.

　선산은 낙동강과 감천이 만나는 길목에 있는 교통의 요지였다. 고려 시대부터 많은 물자와 사람이 이곳을 거쳐 이동했다. 조선이 개국한 뒤 영남대로가 개설되면서 그 역할이 더욱 막중해졌다. 한양-충주-대구-부산을 잇는 영남대로가 선산을 관통하

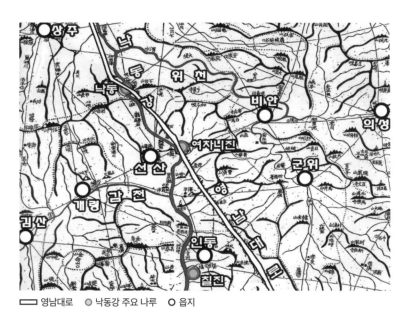

▭ 영남대로　● 낙동강 주요 나루　○ 읍지

선산의 위치
자료: 김성우, 「15~16세기 인재의 府庫, 선산」 『대구사학』 제143호, 2021년 5월

면서 이곳은 그야말로 영남의 물류와 유통의 중심지가 됐다. 자연히 사람들도 이곳으로 모여들었고, 우리가 잘 아는 퇴계 이황의 진성 이씨 집안도 이런 과정에서 이 지역에 뿌리를 내렸다.

길재가 낙향한 뒤 학교를 설립한 것도 이 무렵이다. 사람과 물자가 모이는 와중에 명문학교까지 세워졌으니 성장은 당연한 결과였다. 김성우 대구한의대 교수가 쓴 논문 「15~16세기 인재의 부고府庫, 선산」에 따르면 15세기 전반 선산의 인구 밀집도는 인근 고을인 김천의 1.5배, 지례의 2배였다고 한다.

풍부한 쌀로 늘어나는 인구를 먹여 살리다

조선은 상업이 그다지 발달하지 않았다. 그럼에도 선산이 급증한 인구를 부양할 수 있었던 것은 풍부한 농업생산량 덕분이었다.

조선 시대는 밭농사에서 논농사로 전환하던 시기였다. 조선 초 논농사가 가장 발달한 곳이 경북이었고, 그중에서도 선산은 '수경직파법'이라는 선진농법으로 조선에서도 손꼽힐 정도의 높은 농업생산성을 자랑했다. 알다시피 논농사에는 밭농사보다 농업용수가 더 많이 필요하다. 충분한 용수가 확보되지 않으면 논농사를 짓기 어렵다. 그래서 조선 전기만 하더라도 논과 밭의 비율이 2:8에 불과했다. 저수지 같은 시설을 제대로 확보한 곳이 별로 없었기 때문이다.

그나마 저수지를 가장 많이 갖춘 곳이 경상도였다. 『세종실록지리지』에 따르면 전국 저수지 44개 가운데 절반에 가까운 20개가 경상도에 있었다. 나머지는 충청도 14개, 전라도 4개, 경기도 3개, 황해도 2개, 강원도 1개로 경상도가 논농사에 압도적으로 유리한 환경이다. 그 덕에 경상도는 논의 비율이 33.7%로 높은 편이었는데 그중에서도 선산은 무려 60%를 넘었다. 앞서 조선의 논과 밭 비율이 평균 2:8이라고 했으니, 단순히 계산하자면 선산에서는 다른 지역보다 평균 3배가량 많은 쌀이 생산됐다고 할 수 있다.

(단위: 개)

전국	경상도	충청도	전라도	경기도	황해도	강원도
44	20	14	4	3	2	1

조선의 저수지 현황
자료: 『세종실록지리지』

교통의 요지라는 지리적 조건에 농업 발달, 인구 팽창, 인재 배출이 더해지면서 선산은 조선에서 손꼽힐 만한 지역으로 부상했다. 이런 배경 아래 길재를 비롯하여 김숙자, 김종직, 김굉필 등 조선 전기를 대표하는 쟁쟁한 성리학자들이 배출됐다. 그래서 선산은 '추로지향鄒魯之鄕('맹자의 고향인 추나라와 공자의 고향인 노나라'라는 뜻으로, 예절을 알고 학문이 왕성한 곳을 가리킴)'이라는 영광스러운 호칭과 함께 "조선 인재의 반이 경상도에 있고, 경상도 인재의 반은 선산에 있다"라는 말이 나올 정도로 황금기를 누렸다. 또한 조금 더 시야를 넓히면 선산 인근인 예안에서는 이황, 안동에서는 유성룡 등 걸출한 인재들이 나왔으니 조선 전반기는 그야말로 영남의 전성시대였다고 할 수 있다.

조선의 8학군으로
단단히 자리 잡은 한양

몇 년 전 방영된 SBS 드라마〈사임당, 빛의 일기〉에서는 교육을 위한 신사임당과 이율곡 모자의 눈물겨운 고군분투가 묘사됐다.

율곡은 어린 시절 외가인 강원도 강릉에서 자랐지만, 아들이 더 나은 환경에서 교육받게 하겠다는 신사임당의 결심으로 한양으로 이사했다. 이들이 노린 곳은 한양 최고의 명문으로 평가받던 중부학당이었다. 중부학당은 성균관 유생 중 이곳 출신이 가장 큰 비중을 차지할 정도로 명실상부 초일류 학교였다. 지방 출신에 가세마저 기운 율곡의 집안에서 꿈꿀 수 있는 학교는 아니었다.

우여곡절 끝에 중부학당에 결원이 생기고 율곡의 재능을 높이 산 교수관의 추천으로 입교 기회가 생겼지만, 당대 조선판 금수저라고 할 수 있는 권문세도가의 부인들로 구성된 중부학당 자모회가 막아서면서 난관에 부딪히게 된다. 그러나 신사임당이 누구인가! 다양한 재주와 교육열로 5만 원짜리 지폐에도 초상화가 실린 인물 아니던가. 그녀는 결국 아들 율곡을 중부학당에 보내는 데 성공하는데….

물론 이건 픽션이다. 율곡 모자가 실제로 이런 어려움을 겪었는지 어떤지는 알 수 없으나, 강릉에서 한양으로 이주한 것은 맞으니 개연성이 전혀 없다고도 할 수는 없겠다. 아울러 이 에피소드는 조선의 교육 시스템에 대한 단서를 던져준다.

새 수도 한양을 살릴 묘책

조선의 건국 세력은 기본적으로 사학私學에 매우 부정석이었다. 고려 때 기득권층이 구재학당(문헌공도)을 통해 어떻게 인맥을 맺고 권력을 독과점했는지를 목격했기 때문이다. 그래서 고려 말 권력을 잡자마자 구재학당 등 주요 사학부터 폐쇄했고, 그곳 학생들을 모두 성균관으로 전학시키는 강수를 뒀다.

신진사대부들의 관학官學 살리기는 조선 초에도 이어졌다. 조선 국왕 중 유일하게 과거(고려 때)에 급제한 경력이 있는 태종은 교육의 중요성을 누구보다 잘 이해했다. 그는 한양에 국립 교육 시설인 사학四學을 설립하고 성균관의 관원을 보내 가르치도록 했다. 이렇게 해서 중부학당(현재 중학동)·동부학당(현재 종로 6가)·서부학당(현재 태평로 1가)·남부학당(현재 남학동)이 설립됐는데, 우수한 학생들에겐 소과를 치르지 않고도 성균관에 들어갈 자격을 부여했다.

한번 생각해보자. 대통령의 지시로 서울에 4개의 공립고교를 만든 뒤 전원 서울대 출신의 교사들로 채우고 성적 우수자는 무시험으로 서울대에 가게 한다면, 학교의 경쟁력은 당연히 올라가지 않겠는가.

사실 천도 후 조선은 큰 고민을 안고 있었다. 개경에 사는 명문세가들이 조정을 따라 한양으로 오지 않았기 때문이다. 아무래도 인프라가 부족한 새 수도 한양보다는 400년 고도이자 인프라가 풍부한 개경이 살기 좋았으리라. 그런 와중에 한양에 4개의 학교가 세워진 것이다. 새 수도 한양을 살릴 방안 중 하나를 교육 수요로 본 것은 아닐까? 1970년대 강남 개발 때도 비슷한 장면이 펼쳐졌다. 강북에 살던 주민들이 내려오려고 하지 않아 아파트를 지어 공무원들에게 강제로 분양했고, 이마저도 먹히지 않자 경기고·휘문고·경기여고 등 전통의 명문고를 강남으로 이주시켜 강남 시대를 열었다.

<수선전도(首善全圖)>에서 확인할 수 있는 사학 위치
파란색은 중학, 주황색은 서학, 노란색은 남학, 녹색은 동학, 빨간색은 성균관을 나타낸다.
자료: 서울역사박물관

　　이렇게 세워진 4개의 학교 중 명문으로 꼽히는 곳이 중부학당
이었다. 중부학당은 현재 경복궁 맞은편 K트윈타워 자리에 있었
다. 경복궁, 육조거리(관청가, 지금의 광화문 앞 거리), 노론 명문가의
거주 타운인 북촌에 인접해 있어 최고의 학군으로 인정받았다.
중부학당의 이름을 따서 이곳을 흐르는 개울도 중학천이라고 불
렀다.

상황이 이러하니, 자녀 교육에 '영끌'했던 신사임당이 아들 율곡을 중부학당에 보내려고 그토록 애를 쓴 것도 이해가 가지 않는가?

지방의 쇠락, 서울의 부상

앞에서 살펴봤듯이 조선 전기는 영남 사림의 시대였다. 길재가 세운 사립학교를 시작으로 김종직·김굉필·이황 같은 대학자들이 배출되고 유성룡·정인홍 같은 대정치가들이 나오면서 영남의 전성시대를 열었다.

그러나 해가 뜨면 지기 마련이다. 조선을 이끌었던 영남 사림의 찬란한 시대도 조선 선조 대를 정점으로 점차 기울기 시작했고, 18세기부터는 무게추가 한양으로 넘어왔다. 어찌 보면 자연스러운 흐름이었다. 과거 급제로 지방에서 상경해 높은 벼슬을 한 인사들이 점차 한양에 눌러앉기 시작했고, 그의 자녀들은 자연스레 '한양 사람'이 되어 새로운 기득권층으로 자리 잡았기 때문이다.

윤석열 대통령 집안을 봐도 쉽게 이해할 수 있다. 윤 대통령의 부친 윤기중 연세대 명예교수는 충남 논산에서 고등학교까지 마친 뒤, 대학 때 서울로 올라와 학계에서 자리를 잡았다. 아들 윤석열은 서울에서 태어나 초·중·고를 쭉 서울에서 다녔고 대학도 서울에서 마친 서울 토박이다. 교육을 통해 신분을 상승시킨 집안이다. 조선에서도 이 같은 현상이 나타났던 것이다.

이렇게 한양에 정착한 가문 중 흔히 '안동 김씨'라고 부르는 19세기 세도정치 가문, 장동 김씨가 유명하다. 장동 김씨는 병자호란 당시 척화파의 선두였던 김상헌의 후예들로 장동(오늘날 서울 종로구 효자동) 일대에 모여 살았다. 그 외에도 달성 서씨, 풍산 홍씨, 파평 윤씨, 반남 박씨, 청송 심씨, 경주 김씨 등이 있는데 한양에 거주하는 이 가문들에서 문과 급제자가 다수 배출됐음은 물론이다. 이들은 '경화사족京華士族'이라고 불리며 한양을 중심으로 새로운 기득권층을 형성했다.

한양 독점 시대

한양의 집중화를 보여주는 자료 중 하나로 문과 급세자의 지역별 비율을 들 수 있다. 조선 시대의 과거는 권력과 재력 그리고 사회적 권위를 획득하는 거의 유일한 사다리였다. 그러므로 이는 고시 합격자나 서울대 입학자 수를 따져보는 것과 비슷하다.

이원명 서울여대 교수가 문과 급제자를 다수 배출한 주요 가문과 지역별 분포를 조사한 자료를 보자. 그는 과거 급제자를

100명 이상 낸 가문은 1그룹(15개), 40~99명을 낸 가문은 2그룹(26개), 1~39명을 낸 가문은 3그룹(117개)으로 나눴다. 그런데 여기서 흥미로운 사실이 발견됐다. 과거 급제자가 100명 이상 나온 1그룹 가문에서 한양 출신은 16세기 후반과 17세기 전반만 해도 60% 정도였다. 그런데 17세기 후반엔 74%로 증가했고, 19세기에 이르면 80%를 넘어섰다. 시간이 갈수록 한양의 특정 가문에서 급제자가 쏟아져 나왔다는 이야기다.

1789년(정조 13) 문과 급제자 기록도 이런 정황을 뒷받침한다. 당시 한양의 인구(18만 9,153명)는 전국 인구(740만 3,606명)의 2.6%에 불과했는데, 문과 급제자는 45.9%를 차지했다.

한양의 승리는 현재 대한민국의 상황과도 크게 다르지 않아 보인다.

10년 전 17명의 합격자를 내며 옛 명문의 명맥을 이어가던 경북고는 올해 단 1명의 합격자를 내는 데 그쳤으며 부산고(12명→1명), 춘천고(18명→6명), 강릉고(25명→6명), 경주고(18→3명) 등도 서울대 합격자가 크게 줄었다. 또 42명의 합격자를 내며 한때 신흥 명문에 올랐던 울산 학성고도 올해 1명에 불과했으며 서인천고(34명→3명), 대구 협성고(26명→2명), 능인고(20명→5명) 등도 올해 입시에서는 맥을 추지 못했다.

- 「문화일보」 2009년 2월 12일

'인 한양'을 강조한 다산 정약용

————◇◇◇◇————

'인 한양'의 중요성을 누구보다 강조한 사람이 바로 실학자 정약용이었다. 그가 속한 남인은 정조 사망(1800) 후 노론 벽파의 공격을 받아 정계에서 영원히 퇴출됐다. 1806년 노론 시파와 소론의 연합 세력이 벽파 정권을 무너뜨렸지만 정약용은 귀양지에서 돌아오지 못했다.

그는 전남 강진에서 18년간 귀양살이를 하면서 『경세유표』·『목민심서』 등을 남기며 사회적·경제적 개혁을 주창하고 지방의 피폐함을 가슴 아파했지만, 경화사족이 장악한 한양 집중화를 타파하는 데는 소극적이었다. 양주와 한양에서 살았던 그는 한양의 중요성을 누구보다 잘 알고 있었기에 오히려 자식들이 이런 흐름에서 이탈하지 않기를 바랐다.

정약용이 귀양살이를 하며 아들에게 보낸 많은 편지에서 이런 마음이 잘 드러난다. 그는 자식들에게 물려줄 재산이 딱히 없다는 점을 미안하게 여기는 한편, 학문에 정진할 것을 주문했다. 그러면서 강조한 것이 '인 한양'이었다. 폐족이 된 가문의 형편 때문에 당분간 과거를 볼 수 없지만 어렵더라도 한양 생활을 고수해야 하며, 만약 한양이 어렵다면 적어도 한양에서 10리 밖을 벗어나선 안 된다고 신신당부했다.

혹여 벼슬에서 물러나더라도 한양 근처에서 살며 안목을 떨어 뜨리지 않아야 한다. 이것이 사대부 집안의 법도이다. (…) 내가 지금은 죄인이 되어 너희를 시골에 숨어 살게 했지만, 앞으로 반드시 한양의 10리 안에서 지내게 하겠다. (…) 분노와 고통을 참지 못하고 먼 시골로 가버린다면 어리석고 천한 백성으로 일생을 끝마칠 뿐이다.

- 정약용이 귀양지 전남 강진에서 아들들에게 보낸 편지 중

그래서 정약용의 아들들은 한양에 입성했을까?

정조의 신임을 듬뿍 받았던 정약용은 결혼 후 창동(현재의 서울 중구 남창동)에 집을 마련했다가 이후 명례방에서 살았다. 명례방은 남산 아래 자리 잡은 지역으로 지금의 남대문로·을지로·명동·충무로 등이 해당한다. 이곳은 사색당파 중 남인들이 많이 살았다.

그런데 순조가 집권하고 정약용이 귀양을 가면서 이들 가족은 하루아침에 한양살이를 마치게 된다. 정약용에게는 학연과 학유라는 두 아들이 있었는데, 이들은 부친의 고향인 마재(지금의 경기도 남양주시 조안면)로 내려갔다. 정약용이 그 처지를 원통하게 여기며 꼭 한양으로 이주하도록 하겠다고 편지를 보낸 것도 이때의 일이다.

정학연과 정학유는 아버지의 능력을 이어받아 이후 많은 활동을 했다. 큰아들 정학연은 시와 의술로 명성을 알리며 한때 궁에 불려 가기도 했다. 둘째 정학유도 '농사월령가'를 짓는 등 재능을 드러냈다. 이들은 정약용의 영향을 받은 다산학단茶山學團의 핵심 인물로서 서울과 경기도 일대 학자들과 활발히 교류했다고 한다. 다만 부친의 간절한 바람에도 불구

하고 한양 입성에는 실패했다. 정약용의 손자이자 정학연의 아들 정대림은 1855년 소과(생원시)에서 13위로 합격했는데 거주지가 광주(廣州)라고 되어 있다(최종 기록이 생원시인 것으로 보아 대과는 합격하지 못한 것 같다). 이들이 계속 경기도에서 거주했음을 보여준다.

　뒤에서 더 살펴보겠지만 19세기가 되자 한양 집값이 천정부지로 뛰어오른 것도 한양 입성을 어렵게 하는 데 한몫했을 것이다. 일단 서울 밖으로 나가면 재입성이 쉽지 않다는 것은 조선에서도 마찬가지였다.

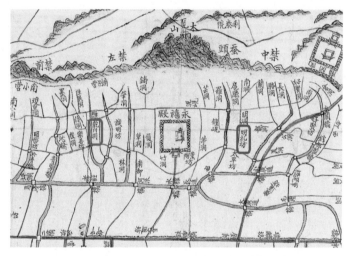

정약용이 거주한 한양 명례방(파란색)과 이순신이 거주한 건천동(빨간색)
위에 보이는 산은 목멱산(남산)이다.
자료: 서울역사박물관

서울이 안 되면
한강 네트워크라도

───────◦❈◦───────

최한기는 조선 후기의 만물박사였다. 70여 년의 생애 동안『농정회요』,『육해법』,『만국경위지구도』,『심기도설』,『우주책』등 농업·지리·천문 분야에서 20여 종에 달하는 다양한 책을 저술했다. 특히 1857년에 쓴 지리책『지구전요』는 상당한 공력이 투입된 명작이다. 무려 13권으로 구성되어 있는 이 책은 지구와 천체의 움직임을 비롯해 유럽·아프리카·아메리카 지역의 풍토와 정치, 풍속 등 세세한 정보를 담고 있어 지금 봐도 놀랍다는 생각이 든다. 형편없는 세계 인식과 외교 정책으로 헛웃음이 나오는 구한말의 이미지와는 또 다른 모습이다.

최한기는 외국에 한 번도 나가본 적이 없는데 어떻게 이런 책을 펴낼 수 있었을까? 어마어마한 천재였기 때문에? 과거에 한 번도 급제하지 못한 것으로 봐서는 그다지 '천재'과는 아니었던 것 같다. 그가 이렇게 방대한 책을 써낸 비결은 공간에 있다. 바로 '한양'의 힘이다.

평양 유지 최한기는 왜 한양에 살았을까?

최한기의 집안은 평양의 유지였다. 그의 부친은 무과 급제 후 지방 군수를 지내며 재산을 모았다. 그 덕분에 최한기는 변변한 일자리도 없으면서 한양에 살았다. 물론 명문 엘리트들이 거주하는 북촌은 아니고 남산이었지만, 당시 사대문 안은 어디나 비쌌다.

벼슬도 없는 그가 비싼 집값을 지불하며 한양살이를 고집한 데는 이유가 있었다. 바로 한양의 소프트 파워 때문이다.

최한기는 한양에 살면서 김정호, 이규경 같은 당대 지성계의 '셀럽'들과 어울리면서 북경에서 들어온 선진 문물을 흡수했다. 한양의 서점을 통해 중국에서 들어온 신문물과 관련된 서적을 구입했고, 지도 제작 같은 지적 활동에도 참여할 수 있었다. '인 한양'은 많은 비용이 들었지만, 이로써 얻는 혜택은 그 비용을 감수하고도 남았던 것이다. 한양에서 자란 최한기의 맏아들은 1862년 문과에 급제해 고종의 시종을 지냈으니 인 한양에 들인 비용을 제대로 뽑아낸 셈이다. 이것은 또한 정약용이 그토록 자식들에게 만들어주고 싶어 했던 환경이었으니, 최한기는 현대의 많은 이에게 '귀감'이 될 만한 성공 모델을 만든 것 같다. 공교롭게도 두 사람은 한양에서 비슷한 지역에 거주했다. 한쪽은 버티고 한쪽은 튕겨 나갔지만….

유만주의 알쓸신잡 한양 생활

최한기를 흠뻑 취하게 한 한양의 매력은 정조 시대 청년 유만주를 통해서 볼 수 있다(유만주 이야기는 9장 참조). 그는 최한기보다 반세기 정도 앞선 시대에 한양에 살았다. 스무 살이 된 1775년부터 사망하기 1년 전인 1787년까지 일기를 남겼는데, 거기엔 18세기 한양 유한계급 청년의 삶이 고스란히 담겨 있다.

그는 중국 서화와 서적, 서양 지도를 수집하는 게 취미였다. 1783년 11월 15일 자 일기를 보면 114점의 수장품을 꺼내 감상했다고 하는데, 여기서 〈천하여지도〉라는 세계지도가 등장한다. 이 지도의 실물은 남아 있지 않지만 비슷한 시기에 제작된 〈천하도지도〉와 비슷할 것으로 추정되는데, 여기엔 동남아시

아는 물론 아메리카까지 비교적 자세히 묘사되어 있다.

그는 서양 학문에 대한 관심도 자주 드러냈다. 1775년 1월 3일 엔 청나라에 서양 문물을 전수한 마테오 리치에 대해 쓰면서 그 의 저작인 『기하학원본』에서 받은 인상을 남겼고, 1779년 8월 11 일엔 서양화를 감상한 경험을 썼다.

유만주가 특별했던 게 아니다. 18세기 후반 한양에 거주하는 돈 좀 있는 양반가 자제들은 이렇게 살았다. 『임원경제지』를 쓴 서유구가 "사람들이 번화한 한양 거리를 한 발짝도 벗어나려 하 지 않는다"라고 지적할 정도였다.

먼 친척보다 이웃사촌이 낫다

조선 전기엔 양반들의 한양 선호 현상이 덜했다. 오히려 시골살 이를 더 좋아했다. 중요한 관직에서 물러나거나 은퇴하면 고향 (지방)으로 내려가는 것이 관례였다. 그리고 지방에서도 상회나 대장간이 있는 중심가는 피하고("어딜 상것들과!") 읍내에서 멀리 떨 어진 시골 중에서도 시골에 저택을 짓고 살았다.

그런 서울과 지방의 관계가 역전되기 시작한 것은 붕당정치가 심화하면서다. 각 당파는 정치자금이 필요했고, 17세기 이후 상 공업이 발달한 한양에 돈이 모여들었다. 아울러 돈은 문화와 교양을 만들어줬다. 이제 시골에서 농장을 경영하며 "에헴!" 해봐야 알아주는 이도 없을뿐더러 서울에서 시전市廛(상설 시장) 등의 상인 세력과 결탁하는 것과는 돈과 권력 모든 것에서 비교가 되지 않았다.

정조 시대 성균관 학생들의 사랑과 우정을 다룬 드라마 〈성균관 스캔들〉이 큰 인기를 끈 적이 있다. 중간중간 봤는데, 소론 집안의 자제인 걸오(유아인)가 눈에 힘을 팍 주고는 "빌어먹을 노론놈들"이라고 중얼거리던 것이 기억에 남아 있다. 드라마에서는 성균관 학생들도 자신의 집안이 속한 당파에 따라 어울리며, 심지어는 대리전을 치르기도 했다.

그런데 당시에는 이런 구도에 균열이 일어나기 시작해 당파보다 더 중요한 경계가 생겨났는데, 바로 한양과 지방이다.

앞서 설명한 경화사족들은 출신 당파를 초월해 한양 안에서 서로 교류하며 학문을 닦았다. 예를 들어 노론 산림의 거두인 김장생의 후손 김상현이 남인 정약용에게 배웠고, 노론 벽파인 김정희는 시파와 어울린 박제가 밑에서 수학했다. 그러니까 비록 노론에 속해 있더라도 지방의 노론 인사보다는 한양 출신의 남인과 '같은 세계에 사는 사람'이라는 동질감을 느꼈다는 이야기다. 이것은 마치 서울 압구정동에 거주하는 김철수 씨가 국민의힘을 지지하더라도, 경북 예천군에 사는 국민의힘 지지자 박철호 씨보다는 민주당을 지지하는 삼성동 주민 최영희 씨와 말이 더 잘 통하는 것과 유사하다고 하겠다.

예를 들어보겠다. 정조를 강력하게 지지한 남인이라는 당파가 있었다. 그런데 이들도 지역에 따라 성격이 달랐다. 이익·권철신·정약용 등 서울·경기 지역에서 활동한 근기近畿 남인들은 서양 학문에 관심을 가졌고, 일부는 서학(천주교)에 귀의했다. 반면 영남 지역 남인들은 노론보다 전통 주자학에 더 집착했다. 훗날 정약용을 천주교도라는 혐의로 고발해 궁지에 몰아넣은 것도 노론이 아니라 바로 한 뿌리였던 영남 남인들이다. 반면 박지원, 김정희 같은 한양의 노론 집안 인사들은 정약용의 서학 전력을 문제 삼지 않았다. '한양 지식인'의 기준에서 서학은 위험하고 불온한게 아니라 '트렌디한 무엇'이었기 때문이다.

그래서 정약용이 자녀들에게 "반드시 한양의 10리 안에서 지내게 하겠다. 분노와 고통을 참지 못하고 먼 시골로 가버린다면 어리석고 천한 백성으로 일생을 끝마칠 뿐이다"라고 강조한 것이다.

한양이 어렵다면?

그렇지만 누구나 한양에 거주할 수 있는 건 아니었다. 집값은 천정부지로 치솟았고, 최한기처럼 든든한 재력이 받쳐주지 않는다면 직업도 없이 서울에서 버티기란 쉽지 않은 일이었다. 18세기 이후 한양에도 허드렛일 같은 일용직이 차츰 늘어났지만, 아직은 신분에 따라 직업이 나뉘던 때다 보니 일반 사대부들은 이런 일을 할 수가 없었다.

한양의 인프라를 포기하기는 싫고, 돈은 없고….

그래서 이들을 위한 맞춤형 거주지가 발달하게 됐다. 바로 양주·가평·양평 등인데, 모두 한강을 통해 배로 한나절이면 넉넉하게 한양에 닿을 수 있었다. 당시엔 육로보다 강을 이용하는 수운 교통이 더 간편하고 빨랐다. 예를 들어 조선 시대엔 서해안의 밀물이 지금의 강동대교까지 밀려왔는데, 마포대교 북단에 있던 마포나루에서 짐을 실은 배가 밀물을 타면 덕소까지 순식간에 도착했다고 한다.

그래서 당시 서울 인근에 거주했던 지식인들, 즉 박세당(의정부), 유형원(용인), 안정복(경기도 광주), 한백겸(여주), 정약용·권철신(양주), 김육(가평), 성해응(포천), 강세황(안산) 등이 모두 물길을 따라 서로 교류했다. 이들은 한양에 살지 못하더라도 배를 타고 한나절이면 갈 수 있는 한양을 수시로 드나들면서 새로운 정보와 청나라를 통해 들어오는 책과 외국 물건에 대한 호기심을 충족하는 한편, 당대 지식인들과 교유했다.

에드워드 글레이저 하버드대 교수는 저서 『도시의 승리』에서 도시가 만들어내는 창조와 혁신을 이렇게 정리한 적이 있다.

지중해 전역에서 예술가와 학자들이 자유롭게 자신들의 생각을 공유할 수 있는 유일한 장소인 아테네로 몰려들면서 서양 철학과 함께 드라마와 역사가 탄생했다. 아테네는 작은 사건들이 도시 내에서 상호작용을 통해서 증폭되면서 번영을 누렸다. 이를테면 한 똑똑한 사람이 다른 똑똑한 사람을 만나서 새로운 아이디어를 떠올렸다. 이 아이디어는 또 다른 사람에게 영감을 줬고 갑자기 정말로 중요한 일이 벌어졌다.

최한기가 본가가 있는 평양에서 부유한 한량으로 지냈다면,

한강의 지식 네트워크
자료: 19세기에 제작된 <동국여도> 중 <경강부임진도>, 서울대학교 규장각한국학연구원, 박현모, 『정조평전』 민음사 (2018)에서 인용

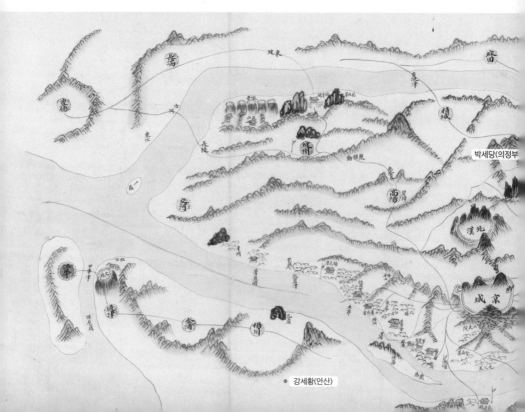

박세당(의정부)

● 강세황(안산)

한양에서 김정호 같은 인사와 어울릴 수 있었을까? 지적 자극을
받고『지구전요』같은 지리책을 쓸 수 있었을까?

2장

교육의 목표는
결국 네트워크를
만드는 것

* 핵심은 네트워크다
* '서울대학교'는 현시대를 살아가는 우리에게 어떤 의미일까
* 학부 나왔으면 됐지, 전문대학원은 뭔가?
* 특목고와 인기 학군지의 일반고
* 고교 평준화의 풍선 효과, 인기 학군지의 탄생
* 학군지 역시 흥망성쇠의 룰을 따른다

핵심은
네트워크다

교육이란 과연 무엇일까? 이처럼 철학적인 이야기를 꺼내야 할 때 가장 난감하다. 사람마다 생각이 다를 것이기 때문이다. 국립 국어원 표준국어대사전에는 '지식과 기술 따위를 가르치며 인격을 길러 줌'이라고 풀이되어 있다.

이 풀이에 따르자면, 전문지식을 함양하기 위해 갖은 노력을 하는 것도 교육이고 됨됨이를 가다듬는 것도 교육일 것이다. 그 동안 전자는 '전문 수업'을 통해, 후자는 '가정교육'을 통해 이뤄졌다. 잘 아는 사람이 잘 모르는 사람을 가르치는 과정이 집 안팎에서 모두 진행됐다는 얘기다.

특히 더 바탕이 되는 가정교육에서는 부모의 역할이 매우 중요했다. 자녀의 천품과 개성을 바람직한 방향으로 최대한 이끌어야 했기 때문이다. 그리고 실제로 우리 부모 세대는 자신들의 역할을 충실히 해냈다. 맹자의 어머니가 자식에게 최고의 교육 환경을 마련해주기 위해 세 번이나 이사했다는 고사가 있는데, 우리 부모 세대의 노력도 그보다 못하진 않았다.

세월 따라 바뀐 '교육'의 의미

그런데 어느 날부터인가 교육의 의미가 바뀌었다. 뭔가 배운다는 점에서는 동일한데 목적이 편협해졌다. 한마디로 '학교명', 즉 간판을 획득하는 수단이 됐다. 그 간판이 금전적인 보상을 가져다줄 것이므로 남보다 더 좋은 간판을 따낼 필요가 있다는, 지극히 자본주의적인 계산이 개입한 것이다.

원래 공부란 '알고자 하는' 욕구에서 비롯되어야 하는데, 그것이 아니라 졸업장이라는 결과만이 중요해졌다. 그러다 보니 교육이 왜 필요한지에 대한 생각은 애초에 하지 않게 됐다. 알고 싶은 것과는 거리가 멀더라도, 향후 금전적으로 도움이 될 것 같은 분야를 공부해야 한다는 목적의식(?)이 이례적으로 강해졌다. 취미 생활을 빙자해 다양한 여가 활동을 하는 것도 어쩌면 같은 목적의식에서 비롯됐을 것이다.

그런 한편으로, 이런 속내를 숨기며 교육에서 과도한 경쟁은 옳지 못하다는 입바른 소리를 하는 사람들이 꽤 많다. 제도를 더욱 평등하게 만든다지만 오히려 점점 더 복잡해져만 간다. 쉬운 길을 잘 숨겨 많은 이들이 찾지 못하게 하고는 일부만 지름길로 가서 달콤한 과실을 가져갈 수 있게 한다.

과연 이것이 교육일까? 교육은 이미 사전적 의미를 떠난 지 오래이며, 그저 뭔가를 쟁취하는 데 필요한 수단으로 변질되고 말았다.

두 가지 목적

진심으로 무엇을 가질 수 있느냐에 대한 고민이 필요하다. 앞에서 '보상'이라고 말했지만, 그것이 꼭 금전적 우위와 연결된다고 말하기는 어렵기 때문이다. 사실 교육을 많이 받은 것과 금전적으로 풍요로운 것은 크게 관련이 없다. 예부터 그러지 않았나. 백면서생은 누구보다 책도 많이 읽고 공부도 많이 했을 테지만, 정작 그 가족은 평생 쪼들리며 지지리 궁상으로 살았다는 이야기는 너무도 흔하지 않은가.

그렇다면 여기서 말하는 '교육'의 의미를 '진학' 자체에서 찾을 순 없다는 결론을 내릴 수 있다. 쉽게 말해, 좋은 학교 나왔다고 해서 무조건 돈을 잘 버는 건 아니라는 얘기다.

그런데도 교육에 힘쓰는 이유는 무엇일까? 배움이 짧은 부모가 자식을 통해 대리 만족을 하던 시대는 이미 한참 전에 지났다. 대학 진학률이 70%나 되는 상황에서 정말 중요한 것은 무엇일까?

결국 두 가지로 귀결되는데 첫째는 남들보다 더 '좋은 학교'에 가는 것이고, 둘째는 거기서 만난 '좋은 사람들'과 잘 어울리는 것이다. 예전처럼 대학 나온 사람이 드물 때야 대학을 나왔다는 것 자체만으로도 희소성이 있었겠지만 이제는 더 남다른 뭔가가 필요해졌다.

그 남다름의 극강에는 유학이 있다. 글로벌 8위의 경제 대국

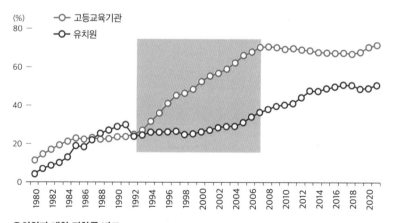

유치원과 대학 진학률 비교
1990년대 초반부터 대학 진학률이 유치원 진학률을 넘어서기 시작했다.
자료: e-나라지표

으로 성장한 대한민국 국민 중 다수는 한국에 그치지 않고 세계적으로 네트워크를 다져놓는 것이 중요하다고 생각한다. 그렇지만 대부분 사람은 해외에서 일을 할 필요가 없이 살아간다. 종종 해외직구나 하고 여행이나 가는 정도이지 실제로 외국에 가서 비즈니스를 하는 사람은 극히 드물다. 비즈니스에 '잉글리시'가 필수적이라며 돈 들여 영어 성적 올리는 데 혈안이지만, 막상 취업하면 영어 쓸 일이 거의 없다는 것은 사회인이면 다 아는 상식이다.

그 네트워크는 어디에 있을까?

그래서 더 좋은 학교를 나올(?) 사람들과 어울리기 위한 사전 작업이 필요한 것이다. 교육도 일종의 서비스인 만큼 고급 서비스를 받으려면 더 많은 비용을 지불해야 하기 때문이다.

그렇다면, 더 좋은 교육은 어디에 있을까? 소득이 높아 그 비용을 부담할 수 있는 사람들이 사는 곳에 있다. 그렇다면 어디에 부자가 많을까?

여기서 간과해선 안 되는 점이 있다. '큰 부자들이 학벌을 통해 네트워크를 쌓아갈까?' 하는 질문이다. 아니다, 전혀 그렇지 않다. 이미 쌓아놓은 부에서 비롯된 네트워크 또한 가지고 있다.

부자들에겐 교육의 목적 중 첫 번째(더 좋은 학교)는 그다지 중요하지 않다. 그들은 오히려 두 번째(좋은 사람과의 네트워크)에 힘을 쏟는다. 꼭 '어렵게' 더 좋은 학교에 입학할 필요가 없다. 다양한 과정을 통해 좋은 사람과의 네트워크에 접근할 수 있는데, 돈을 충분히 쓰면 그렇게 어려운 일도 아니다.

그러니 좋은 교육을 찾아 '너무' 큰 부자들이 모여 사는 곳으로 가고자 하는 건 잘못 판단한 것이다. 계층 이동을 꿈꾸는 사람들이 모여 사는 곳은 중산층 밀집 거주지일 가능성이 있다. 단, 여기서 중산층이란 소득 수준이 중간 정도인 사람이 아니라, '중간인 척 행세하는 상류층'을 의미한다. 그게 누구냐면, 지금 이 책을 읽고 있는 바로 당신이다.

네트워크를 너무 거창하게 생각하지 말았으면 좋겠다. 동창회다 무슨 모임이다 정신없이 챙기라는 얘기가 아니다. 어떤 일이 생겼을 때 평소 알고 지내던 이들 중에 그 일과 관련 있는 사람이 곧바로 떠오른다면 괜찮은 네트워크를 가지고 있는 것이다.

그렇다면 우리에게 필요한 네트워크란 무엇일까. 내가 정신적·물질적으로 어려움에 부딪혔을 때 이것을 해결해줄 슈퍼히어로가 내 주변에 있는 것을 의미할까?

이렇게 생각하다 보면 나보다 훨씬 잘나가는 사람이 가득한 것만이 네트워크라고 오해하게 된다. 그런데 그 사람들이 날 도와줄 이유가 있을까? 조금 전 말했던 것처럼 너무 대단한 것이 아닌, 나의 고민을 진심으로 함께 나눌 수 있고 조금이라도 도움이 될 수 있는 사람이 주위에 많아지는 것이 진정한 네트워크다. 그렇다면 나와 비슷한 사람들이 얼마나 많은 곳에서 생활하느냐가 매우 중요해진다. 특히 '개천용'과 같이 혼자 열심히 노력해서 현재의 조건을 이룬 사람이라면 더욱 그럴 것이다. 이를 위해 해야 할 첫 번째 노력은 나와 비슷한 사람들이 많은 곳으로 주거지를 이동하는 것이다. 주거지의 물리적 거리가 인간관계 형성에 미치는 영향은 생각 이상으로 크다.

'서울대학교'는 현시대를 살아가는 우리에게 어떤 의미일까

아마 어려서부터 서울대에 입학하는 것이 인생 목표였던 사람들이 제법 많을 것이다. 요즘이야 의치한수醫齒韓獸와 약·제약·한약학으로 대표되는 의·약학 계열에 진학하는 것으로 많이 바뀌었지만, 한때는 서울대 합격이 마치 대학입시의 유일한 결과인 양 받아들여지기도 했다. '전공 불문'이라는 표현은 그저 입사 요강에나 나오는 표현이 절대 아니었다.

그런 서울대학교가 2000년대 들어서면서부터 웬만한 대학의 의치한수, 의예과에 밀리는 일이 발생했다. 예전보다 위상이 상당히 낮아지긴 했지만, 그럼에도 서울대학교의 상징성은 남다르다. 엄밀히 말하면 서울대학교 법학대학과 의과대학에 한한 이

대학 배치표

서울대라고 모두 최상위권에 있는 것이 아니다. 이제 서울대 앞에도 상당히 많은 대학이 존재하는 세상이 됐다.

자료: 이투스

야기일지도 모른다. 역사적으로 봐도 그렇다.

서울대 나와 법관이 되는 것은 곧 과거 급제?

서울대학교는 1946년에 개교했는데, 이 학교에서는 '1895년에 개학開學'했다고 표현한다. 처음에는 서울대학교가 아니었고, 서울에 있던 다양한 관립학교를 통폐합해 만들어진 학교가 서울대학교다. 통합 당시에 어디는 대학이고 어디는 전문학교였다고 엄밀히 구분하면 조금 곤란해지지만, 뿌리를 거슬러 올라가면 일본 식민지 시대에 만들어진 경성제국대학(1924년 설립)이 서울대학교라고 생각하는 일반인도 많을 것이다. 그 경성제국대학에는 3개의 학부가 있었는데, 법문학부(법학+문학)와 의학부 그리고 가장 나중에 만들어진 이공학부다. 이것이 훗날 두고두고 서울대학교의 상징이 됐다.

도대체 왜 부모들은 서울대를 나와야 한다고 그렇게 강조했던 것일까? 바로 여기서 그 중요한 '사법시험'이 등장한다. 사법시험 하면 서울대요, 서울대 하면 사법시험일 정도로 서울대학교를 상징하는 것이 바로 '법관'이었다. 전신인 경성제국대학에서도 법문학부와 의학부가 학교를 상징할 정도였으니 오죽하겠는가. 그래서 아직도 문과에서는 법학과가, 이과에서는 의학과가 선호되는지도 모르겠다. 특히 21세기인 지금도 법관이 되는 것이 과거 급제라고 생각하는 사람들이 있다는 점을 허투루 넘기지 말자. 아직도 조선 시대에 살고 있는 우리 이웃은 생각보다 많다.

서울대 합격이 곧바로 과거 급제처럼 느껴지는 대표적 결과가 바로 국무총리다. 대통령이 선출식인 것과 달리 국무총리는 임명직이기 때문이다. 지금까지 총 마흔여덟 번의 국무총리가 임명됐고 중간중간 서리·직무대행이 있었는데, 마흔여덟 번 중 스물세 번이 서울대학교 출신이다. 예전 왕국 기준 일인지하만인지상一人之下萬人之上이라는 자리에 걸맞은 벼슬아치를 서울대학교 출신들이 반독점해왔다고 봐도 무방할 정도다.

국무총리의 출신 학교로 확인되는 서울대의 힘
서울대학교 출신 국무총리는 총 마흔여덟 번 중 스물세 번(47.9%), 고건·김종필·한덕수는 각각 두 번) 배출됐다.

서울대학교의 위상은 바로 이런 것이다. 민간보다는 공공의 영역, 특히 정계에서 두각을 나타냈다. 이 때문에 부모들이 자녀의 서울대학교 합격을 과거 급제와 동일시한 것은 아닐까? 서울대에 합격하면 훗날 과거(고시)에 합격해 판검사도 되고 국회의원 배지도 달 수 있으리라는 희망으로 말이다. 예전 부모들이 그토록 '한자리'를 중시한 것도 이 때문이 아닐까 싶다. 요즘 세상 돌아가는 것을 보면 법인카드나 비서 등, 높은 자리가 생각보다 '괜찮았던 것'이었다는 사실을 절실히 깨닫게 된다.

'치킨테크'를 아시나요?

1997년 IMF 외환위기가 불어닥친 이후 다들 고민이 많아졌다.

회사생활 열심히 해도 회사가 망해버리면 닭 튀기는 인생이 되고 만다는 것을 눈앞에서 봐버렸기 때문이다. 이후 회사들의 사정은 나아졌지만, 닭 튀기는 것은 거의 '확정' 아닌가라는 생각을 하게 되는 그림이 인터넷에서 떠돌았다. 바로 '치킨테크'라는 밈이다. 이 그림의 핵심은 '인생의 끝은 굶어 죽든가 치킨집 사장이 되든가'라는 것이다.

인터넷 세상을 달군 치킨테크 밈

여기서 한발 더 나아간 세대 갈등까지 반영한 그림이 있는데, 30~40대는 그나마 치킨을 튀기지만 10~20대는 치킨을 배달밖에 못 한다는 내용이다. 이런 일이 주위에 절대 없다고 반박하기도 힘든 꽤 비극적인 내용이다(물론 요즘은 배달하는 사람이 치킨집 주인보다 훨씬 많이 버는 세상이다).

그래서인지 2001년부터 의학 계열로 진학하는 이들이 많아졌고, 이미 취업한 사람 중에서도 다른 인생을 찾아야겠다고 생각하는 이들이 늘어났다. 많은 공학인이 의치한수 학업에 재도전한 것이다.

이런 분위기 속에서 참여정부는 전문대학원 도입을 검토했다. 바로 의학·치의학·법학전문대학원이다. 학부부터 새로 다니려면 생각보다 시간이 매우 오래 걸리지만, 그에 비하면 전문대학원을 나오기까지는 기간이 아주 짧기 때문에 이미 사회에 나온 이들의 경우 '단숨에' 인생을 돌릴 기회가 생긴 것이다.

의치한수가 공학 계열의 인기를 넘어서다

앞서의 고민을 한 번에 날려버린 이벤트가 바로 IMF 외환위기다. 나이가 어린 이들은 공학을 전공한 아버지의 실직을, 나이가 많은 이들은 취업 대상 기업들의 도산을 목격하게 됐다. 청운의 꿈을 품고 나선 사나이의 길은 어떤 역경이 닥쳐도 걸어갈 수 있을 것 같았겠지만, 당장의 '호구지책'에 발목이 잡혀 대리운전도 당연시하게 됐다.

당시부터 의업의 인기가 폭발적으로 높아졌다. 물론 그 이전에도 의업에 뜻을 둔 어린 선지자들이 서울대학교 의예과·치의예과에 지원하곤 했는데, 서울대학교 수석 입학은 정작 의예과에서 나온 적이 별로 없었다. 그만큼 의학은 예나 지금이나 인기가 있었던 것은 맞지만 '절대적'으로 최상위권을 독식하는 전공은 아니었는데, 이즈음부터 생각이 크게 바뀐 것이다. 로봇이고 전투기고 자동차고 간에, 일단은 '잘' 살고 봐야겠다는 호구지책의 연장선이 많은 능력자를 의학의 길로 인도했다. 2001학년도 대학입시에서부터 의치한수 계열이 공학 계열을 대폭 웃돌기 시작했고, 이 흐름은 이후 단 한 번도 바뀌지 않았다. 기껏해야 20년 정도밖에 안 된 일이지만, 20년이라는 시간은 이미 강산이 두 번이나 바뀔 만큼 유구한 역사의 일부가 되기에 충분하다.

이런 선택이 틀렸다고 말하기도 참 힘든 점이 있다. 바로 기업들의 인사 패턴이다. 공학 전공자들의 낙인이 찍힌 곳들이 자주 보이기 때문이다. 흔히 '공밀레'로 대표되는 '영혼 갈아 넣기'다. 사람은 나아갈 수 있는 미래의 한계점이 멀면 멀수록 노력하기 마련이지만, 한계점이 눈앞에 와 있다면 굳이 열심히 할 필요가 없다고 여긴다. 여기에 '빨리빨리', '하면 된다', '월화수목금금금', '사농공상 천시' 등이 더해지니 기껏 숙 쒀서 남 좋은 일만 시키는 것 아니냐는 생각이 드는 게 당연하지 않겠는가.

학부 나왔으면 됐지, 전문대학원은 뭔가?

2000년대 이전의 대학입시를 한번 떠올려보자. 문과에서 공부 가장 잘하면 서울대(또는 고려대) 법학과, 이과에서 성적이 가장 좋으면 서울대 공과대학(전기전자, 기계)이나 자연대학(물리학과)에 지원하는 것이 일반적이었다. 특히 이과의 경우는 공과대학에 극히 편중되었는데 사회에서 공학도들이 좋은 대우를 받았기 때문이다. 1990년대에는 삼성전자의 대표이사를 서울대 기계공학, 전자공학, 전기공학 출신의 공학계열 출신이 대물림했다는 것이 이를 반증한다. 이러한 분위기가 일거에 바뀐 계기가 1997년 IMF 외환위기였다.

〈로보트 태권V〉, 〈마징가Z〉 등의 로봇 만화를 보면서 로

봇을 조정하는 주인공보다 로봇을 만들어낸 '박사님'들에 대한 존경심을 키워서 기계공학도의 길로 들어섰던 사람들은 IMF 이후에 직장에서 내몰리는 아버지와 선배들의 모습과 성장을 거듭하던 제조업 기반의 회사들이 무너지는 모습에 큰 충격을 받았다. 그 대목에서 전문대학원이 등장했다. 학부를 다시 다니는 것보다 훨씬 짧은 기간에 인생 진로를 대폭 수정할 수 있다는 장점에, 공학박사와 과학자를 꿈꿨던 청년들이 살길을 찾아서 의학·치의학·법학전문대학원으로 발길을 돌렸다.

개천에서 용 나던 시절은 이미 지났다

이런 제도 변화를 기존 전문가 집단은 썩 달가워하지 않았다. 그래서인지 의학·치의학 전문대학원은 대부분 예전 체제인 의과·치의과대학으로 전환됐다. 다만 이 와중에도 법학전문대학원은 그 체제를 유지하고 있으며, 최근 사법시험을 부활시키겠다는 공약까지 나왔다. 왜 전문대학원을 없애려고 하는 것일까?

바로 등록금 이슈 때문이다. 학부를 다니는 것도 무료는 아니지만, 학부를 마치고 전문대학원을 또 다닌다면 당연히 학비가 더 많이 들 것이다. 학부 짧게 다녀도 4년인데 전문대학원 가려면 학점도 매우 좋아야 하니 재수강도 해야 하고, 그러다 보면 시간이 더 걸릴 것이다. 게다가 의학전문대학원(4년), 법학전문대학원(3년) 식으로 대학원을 장시간 다녀야 한다. 재력이 웬만큼 뒷받침되는 사람이 아닌 이상, 이미 사회에 나온 성인이라면 생업을 포기하면서 부담해야 하는 기회비용도 상당하다.

전문대학원 진학 예정사들이 고학력자라는 사실을 잊어선 안 된다. 학부 마치고 그냥 가는 이들만 있는 게 아니다. 바로 그 때문에 전문대학원 제도가 '있는 집' 자제를 위한 지름길처럼 인식되는 것이다. 더욱이 집안의 헌신적인 지원을 받는 학생들이 자꾸 눈에 띈다는 것이 문제다. 지난 몇 년 동안 특정 가족의 의학 전문대학원 진학 및 의사고시·전공의 이슈가 뉴스에 계속 나오면서 그 이전에 있었던 몇몇 교수 자제의 의전원·치전원 불법 입학이 슬그머니 감춰지고 있다. 공교롭게도 이런 입학 관련 이슈에서 '교수'라는 직업이 자유롭지 못하다는 얘기가 자꾸만 들린다.

교육이 계층 이동을 가능케 하는 사다리 역할을 한다고들 생각하는데, 요즘 들어 점점 교육을 '못 하게' 하려 한다는 움직임이 강하게 느껴진다. 특히 사다리 위에 있는 계층에서 이런 욕심을 부리고 있는데, 공정한 사회란 말 그대로 열심히 한 사람이 성공하는 사회를 의미할 것이다. 대학은 공부하러 가는 곳 아닌가. 공부 잘하는 사람이 가야지, 스펙 좋은 사람이 가는 것이 공정하다고 느끼는 사람은 적을 것이다.

특목고와
인기 학군지의 일반고

특수목적고(특목고)는 대학 진학을 위한 최적의 대안으로 꼽힌다. 앞에서 말한 것처럼 교육에 관심이 많은 부촌을 굳이 찾아가지 않더라도, 그런 집 자제들을 모아놓은 우수한 환경을 제공하기 때문이다. 이름에서부터 '특수'한 곳으로 각기 특수한 설립 목적을 달성하기 위해 만든 학교인데, 일반고와 마찬가지로 겨우 대학 진학이 목적이 되어서야 쓰겠는가.

하지만 결과적으론 그렇게 됐다. 적어도 과학고등학교는 이공계로, 외국어고등학교는 어문계로 진학하는 것이 설립 취지에도 부합하겠지만 그것은 어디까지나 애초 생각이지 현실은 그렇지 못하다.

서울대 입학의 지름길로 통하는 외고

2021년 말 기준 주요 외고의 학생 수는 600명을 넘었다. 3학년 제이니 3으로 나누면 한 학년당 200명 정도가 되는 셈이다. 반면 과학고는 전체 300명 언저리에 그쳐 학년당 100명 남짓이다. 인원에서부터 2배 가까이 차이가 난다. 그런데 이 정도 규모의 일반고와 직접 비교하면 큰 문제가 생긴다. 여기는 특목고이기 때문이다.

시험도 잘 안 보는 요즘 분위기에서 경쟁을 통해 선발된 우수한 인재가 일반고 머릿수만큼 모여 있는 학교라는 사실은 무엇을 의미할까? 동네에서 아무리 축구 신동 소리를 들었어도 전국 각지에서 내로라했던 선수들의 팀에 들어가면 그중 하나에 그칠 가능성이 있는 것처럼, 수재들을 저렇게 많이 모아놓은 학교에서 얼마나 많은 것을 얻을 수 있을까?

사람이란 직접 뭔가를 배우기도 하지만 특정 분위기 속에서 은연중에 배우는 것이 더 많다. 특히 상위층의 경우에는 더더욱 그렇다. 바로 그 때문에 다들 자녀가 외고에 진학하기를 희망한다. 특히 서울대학교를 법조인과 정치인, 그리고 벼슬아치가 되는 중요한 기회라고 생각하는 사람들이라면 이과가 아닌 문과를 택할 것이기에 더욱 그렇다.

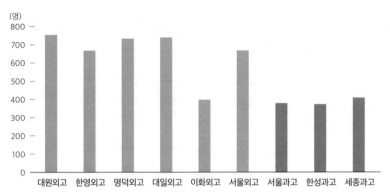

특목고 학생 수(2021)

외고와 과학고는 규모 자체가 다른데, 과학고가 작은 것이지 외고가 큰 것은 절대 아니다.

자료: 서울특별시 교육청

그렇다면 인기 있는 일반고는?

여기에 필적하는 것이 학군지 일반고다. 특목고 입시에는 떨어졌다고 하더라도 인기 있는 일반고는 규모가 상당히 거대하기 때문이다. 인기 학군지의 고등학교는 학생 수가 1,000명을 훌쩍 넘는 경우가 허다하다. 가장 큰 학교는 1,200명 이상인데, 학년당 400명을 가볍게 넘기는 규모다. 이런 대형 학교는 대부분 인기 학군지에 있으며, 지속적으로 과밀학급 상태다.

뒤에서 다시 살펴보겠지만, 인기 학군 학교들의 과밀학급 문제는 초등학교 때부터 누적되는 이슈다. 다른 지역보다 학생들이 아주 많기 때문이다. 대체로 학업에 관심이 큰 학생들이 많은

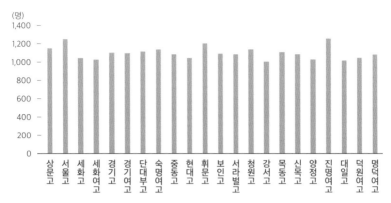

(명)
1,400 —
1,200 —
1,000 —
800 —
600 —
400 —
200 —
0

상문고 / 서울고 / 세화고 / 세화여고 / 경기고 / 경기여고 / 단대부고 / 숙명여고 / 중동고 / 현대고 / 휘문고 / 보인고 / 서라벌고 / 청원고 / 강서고 / 목동고 / 신목고 / 양정고 / 진명여고 / 대일고 / 덕원여고 / 명덕여고

서울 인기 고등학교의 학생 수(2021)
자료: 서울특별시 교육청

학교들인데, 옛날을 돌이켜 봐도 학업에 열심인 친구들은 별로 많지 않았다. 물론 '아주' 많지는 않다는 것이지 그래도 비학군지 학교들보다 관심이 있는 편이긴 했다.

이처럼 유명한 일반 고등학교에 입학하는 방법은 무엇일까? 다음 장에서 설명하겠지만, (비밀이라 소곤소곤 말할 테니 잘 들어야 한다) 다름이 아니라 '그 동네에 살면' 된다.

이 말만큼 무시무시한 것이 없다. '그 동네'에 살아야 입학할 수 있으니 말이다. 인기 학교를 그 동네 안 살고도 갈 방법이 없느냐고 물을 사람도 있을 것이다. 그에 대한 답변이 바로 1974년 이전까지 서울에서 시행했던 비평준화다. 집이 멀건 가깝건 상관없이 다니고자 하는 학교에 다니는 것. 이런 선발 과정은 어디까지나 운이 아니라 실력에 기반한 것이었다.

학군지를 약화하려면 평준화를 폐지해야 한다. 하지만 이 단순한 논리를 교육 전문가들은 이상할 정도로 수긍하지 않는다. 교육 전문가가 바라는 교육이란 '공정'과는 제법 거리가 있다는 걸 합리적으로 의심해볼 만한 부분이다.

평준화 관련 언론 보도
모든 교육 병폐는 평준화에서 비롯됐다.
자료: 『한국일보』 1973년 3월 1일

고교 평준화의 풍선 효과, 인기 학군지의 탄생

거주지를 기준으로 본인이 다닐 학교가 결정된다는 것은 언뜻 평등해 보이지만 가장 모호한 방법이다. 집 근처에 있는 학교라고 해서 모두가 그곳에 다니고 싶지는 않을 수도 있으니 말이다.

'평준화'라는 명분으로 이런 정책이 시작된 것은 1970년대부터인데, 당시 중학교 입시부터 과열 조짐이 나타나자 이를 진정시키기 위해서였다. 하지만 이 정책의 실행으로 교육열이 낮아진 건 아니며, 오히려 평준화 지역에서 교육 우위 지역으로 이주하고자 하는 수요만 만들어냈을 뿐이다. 이른바 인기 학군지가 생겨난 것이다. 정부의 공권력이 어떤 관점에서 특정 지역을 다른 지역보다 '훨씬' 우위에 있는 것으로 만들어버린 대표적 사례다.

학군이란?

통학 가능한 일정 범위 내에 있는 중학교와
고등학교를 합쳐 하나의 학군으로 지정

강남 8학군
강남구와 서초구에 있는 중·고등학교

서울시 11개 학군

1학군	동부교육지원청	동대문구, 중랑구
2학군	서부교육지원청	마포구, 서대문구, 은평구
3학군	남부교육지원청	구로구, 금천구, 영등포구
4학군	북부교육지원청	노원구, 도봉구
5학군	중부교육지원청	용산구, 종로구, 중구
6학군	강동송파교육지원청	강동구, 송파구
7학군	강서교육지원청	강서구, 양천구
8학군	강남교육지원청	강남구, 서초구
9학군	동작관악교육지원청	관악구, 동작구
10학군	성동광장교육지원청	광진구, 성동구
11학군	성북교육지원청	강북구, 성북구

서울의 학군

인접 구 몇 개가 묶여 다닐 학교가 결정된다.

학군이 밀어 올린 아파트 가격

평준화 정책이 벌써 50년 가까이 시행되다 보니 교육 우위 지역의 인기가 완전히 고착화됐고, 갈수록 더 공고해지고 있다. 인기는 가격으로 나타나는데, 당장 서울시 아파트만 봐도 분명히 알수 있다.

학군은 '구'별로 구분되는 것이 일반적이니 서울시 구별 아파트의 평균매매가를 확인해보자. 2022년 1월 말 기준 서울 평균아파트 매매가는 평당 5,011만 원이다(중간값은 4,124만 원). 그런데 강남구는 평당 8,353만 원이고 서초구는 7,619만 원으로, 유명한 학군지라는 프리미엄이 확연히 드러난다. 이에 약간 못 미치는 송파구(6,119만 원)도 평균을 훨씬 웃돈다.

여기까지는 누구나 알고 있는 사실이다. 대치동 학원가뿐 아니라 강남구와 서초구에 있는 명문 고등학교들의 이름을 열거할 필요조차 없다. 이 중 역사와 전통이 깊은 학교들이 과거 사대문에서 강남으로 이전했다는 사실도 잘 알고 있을 것이다.

그런데 이후부터 '학군'의 영향이 더욱 강하게 드러난다. 광진구 5,040만 원, 양천구 4,952만 원이라는 평당 평균매매가는 학군 외의 요인으로는 설명하기 힘들다. 서울의 한복판인 용산구(5,859만 원)나 여의도 업무지구(YBD)에 속하는 영등포구(4,849만 원), 서울의 중심 업무지구(CBD)인 중구(4,561만 원) 등은 다른 요인들로

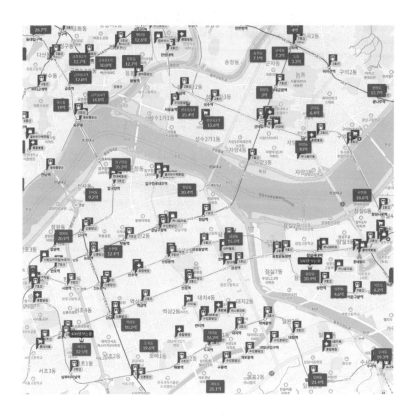

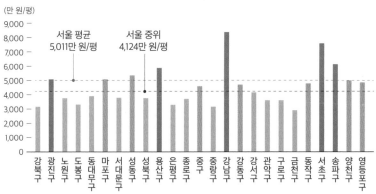

서울 구별 아파트 평균매매가(2022년 1월 기준)

학군지의 아파트 가격이 단연 높다.

자료: 호갱노노, KB국민은행

충분히 설명할 수 있는 점과 대비된다.

여기에 새롭게 뛰어든 마포구(5,046만 원), 성동구(5,323만 원), 동작구(4,781만 원) 역시 '신축' 동네로서 '교육열'의 결과를 보여준다.

마포·성동·동작은 왜 그리 달라졌을까?

학군지 역시
흥망성쇠의 룰을 따른다

마용성은 2010년대 서울을 상징하는 대표 주거지가 됐다. 서울시 정책으로 진행된 은평·왕십리·교남 뉴타운이 같은 시기에 입주했지만, 2010년대 서울 주거지는 마용성을 빼놓고는 말할 수 없다.

그렇다면 왜 그 이전에는 마용성이 그 자리에 서지 못했을까? 사람들이 원하는 아파트가 별로 없었기 때문이다.

다음 그림에서 볼 수 있듯이, 현재 서울은 애초의 규모와 비교하면 몇 배나 커졌다. 가장 가운데 붉은색으로 표시된 부분이 1914년 상황이고, 이후 1930년대부터 1990년대까지 꾸준히 외연을 넓혀왔다.

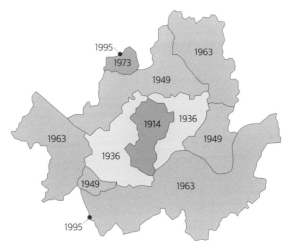

시기별로 확장돼온 서울

　서울이 굉장히 빠르게 확장하면서 많은 아파트가 지어졌고,
이 아파트 단지들은 새로운 학군지를 만들어냈다. 앞서 언급했
듯이 서울시에 평준화가 도입되면서 기존 명문교가 강제로 이전
됐는데, 이 때문에 새로 생긴 지역에 새로운 명문교가 생겨났다.

약 8%에서 59%로,
45년 만에 7배 이상 증가한 서울 아파트 비율

사실 이런 현상은 예전에도 계속되어왔다. 단지 우리의 '허약한'
기억력이 문제일 뿐이다. 서울 아파트 비율을 장기 시계열로 바라보자. 1975년 5만 1,906호였던 서울의 아파트는 2020년에 이르러 1,77만 2,670호로 증가했다.

　1980년을 보자. 전체 18만 3,846호 중 용산구 1만 2,026호, 영등포구 1만 3,523호, 강남구 5만 4,963호, 강동구 3만 9,839호로 당시 아파트를 어디에 집중적으로 지었는지 알 수 있다. 이 4개의 지명을 잘 기억해두자. 재건축 연한이 넘어도 한참 넘은 지역들이기 때문이다. 구별 아파트 현황이 공개된 건 1980년부터의 일이라 정확히 알 수는 없지만, 당시 여의도에 아파트가 참 많이 지어졌다는 것 정도는 추측해볼 수 있다. 이는 또한 예전 여의도 고등학교가 왜 그토록 유명했는지를 쉽게 유추해볼 수 있는 대목이다.

(단위: 호)

구분	1975	1980	1985	1990	1995	2000	2005	2010	2015	2020
서울	51,906	183,846	306,398	716,251	716,251	974,910	1,218,393	1,485,869	1,636,896	1,772,670
도심	20,399	23,771	26,574	44,060	44,060	81,829	108,438	136,485	159,292	179,185
동북	4,064	14,559	20,340	193,147	193,147	275,983	357,007	411,547	436,795	463,005
서북	12,865	11,888	14,642	35,767	35,767	61,164	88,389	129,358	158,830	183,877
서남	7,076	38,826	54,704	180,639	180,639	261,819	367,046	421,317	468,386	511,683
강남	7,502	54,963	99,830	141,482	141,482	150,961	163,624	199,850	223,211	220,522
동남	0	39,839	90,308	121,156	121,156	143,154	133,889	187,312	190,382	214,398
종로	6,215	6,017	5,620	6,488	6,488	7,185	7,669	11,067	12,552	15,688
중	3,190	3,000	2,908	3,532	3,532	10,892	13,437	18,037	22,186	26,102
용산	9,180	12,026	13,467	11,156	11,156	16,481	21,446	31,668	35,343	37,676
성동	1,814	2,728	4,579	11,265	11,265	27,280	42,017	47,217	59,331	67,584
광진				11,619	11,619	19,991	23,869	28,496	29,880	32,135

구분	1975	1980	1985	1990	1995	2000	2005	2010	2015	2020
동대문	723	8,062	9,361	13,131	13,131	22,194	38,450	47,903	59,534	65,033
중랑				12,300	12,300	30,969	37,277	43,751	50,078	55,499
성북	2,306	2,761	3,172	8,271	8,271	23,204	43,563	65,889	69,725	79,206
강북				10,560	10,560	13,251	24,668	30,744	32,651	34,733
도봉	1,035	3,736	7,807	38,100	38,100	47,803	60,723	63,333	64,082	65,032
노원				110,785	110,785	138,562	152,326	159,927	160,725	163,502
은평		1,035	2,027	7,094	7,094	10,612	18,910	39,553	50,419	59,438
서대문	9,898	7,432	8,114	15,417	15,417	25,975	29,509	36,038	45,340	54,132
마포	2,967	3,421	4,501	13,256	13,256	24,577	39,970	53,767	63,071	70,307
양천				38,146	38,146	53,080	70,879	78,858	83,827	90,788
강서		8,890	11,895	49,697	49,697	63,409	78,757	94,654	107,304	113,767
구로		9,260	13,845	19,117	19,117	37,165	52,778	63,239	74,594	83,459
금천				9,932	9,932	16,764	24,658	24,873	27,342	31,689
영등포	7,076	13,523	19,145	29,128	29,128	41,053	54,479	60,146	65,088	74,957
동작		3,654	5,032	21,389	21,389	28,143	41,366	48,837	56,969	61,606
관악		3,499	4,787	13,230	13,230	22,205	44,129	50,710	53,262	55,417
서초				51,070	51,070	54,304	63,886	81,608	90,084	94,499
강남	7,502	54,963	99,830	90,412	90,412	96,657	99,738	118,242	133,127	126,023
송파				78,012	78,012	89,217	75,808	111,037	111,685	127,239
강동		39,839	90,308	43,144	43,144	53,937	58,081	76,275	78,697	87,159

해마다 늘어나는 서울 아파트
자료: 통계청

1975~2020년 서울 아파트 공급을 복기해보자

● 1980~1985년

강남구(4만 4,867호)와 강동구(5만 469호)에 공급이 집중됐다. 여기서 강남구는 서초를 포함하며, 강동구는 송파를 포함한다. 강남 개

발은 1970년대부터 진행됐지만 본격적인 입주는 이때 이뤄졌는
데, 강남 4구 아파트가 대체로 30년을 넘겼다는 사실을 여기서도
알 수 있다.

● 1985~1990년

노원구(6만 6,402호)와 양천구(3만 3,035호)에 입주가 많았다. 양천구
는 바로 목동신시가지인데, 목동신시가지의 재건축이 2020년부
터 본격화된 것은 다 시기가 됐기 때문이다. 비슷한 시기에 노원
구에 인구가 많았다는 것을 잊어선 안 된다. 이를 떠올리면 왜
2021년부터 갑자기 노원구 정비사업 이야기가 나오는지 쉽게 이
해할 수 있을 것이다. 도봉구·노원구 아파트가 이때쯤 지어졌으
니 이때부터 노원구의 학군이 부각됐으리라고 추정할 수 있다.
도봉·노원 양 구에 공급된 아파트는 1985년 7,807호였으나 1995
년 14만 8,885호로 14만 1,078호가 증가했다. 은행사거리 학원가
는 15만 호에 육박하는 이 아파트들을 배후지로 생각하고 생겨
났을 것이다.

● 1990~1995년

이때도 노원구(4만 4,383호)의 공급이 이어졌다. 노원 못지않게 공
급이 많았던 곳이 강서구(3만 8,736호)와 강남구(2만 697호)였는데,
조금 전 말했던 양천구·노원구의 움직임이 이제 강서구와 강남

구에서 확인될 것이다.

● 1995~2005년

1995~2000년에는 이전 시기보다 많은 아파트가 공급됐는데, 지금까지처럼 특정 지역에 집중된 것이 아니라 서울 전체에 고르게 분포되어 있다. 서초구·강남구는 조금 적지만 중랑구·성북구·성동구·서대문구·구로구·영등포구 등 대부분 지역에서 공급이 많았다.

　이 추세는 2005년까지 이어졌다. 1995~2005년에 서울 전체적으로 많은 아파트가 공급됐는데, 적어도 2005년에 준공한 아파트조차 리모델링 연한인 준공 후 15년을 넘긴 상태다. 이 시기의 아파트들은 서울의 낙후 지역을 재개발하거나 공장 부지를 개발한 것이 많았다.

● 2005~2010년

송파구(3만 2,393호)와 성북구(1만 9,159호), 강동구(1만 6,858호), 강남구(1만 5,524호), 서초구(1만 4,611호)의 입주가 많았다. 이전과 달리 재건축이 본격화됐다는 점이 특징이다. 아파트를 어디서부터 지었는지를 잘 생각해보자. 잠실주공 재건축과 문정동 개발이 본격화된 송파의 모습이 가장 먼저 떠오를 것이다.

● 2010~2015년

강남구(1만 7,865호), 서초구(1만 1,587호) 등에 공급이 많았는데, 이곳에는 보금자리 주택 입주가 많았다. 서울시 주도의 뉴타운도 이 시기에 본격적으로 입주했다. 은평구(1만 4,932호), 중구(5,045호), 그리고 마곡 개발이 진행된 강서구(1만 5,962호)가 그렇다. 성동구(1만 2,792호), 마포구(1만 2,479호), 서대문구(1만 323호), 구로구(1만 2,292호)는 재개발의 결과로, 이때가 바로 마용성의 시작이었다. 하지만 당시 마용성의 가치를 알아챈 사람은 극히 드물었다.

● 2015~2020년

송파구(1만 5,554호)만이 눈에 띄는데, 헬리오시티(9,510호) 입주가 얼마나 크게 영향을 미쳤는지를 알 수 있다.

아파트 공급과 초등학교 학생 수의 관계

이런 흐름을 초등학교 학생 수로 판단하는 건 무리일까? 가장들은 자녀가 생기면 더 넓은 집을 구하려고 생각하기 마련이다. 그리고 아파트를 많이 지으면 사람들이 몰려드는데, 당연히 '가족'이 모두 이사를 오게 된다.

　서울시 교육청에서 공개 중인 데이터의 가장 옛 데이터인

2004년과 2020년을 비교해보자.

2004년 서울 초등학교 학급당 학생 수는 평균 32.68명으로 최고 수준은 은평구(38.35명), 양천구(36.78명), 광진구(35.60명), 서대문구(35.19명), 강서구(35.05명), 송파구(35.01명)였다. 최고는 은평구 역촌초(50.40명)로 심지어 50명을 넘길 정도였다. 어디에 초등학생들이 많았는지를 쉽게 파악해볼 수 있다.

그렇다면, 왜 유독 2004년에 이 지역들에 초등학생이 많았을까? 앞에서 살펴본 대로, 1990년대에는 서울 각지에 아파트가 고르게 많이 지어졌다. 특히 재개발 등을 통해 새롭게 아파트촌이 된 지역이 많았고, 이곳들의 입주가 종료되며 안정기를 맞이한 시기와 맞물린 것이다. 특히 이렇게 아파트촌이 대규모로 만들어진 곳에는 초등학교 신설이 동반됐다. 초등학교가 많아지면서 기존에 학생 수가 넘쳐나던 학교들도 정상을 찾아간 것이다. 그래서 2004년 학급당 인원수 상위 학교들이 지금도 상위인 경우는 꽤 드물 뿐이다.

특히 그때나 지금이나 과밀인 학교의 공통점은 노원구·서초구·광진구·양천구 등 지금의 인기 지역에 입지하고 있다는 점이다. 이는 무엇을 의미할까? 인기 학군이 되는 것은 쉽지만 장기간 유지되기가 어렵다는 것이다.

이제 2020년 수치를 보자. 2020년 서울 초등학교 학급당 학생 수는 평균 25.83명으로 급감했다. 평균치를 초과하는 학교들은

학교명	개교 시기	2004		2020	
		전체 학생 수	학급당 학생 수	전체 학생 수	학급당 학생 수
은평구 역촌초	1972-12-01	3,780	50.40	1,579	23.92
강서구 등촌초	1982-05-07	2,146	47.69	494	19.00
양천구 정목초	1981-09-21	2,612	45.82	1,051	22.36
노원구 을지초	1994-01-05	2,408	44.59	1,594	27.96
은평구 갈현초	1968-12-02	3,223	44.15	1,187	23.74
서초구 반원초	1981-06-05	1,937	44.02	1,361	27.22
광진구 광남초	1990-01-20	2,093	43.60	1,436	28.72
은평구 녹번초	1982-09-24	2,384	43.35	796	22.11
노원구 원광초	1991-10-30	1,718	42.95	759	24.48
동작구 대림초	1973-06-01	2,190	42.94	1,013	22.02
마포구 서교초	1962-05-12	2,100	42.86	508	21.17
은평구 구산초	1975-11-29	2,132	42.64	1,004	22.82
서초구 신동초	1948-04-02	1,788	42.57	1,365	27.86
양천구 영도초	1988-10-04	2,166	42.47	1,220	26.52
양천구 갈산초	1985-09-09	1,741	42.46	1,034	25.85
영등포구 당서초	1984-05-30	2,037	42.44	1,253	25.57
강서구 발산초	1979-10-18	1,907	42.38	1,157	24.10
송파구 가동초	1990-04-25	2,192	42.15	895	21.83
광진구 광진초	2003-09-01	1,727	42.12	575	19.83
영등포구 대길초	1983-09-14	2,526	42.10	499	19.19
양천구 목동초	1973-12-11	1,892	42.04	1,406	27.57
강동구 위례초	1981-10-24	1,512	42.00	0	
양천구 신서초	1985-10-22	2,012	41.92	1,198	27.23
관악구 청룡초	1987-10-18	1,842	41.86	401	21.11
강서구 화곡초	1965-03-31	2,871	41.61	903	21.50
양천구 경인초	1988-11-27	1,372	41.58	1,179	31.86
서대문구 연가초	1972-11-30	3,100	41.33	1,467	23.66
은평구 대조초	1965-09-15	2,186	41.25	849	22.34
구로구 개웅초	1996-05-31	1,548	40.74	530	18.93
양천구 신목초	1982-04-08	1,785	40.57	1,042	26.05
양천구 신기초	2000-07-02	1,698	40.43	464	21.09

학교명	개교 시기	2004		2020	
		전체 학생 수	학급당 학생 수	전체 학생 수	학급당 학생 수
광진구 광장초	1948-11-10	1,575	40.38	296	17.41
강서구 등현초	1997-01-10	1,211	40.37	587	21.74
동대문구 이문초	1965-05-11	2,495	40.24	808	20.72
도봉구 오봉초	2000-03-01	1,806	40.13	340	17.89

2004년 기준 과밀 초등학교 리스트
자료: 서울시 교육청

어딜까? 2004년의 학교 리스트와는 상당히 달라져 있다.

특히 2004년에는 없던 학교들이 상위권에서 발견되는 특이사항을 느껴야 한다. 그것을 제외하면 지금 '가장' 인기 주거지에 있는 초등학교가 과밀학급인 것이다. 참고로 신설 초등학교인 송파구 버들초는 잠실동 트리지움 단지에, 양천구 목운초는 목동 신시가지7단지 바로 옆에 개교한 학교다.

또한 하나 더 주목해야 하는데, 현재의 과밀초는 16년 전과 비교할 때 그다지 학생 수 변화가 보이질 않는다는 점이다. 2004년 기준 과밀초들은 대부분 큰 폭의 학생 수 감소를 겪었는데, 변화가 없다는 것은 어떤 의미일까? 특히 인구 감소가 진행되고 있다는 2022년 현시점에서 아이들 숫자가 줄지 않았다는 것은? 아이들을 '여기'에서 키워야겠다는 굳은 신념이 느껴지는 부분이다.

과밀학급 vs. 과소학급

📍

'과밀학급이 좋은가, 과소학급이 좋은가'를 두고 간혹 논쟁이 일곤 한다. 당연히 과밀학급이 좋다. 외로움은 인간의 가장 큰 적이기 때문이다. 학급에 '사람'이 많아야 친구도 많지 않을까? 앞서 말했듯이 교육에는 네트워크를 가지게 하는 목적도 포함되니, 이를 위해서는 과밀학급을 선택할 수밖에 없다.

지금 과밀학급은 어디에 있을까? 바로 40년 전 만들어진 지역

(단위: 명)

학교명	개교 시기	2004		2020	
		전체 학생 수	학급당 학생 수	전체 학생 수	학급당 학생 수
송파구 버들초	2005-09-01	0		1,107	34.59
강남구 대치초	1984-07-09	1,696	37.69	1,656	34.50
강남구 대도초	1979-03-27	943	29.47	2,129	34.34
강동구 명덕초	1984-12-05	878	24.39	1,848	34.22
양천구 목운초	2009-03-01	0		1,691	33.82
강남구 도성초	1981-08-13	750	28.85	1,888	32.55
양천구 경인초	1988-11-27	1,372	41.58	1,179	31.86
강남구 개일초	1985-11-17	848	32.62	1,004	31.38
송파구 잠일초	1978-03-12	751	28.88	1,800	31.03
강남구 언주초	1925-09-16	1,774	35.48	1,612	30.42
강남구 언북초	1947-04-01	1,246	31.95	1,851	30.34
서초구 원명초	1989-05-04	1,099	33.30	1,299	30.21
강남구 대모초	1994-06-05	1,174	34.53	991	30.03

2020년 기준 학급당 학생 수 30명 이상인 초등학교(서울)
자료: 서울시 교육청

에 집중되어 있다.

한편 신축 지역에는 새로운 학군이 형성된다. 인기 지역의 과밀학급과는 다른 양상인데, 정비사업 과정에서 인구가 감소하는데도 학교를 새로 지었기 때문이다. 성동구의 응봉초(2002년 개교)·행현초(2005년 개교)·동호초(2010년 개교), 마포구의 상지초(2007년 개교)·하늘초(2011년 개교)가 좋은 사례다. 아파트가 지어진다고 해서 학교가 함께 생기는 것이 일반적인 일은 아니다. 그런데 정비사업 중 재개발은 생활 기반시설을 함께 조성하다 보니 학교를 새로 짓는 경우가 많다. 성동구·마포구 등의 재개발 결과는 대단지 아파트도 물론 만들어졌지만, 인근에 없던 학교를 새로 지으면서 통학 환경 등을 개선하는 데 크게 도움을 줬다.

그렇다면 1800년대 말에 개교한 학교가 즐비한 종로구·중구에도 이런 일이 일어날 수 있을까? 1959년 개교한 종로구 숭신초가 성동구 왕십리 뉴타운으로 이전했는데, 이 사례는 많은 것을 설명해준다. 즉, 낙후된 지역은 학교를 빼앗길 수도 있다는 얘기다. 그런데 이전한 학교들의 학생 수가 대폭 증가한 것은 왜일까? 이유는 간단하다. 아파트를 많이 지은 지역으로 옮겼기 때문이다.

1부 ● 핵심은 바로 이것!

1장

- 서울이 서울일 수 있는 것은 예나 지금이나 압도적인 교육 인 프라 덕분이다.
- 자식 교육을 위해 '인 서울(한양)'을 열망했던 건 조선도 마찬 가지. 하지만 정약용도 실패했다.
- 조선도 한양의 물가와 집값 때문에 경기로 밀려났지만 1일 통 근권만은 지키고자 했다.
- 고려와 조선에서도 사교육이 붐이었고, 1타 강사는 떼돈을 벌 었다.
- 소도시도 교육이 일어서면 번성할 수 있다. 하지만 교육이 흥 하려면 '자본'이 필요하다.

2장

- 교육이란 '어떤 지식'을 얻느냐가 아니라 '어느 네트워크'를 가 지게 되느냐가 중요한 목표다.
- 좋은 네트워크를 가지고 싶어 하는 욕구는 상류층보다 중산층 에서 더 강하다.
- 서울대학교 입학은 우리 사회에서 여전히 과거 급제 수준으로 받아들여진다.
- 전문대학원 도입과 함께 '개천 용'은 멸종됐지만 특목고 입지 는 더욱 강화됐다.
- 고교 평준화는 학군지 부동산의 가치를 월등히 끌어올리는 계 기가 됐다.

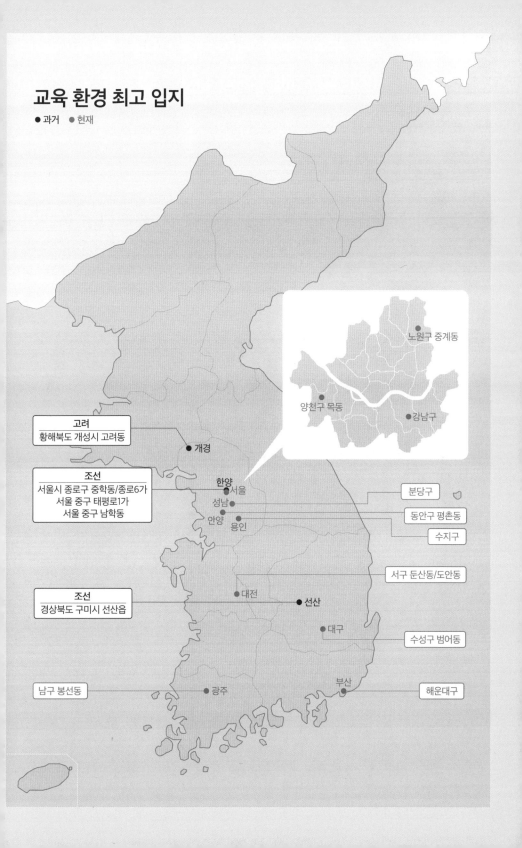

교육 환경 최고 입지

● 과거　● 현재

고려
황해북도 개성시 고려동

조선
서울시 종로구 중학동/종로6가
서울 중구 태평로1가
서울 중구 남학동

조선
경상북도 구미시 선산읍

노원구 중계동

양천구 목동

강남구

개경

한양 ● 서울
성남
안양
용인

분당구

동안구 평촌동

수지구

서구 둔산동/도안동

대전

선산

대구

수성구 범어동

남구 봉선동

광주

부산

해운대구

2부

부동산 보는
안목을 키우는
두 번째 키워드:
직주근접

일자리 많은 곳에
돈이 몰리는 건
당연지사

궁궐과 가까운 곳이
비싼 이유

새 정부가 들어설 때마다 나오는 기사 중 하나가 고위 공직자의 집 주소다. 그중에서도 서울 강남에 몇 퍼센트나 거주하는지는 꼭 나온다. 그것은 '강남'이라는 지역이 가지는 상징성 때문이다. 2020년 7월 「시사저널」이 문재인 정부 고위 공직자 56명을 대상으로 한 조사에서는 13명(23.2%)이 강남 3구에 거주했다. 이는 그토록 강남 부동산에 대해 부정적인 프로파간다를 하던 정부의 요인들조차 포기할 수 없는 것이 강남의 부동산이라는 사실을 다시 한번 확인시켜줬다.

강남에는 왜 높은 가치가 부여될까. 여러 가지 요인이 있을 테지만 역시 교육, 인프라, 교통의 편리함, 통근 거리 등이 핵심 아닐까?

그렇다면 교육이나 통근 환경이 지금과는 달랐던 왕조 시대에는 어땠을까. 수백 년 전 한양에서 동네의 가치를 결정하는 가장 중요한 기준은 궁闕과의 거리였다. 즉, 왕과 얼마나 가까이 있느냐가 집값을 좌우했다는 이야기다. 그것이 다른 모든 요인을 압도했다.

왕의 건강이 어떤지, 세자의 신붓감을 언제 구할 건지, 왕의 총애를 받는 후궁이 누구인지 등등이 모두 권력 그리고 돈과 연관됐기 때문에 고려와 조선 시대 고위층은 늘 궁과 가까운 곳에 살면서 이를 지켜봤다. 그럼으로써 권력을 쥘 수 있었다.

예를 들어 고려 수도 개경의 노른자위는 내동대문 안쪽 정승동이라는 곳이었다. 만월대 동쪽과 남쪽인데, 궁궐 코앞이나 다름없었기에 출근하기에 최적합지로 꼽혔다. 정승들이 많이 거주해 동네 이름도 정승동이었다. 그리고 정승동 바로 위에는 유동이 있었는데, 이곳 역시 궁궐에 바로 붙어 있어 이색을 비롯한 고위층이 많이 거주했다고 한다.

권력자들이 사는 공간 북촌

궁궐과의 물리적 거리가 가까울수록 동네의 가치가 높아진다는 사실을 보여주는 예는 역시 조선 시대 북촌이다. 청계천과 종로의 북쪽을 의미하는 북촌은 지금의 가회동, 재동, 원서동, 안국동 등을 중심으로 하는 지역이다. 경복궁을 기준으로 보면 동쪽에 자리한다.

경복궁 동쪽 부지가 선호된 것은 태종이 지은 창덕궁의 영향이 크다. 태종은 부왕 태조(이성계)와의 관계가 껄끄러웠고, 자신

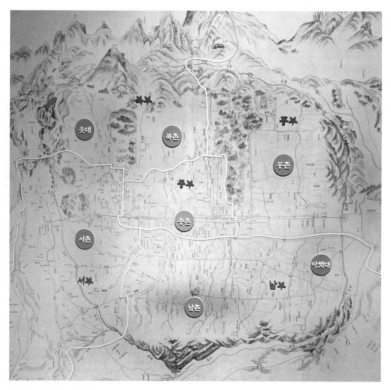

조선 시대 한양 구분
중촌을 둘러싸고 동촌, 서촌, 남촌, 북촌으로 나뉘었다.
자료: 서울역사박물관

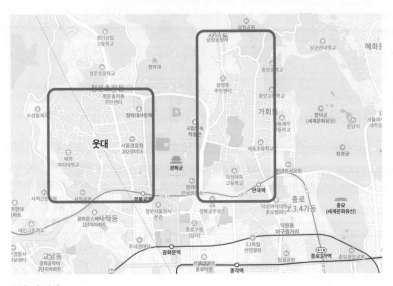

북촌의 위치
자료: 네이버 지도

의 이복동생들을 죽인 탓에 경복궁을 싫어했다. 그래서 경복궁에서 동쪽으로 1.5킬로미터가량 떨어진 곳에 창덕궁을 짓고 주로 여기서 정무를 봤다. 지도에서 북촌을 보면 경복궁과 창덕궁 사이에 있음을 알 수 있다. 2개의 궁궐 사이에서 권력의 향방에 민감하게 더듬이를 세우고 있었을 것이다.

다만 지금은 서촌과 북촌이 엄격하게 구분되지만, 조선 시대에는 지금 서촌으로 분류되는 청운효자동 일대도 북촌에 포함됐다(지금의 서촌은 당시 '웃대'라고 불렸다). 장동 김씨로도 불리는 안동 김씨의 저택 무속헌이 청운동에 있었고, 세종대왕도 어렸을 때 웃대에서 살았다.

양반도 왕족도 북촌으로

북촌을 선호하는 건 왕실이라고 해서 예외는 아니었다. 왕위에 오를 세자를 제외한 국왕의 자녀들은 결혼하면 궁에서 독립해 나가야 했는데, 당연히 북촌이 1순위가 됐다. 문제는 너도나도 북촌을 원해 이미 집들이 가득 들어차 있었다는 것이다. 그래서 왕은 자녀들을 위해 북촌의 가옥 몇십 채를 철거하고 그 자리에 집을 지었다.

오늘날 '성군'이라고 불리는 왕들도 예외는 아니었다. 세종 때는 영응대군의 집을 짓기 위해 안국동 일대 가옥 60채가 철거됐고, 문종 때는 경혜공주의 집을 짓기 위해 가옥 40채가 철거됐다. 철거된 것은 대개 힘없는 서민층의 가옥이었을 것이다. 이렇게 수십 채의 가옥이 철거된 자리엔 대규모 저택이 들어섰다.

1789년 정조 때 만든 『호구총수』를 보면 이 같은 흔적이 남아 있다. 당시 한양의 행정구역은 5부 47방으로 나뉘어 있었다(방은 현재의 동과 유사한 개념이다). 1789년 47개 방의 평균 호수는 935호이고, 인구는 3,860명이었다. 그런데 북촌이 속한 북부는 483호, 2,023명에 불과했다. 특히 북촌의 노른자위인 안국방과 가회방은 229호, 252호로 다른 곳에 비해 적은 편이다. 이는 북부의 인구밀도가 낮았다는 것을 보여준다. 대형 가옥들이 밀집해 있었기 때문이다. 역시 예나 지금이나 돈이 많으면 자기들끼리 쾌적

(단위: 호, 명)

중부			동부			서부			남부			북부		
방	호	구	방	호	구	방	호	구	방	호	구	방	호	구
정선	779	4,001	연화	1,175	5,545	양생	687	3,394	명철	1,614	5,371	순화	1,167	5,917
관인	450	2,123	경모궁	776	4,026	인달	798	4,110	훈도	1,027	6,095	안국	229	1,275
견평	512	2,535	숭교	839	4,276	적선	689	3,306	낙선	1,167	6,021	가회	252	1,765
서린	300	1,216	건덕	471	1,868	여경	706	3,402	광통	372	2,176	의통	158	865
수진	498	2,271	창선	689	2,426	황화	950	5,975	명례	571	3,821	관광	652	2,297
장통	791	4,169	숭신	1,241	3,886	반석	2,956	13,882	대평	343	2,343	진장	346	1,578
경행	515	2,859	인창	2,511	7,683	반송	2,791	12,971	회현	989	6,550	양덕	124	908
징청	237	1,012				용산	4,617	14,915	성명	814	5,189	준수	204	994
						서강	2,168	6,239	둔지	1,241	3,589	광화	202	692
									두모	1,425	4,484	상평	560	1,939
									한강	406	1,145	연의	1,279	4,173
												연은	631	1,876
8	4,087	20,186	7	7,702	29,710	9	16,371	68,194	11	9,970	46,784	12	5,804	24,279

서울 5부 인구 기록
자료: 고동환, 『조선시대 서울도시사』, 태학사

한 환경에서 사는 것을 선호한다.

집 한 채가 9급 연봉 50년 치

북촌의 집값은 어느 정도였을지 궁금하지만, 의외로 기록이 별로 남아 있지 않다. 아마도 명문가에서 대를 이어 살았기 때문에 매매 자체가 적었던 탓일 게다. 또 권세가끼리 세세하게 거래 서류를 주고받는 일도 드물었을 것이다.

다만 『조선왕조실록』에 인사동 30칸(間)짜리 집이 종9품 관리의 녹봉 50년 치였다는 기록이 있으니, 현재 9급 공무원 연봉(약 3,000만 원)을 대입하면 15억 원 정도가 되는 셈이다(관련 자료를 찾아봤는데, 공무원 연봉에 대한 접근법이 다양해서 딱 얼마라고 하기가 어렵다는 걸 깨달았다). 칸은 당시 집에서 기둥과 기둥 사이를 의미하던 단위인데, 지금의 평 정도로 이해해도 큰 무리는 없을 것이다. 그러니 30평짜리 일반 주택이 15억 원 정도였다고 볼 수 있을 것 같다. 요즘 서울 집값이랑 얼추 맞아떨어지는 셈이다.

　　당시 세도가들의 저택 중에서도 의령 남씨 집안의 대은암이라는 저택이 유명했다고 한다. 중종 때 영의정을 지낸 남곤을 비롯해 많은 고위직을 배출한 명문가다. 또 경행방(현재의 낙원동)의 해주 오씨, 옥류동(현재의 옥인동)의 기계 유씨, 이문동(현재의 인사동)의 능성 구씨, 송현동의 청송 심씨 가문의 가옥이 유명했다고 하는데 지금은 남아 있지 않아서 아쉬울 따름이다.

　　지금 북촌에 남아 있는 가옥들은 대개 구한말에 지어졌거나 근현대를 거치며 개보수를 거친 곳들이다. 가장 유명하다고 꼽히는 안국동 윤보선 가옥도 1870년에 지어졌다. 99칸에 달하는 이 집은 바깥사랑채·안사랑채·행랑채 등을 갖추고 있으며, 중국 양식이 가미됐다고 한다. 노론 명문가 출신인 김옥균과 박규수의 집터에는 각각 정독도서관과 헌법재판소가 들어서 있다.

　　서촌 지역도 마찬가지다. 구한말 대신 김윤식이 "우리 집은 김

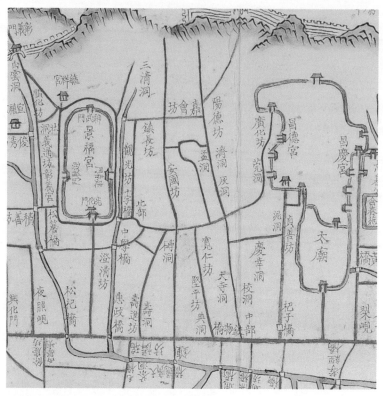

김정호가 제작한 전국 지도 <동여도>로 보는 북촌
자료: 서울역사박물관

상헌의 옛집 무속헌 옆이나"라고 쓴 깃으로 보아 구한말까지만
해도 안동 김씨의 저택이 남아 있었던 게 분명하지만 지금은 찾
아볼 수 없게 됐다. 그도 그럴 것이 그 집터에는 청와대 '안가(안전
가옥)'가 들어섰기 때문이다. 1979년 10월 26일 김재규 중앙정보
부장이 박정희 전 대통령을 저격한 바로 그곳이다.

　구한말로 접어들면서 화려했던 조선 명문가 상당수가 쇠락해

갔다. 윤보선 집안처럼 극히 일부를 제외하면 일제 강점기 때 새로이 부상한 신흥 계급에 밀려났다. 이 무렵 몰락한 북촌 고관대작의 후손들이 골동품을 내다 팔면서 생계를 이어갔는데, 그렇게 발달한 곳이 인사동 골동품 거리다. 이때 많은 문화재급 골동품이 일본 등으로 팔려나갔다. 이를 보다 못해 1932년 고서와 그림을 전문으로 취급하던 인사동의 한남서림을 인수해 본격적으로 문화재 수집에 나선 이가 있는데, 그가 바로 간송 전형필이다.

원서동 빨래터

북촌의 매력은 한옥에만 있지 않다. 세월의 흔적이 물씬 묻어나는 세탁소, 슈퍼마켓 같은 노포와 수백 년간 쌓인 이야기를 담은 의외의 장소들에서도 찾을 수 있다.

원서동 빨래터

중앙고등학교에서 나와 걷다 보면 창덕궁 외삼문 우측 담장에 남아 있는 원서동 빨래터가 한 예다. 지금 보면 그저 담장 밑 작은 공간에 불과하지만 이곳은 조선의 3대 빨래터라고 불렸던 곳이다. 당시 궁에서는 끼니마다 엄청난 양의 쌀이 소비됐는데, 그 쌀겨가 남은 물이 이곳으로 뿌옇게 흘러들었다고 한다. 그런데 그 물이 옥시크린 넣은 것 못지않게 때를 잘 지워냈다는 것이다. 그래서 북촌의 아낙들은 모두 이곳에 모여서 빨래를 했다는데, 대부분

고관 집안의 여종들이었을 테니 빨랫방망이를 두들기며 얼마나 뒷담화를 했을지 눈에 선하다.

고려 때도 부동산 투기가 있었을까?

다주택자도 있고 집을 구하지 못해 세 들어 사는 관료들도 있었지만 정확한 거래 내역이 밝혀진 사례는 거의 없다. 그래서 매우 제한적이긴 하지만, 시세차익을 남긴 기록은 있다.

명종 때 하급 관료 노극청은 급전을 마련하기 위해 집을 내놨는데, 그가 집을 비웠을 때 아내가 현덕수라는 사람에게 은 12근을 받고 팔았다. 노극청은 이 집을 은 9근을 주고 구매했다고 하니 30%의 시세차익을 남긴 셈이다. 하지만 이를 알게 된 노극청이 '몇 년 동안 살면서 수리도 안 한 집을 어떻게 더 비싸게 팔겠는가'라며 현덕수를 찾아가 은 3근을 돌려줬다고 한다.

노극청과 그의 아내가 서로 다른 입장인 것으로 봐서 당시 개경 집으로 시세차익을 거두는 게 일반적이었는지 아닌지 다소 짐작하기가 어렵다. 다만 개경의 인구는 10만 명 정도였던 것으로 추정되고 고려 초기 인구가 300만 명 정도였다고 하니, 전체 인구의 30분의 1 정도가 개경에 살았던 셈이다. 개경의 면적은 약 25제곱킬로미터로 인구밀도는 약 4,000명, 지금 서울(605제곱킬로미터)의 1만 7,000명과 비교하면 넉넉한 것으로 여길 수도 있지만, 당시엔 고층 아파트 같은 게 없었으니 실제로는 살만한 땅은 대부분 집으로 덮여 있었다고 보는 게 맞을 것이다. 그러니 시세차익을 거둔 사례도 있지 않았을까?

한양엔 왜 공원이 없었을까

연수 기간을 갖게 되어 2022년을 영국 런던에서 지내고 있다. 이곳에서 가장 만족스러운 것을 꼽으라면 도심 속 공원. 리젠트파크, 하이드파크,

배터시파크 등 도심 곳곳에 널려 있는 공원 덕분에 풍족한 녹지를 누린다는 점이다. 확인해보니 런던에는 공원이 3,000개(!)나 있다고 한다. 살짝 과장하자면 10분만 걸어도 서울숲 수준의 공원을 하나씩 만나게 되는 것 같다(서울은 공원이 40개가 안 되는 것으로 알고 있다).

그렇다면 영국인들은 몇백 년 전부터 이렇게 훌륭한 도시계획을 세운 것일까? 알아보니 왕실에서 조성한 것도 있지만 상당수는 귀족이나 젠트리(gentry) 계층이 만든 사설 시설이었다. 이들은 17세기 이후 도심에 인구가 밀집하고 환경이 열악해지자 도심 밖으로 탈출하면서 자신들을 위한 주거지역을 만들고 그 안에 녹지를 조성했다. 그것이 세월을 거치면서 런던 도심으로 통합됐고 민간에도 개방됐다.

같은 시기 조선 한양은 반대였다. 인구가 늘어도 권력과 돈이 있으면 북촌, 넓게 잡아도 사대문 안을 떠나려 하지 않았다. 사람 살기도 빽빽한데 공원을 만들 공간이 있을 턱이 없다.

그렇다면 한양은 왜 다른 길을 걸었을까? 영국은 해외 무역과 산업 발달 등으로 귀족뿐 아니라 젠트리 계급의 성장이 두드러졌다. 이들이 장악한 의회는 일찌감치 왕권을 제약하며 시민계급의 성장을 이끌었다. 그러니 장소에 크게 구애받지 않고 자기들만의 공간을 맘껏 조성할 수 있었던 것이다.

반면 조선은 중앙집권국가였다. 붕당이 있었다고는 하지만 의회가 왕의 권한을 법으로 제약했던 영국과 비교하기 어렵다. 국왕의 동향이 늘 초미의 관심사였고, 왕궁과 한 발짝이라도 가까운 곳에서 살고자 했다. 뿌리 깊은 신분제도 백성을 위한 공간을 만드는 데 인색했겠으나, 무엇보다 왕의 권력이 살아 있는 정치 시스템이 가져온 차이가 아니었을까.

조선의 돈이 모인 곳,
종로

도시의 유산계급을 가리키는 '부르주아Bourgeois'는 성을 의미하는
프랑크어 부르그Burg에서 유래했다. 중세 유럽에서 영주가 사는
성 주변에 마을이 들어서자 영주는 성벽을 쌓고 세금을 거두며
이들을 보호했는데, '성안에 사는 사람'이라는 의미로 부르주아
라는 명칭이 붙었다는 것이다. 주로 상공업자 계급이 해당했고,
나중에는 변호사나 의사 같은 전문직으로 확대됐다.

　비록 세계사의 흐름에서 다소 뒤처지긴 했지만, 조선의 한양
에도 이와 유사한 계급이 형성됐으니 그들이 사는 공간이 바로
중촌中村이었다.

고소득 전문직의 거주지, 중촌

중촌은 청계천과 종로를 아우르는 지역이다. 의관(의사)·율관(법률가)·역관(통역관)·도화원 소속 화원(화가) 등의 전문직 관리, 관청의 실무를 담당하는 하급 관료, 종로에 시전을 차린 상인, 북촌의 저택으로 출근하는 집사 등이 거주했다. 그러니까 우리에게 잘 알려진 허준이나 신윤복 같은 이들이 이곳에 살았을 것이다. 지금이야 고소득이 보장된 선망의 직업이지만 조선 시대만 해도 중인계층에 속했으며, 사회적으로도 썩 대우받진 못했다.

조선 정조 때 실학자 이가환은 『옥계청유권서』라는 책에서 중촌에 거주하는 사람들에 대해 "개천의 남북은 모두 역관과 의관

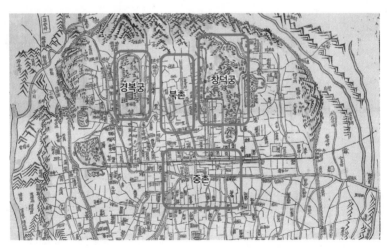

<수선전도>로 보는 중촌 구역
자료: 서울역사박물관

들이 사는데, 높은 벼슬이 허락되지 않아서 수단과 방법을 가리지 않고 이익을 챙기고 문학을 가벼이 여긴다"라고 했다. 사대부의 시선에 경멸이 담겨 있음을 알 수 있다.

외국어를 잘해야 돈을 번다

얼마 전, 부모의 경제적 형편이 가장 영향을 끼치는 과목이 영어라는 기사를 본 적이 있다. 외국어가 사회적 기반을 업그레이드하는 데 좋은 도구가 된 것은 과거에도 마찬가지였다. 세계 제국을 건설한 원나라의 부마국이 된 고려에서도 몽골어를 할 줄 아는 역관들은 권력을 누렸고, 한국도 해방 직후 '통역정치'라는 말이 유행할 정도로 통역관들의 위세가 대단했다.

신분제도가 엄격했던 조선에서는 고려만큼의 권력을 누릴 순 없었지만, 여전히 큰돈을 벌었다. 독특한 무역 시스템 때문이었다.

조선은 오랫동안 무역을 엄격하게 통제했으며, 조공이나 중국으로 가는 사신단을 통한 무역 정도가 제한적으로 허용됐다. 이런 사실은 조선 성종 때 "임사홍이 한어漢語를 배움이 어찌 국가를 위함이겠습니까? 임사홍의 이번 행차는 아들 임숭재가 공주에게 장가들었기 때문에 사라능단紗羅綾段을 무역하려는 것뿐이니, 사신으로 보낼 수 없습니다"라는 기록에서도 엿볼 수 있다. 즉, 사신으로 간다는 것은 무역으로 한몫을 '땡길' 기회를 의미했다.

아울러 사신단의 주요 일원이었던 역관에게는 큰 몫을 챙길 기회가 열려 있었다. 예를 들어 조선은 중국에서 백사(흰색 실)를 수입해 일본 상인에게 은화를 받고 수출하는 중개무역을 했는데, 백사의 수입가는 100근당 은 60냥이고 일본에 수출하는 가격은 은 160냥이었다. 실 100근당 투자금의 2.7배인 은 100냥의 이익을 거뒀으니 굉장히 짭짤한 거래였다. 역관들은 이 돈을 다시 인삼 매매나 고리대금업에 투자해 몇 배로 불렸다.

박지원이 쓴 『열하일기』를 보면 역관 변승업 일가가 은 50만 냥을 밑천으로 한양에서 고리대금업의 '큰손'으로 활동했다는 이야기가 나오는데, 그는 일본어 전문 역관이었다. 『허생전』에서 허생에게 거금 10만 냥을 선뜻 빌려주는 조선 제일의 부자 변씨가 바로 이 사람이다.

'장희빈'으로 더 잘 알려진 희빈 장씨 집안도 마찬가지다. 희빈 장씨는 조상 대대로 역관을 배출한 중인 집안 출신이다. 그녀의 집안은 무역으로 상당한 부를 축적한 갑부였고 이런 경제력 덕분에 종실 및 남인 세력과 결탁할 수 있었다. 남인은 이들의 뒤를 봐주고, 이들은 남인에게 정치자금을 대는 관계였던 것이다.

그래서 중촌에는 오랫동안 거주한 역관 집안이 많았다. 수진방(청진동 주변)의 천녕 현씨, 장통방(관철동 주변)의 무안 박씨가 유

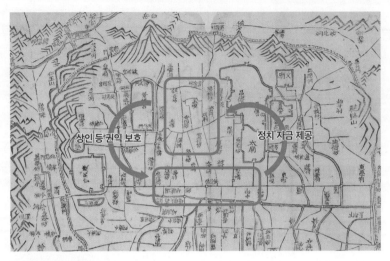

북촌과 중촌의 관계
자료: <대동여지도> 중 <도성도>, 서울역사박물관

명했다고 한다. 특히 무안 박씨는 선조 때 장원으로 역관이 된 박대근 이래 20세기 초까지 역관 집안으로 명성을 떨쳤는데, 천녕현씨·영양 남씨 등 역관 집안과 결혼해 패밀리 비즈니스를 공고히 했다.

1983년 관철동에 들어선 파고다어학원을 비롯해 많은 어학원의 본점이 이 근방에 있다는 것은 우연의 일치이지만, 지역의 기운을 아주 무시할 수만은 없겠다는 생각도 든다.

조선 최대의 상업 타운

중촌에는 지금 SK 본사를 비롯해 KEB하나은행 본점·한국무역보험공사·예금보험공사·미래에셋증권 등 큰돈을 만지는 각종 기업과 기관들이 즐비하고 종로 상권이 있는데, 과거에도 분위기가 비슷했다.

일단 이곳에는 조선 시대 최대 상업지구인 종로 시전이 있어서 돈이 많이 돌았다. 시전을 운영하는 상인들은 다방골(현재의 다

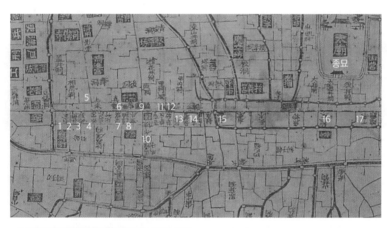

<수선총도(首善總圖)>에 등장하는 종로 시전
『서울역사박물관: 600년 서울을 담다』를 참고해 작성했다. 각각의 숫자는 다음을 나타낸다.
1. 우산전(雨傘廛): 우산 2. 생선전(生鮮廛): 고등어, 조기 등 생선 3. 치계전(雉鷄廛): 말린 꿩고기
4. 사기전(沙器廛): 사기그릇 5. 상미전(上米廛): 상급 품질의 쌀 6. 저포전(苧布廛): 베
7. 면주전(綿紬廛): 국산 비단 8. 면포전(綿布廛): 무명과 은 9. 선전(線廛): 수입 비단
10. 지전(紙廛): 종이 11. 은국전(銀麴廛): 술 만드는 누룩 12. 어물전(漁物廛): 건어물
13. 시저전(匙箸廛): 숟가락, 젓가락 14. 의전(衣廛): 헌 옷 15. 철물전(鐵物廛): 솥 등 쇠붙이
16. 하미전(下米廛): 하급 품질의 쌀 17. 염상전(鹽床廛): 소금
자료: 서울역사박물관

동과 서린동)과 상사동(현재의 청진동과 종로 1가 일대)에 많이 거주했다. 시전은 18세기까지 한양에서 독점적으로 물건을 파는 소매상이었기 때문에 경쟁 없이 큰돈을 벌었다.

이들 역시 노론 등 조선의 주요 권력층과 결탁한 이권 공동체였다. 정치권은 이들의 독점적 상업권을 보장해주고, 상인들은 정치권에 자금을 대는 관계였다. 정조가 금난전권禁亂廛權이라는 시전 상인들의 특권을 폐지한 것은 정치자금을 겨냥한 조치이기도 했다.

조선 철종 때 유재건은 『이향견문록』에서 중촌에 대해 "상인과 부자들이 많이 살아 털끝만 한 이익을 다투고 인색하게 굴며 거마車馬(수레와 말)와 제택第宅(살림집과 정자를 통틀어 이르는 말)으로 서로 호사를 다툰다"라고 했다. 오늘날로 치면 강남 압구정동의 아파트 단지나 성북동 고급 주택가에 마이바흐나 레인지로버 같은 차들이 늘어서 있는 것과 같았던 듯하다. 말투에 대해서는 "한편으론 공경에 가깝고, 다른 한편으로는 거만했다"라고 하는데 양반 상류층을 모방하고자 하는 '졸부'의 모습을 꼬집은 것 같다.

어쨌든 중촌이라는 구역은 고려와 조선의 가장 큰 차이를 보여준다. 고려의 양반들은 상업지구를 선호했지만 조선 양반들은 번화가를 꺼렸다. 개경의 권력자들은 번화가에 바짝 붙어 살았지만 한양의 양반들은 시전이 모여 있는 종로에서 조금 거리를 두고 북촌이나 남촌에 살았다.

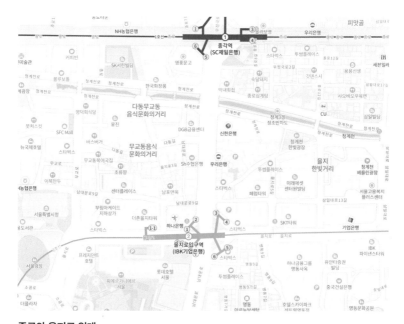

종로와 을지로 일대
지금도 이곳에는 대기업과 은행 등이 밀집해 있다.
자료: 네이버 지도

　고려 시대 유명한 학자 이제현은 조정 중신들이 매일 쌀·소금의 가격을 따지면서 시장 돌아가는 사정으로 날을 새운다고 비판했는데, 요즘으로 말하면 금·구리·밀·커피 등의 현물시장 가격을 확인하느라 바빴던 셈이다. 하지만 조선 양반들은 이런 이야기를 공개적으로 꺼내면 큰일 나는 줄 알았다.

리모델링·재건축이 활발했던 중촌

돈에 민감한 사람들이 살아서였을까. 이 지역은 조선 시대 주택 매매 기록이 다수 남아 있는데, 그중에는 리모델링과 재건축을 통해 주택의 가치를 올린 흔적도 보인다.

예를 들어 장통방(남대문로와 서린동 일대)에 살던 전만배는 1764년 집 19칸짜리 기와집(빈터 30칸)을 200냥 주고 매입했다. 그는 5년 뒤 이 집을 부수고 16칸짜리 기와집(빈터 33칸)을 새로 지어 김두규에게 300냥을 받고 팔았다. 기와집 규모는 19칸에서 16칸으로 줄었는데, 100냥을 더 받은 것이다. 신축 주택이었기 때문이다. 1783년엔 김경서가 이 집을 300냥에 산 뒤 1년 만에 3칸을 더 늘려 350냥에 팔았다. 리모델링으로 평수를 늘려 1년 만에 16%의 차익을 낸 셈이다.

비슷한 기록이 정선방(종로구 낙원동, 익선동 일대)의 매매 기록에도 나오는데, 18칸짜리 기와집을 750냥 주고 사서 21칸짜리로 확장한 뒤 1년 만에 1,000냥을 주고 판 기록이 있다. 역시 리모델링을 해서 30%가량 높은 가격으로 되판 셈이다.

한양의 북촌이 지금 서울의 강남과 비슷하냐고 묻는다면 선뜻 고개를 끄덕이기는 어렵다. 조선 양반들은 이재利財와 거리를 두는 것처럼 보이고자 했고, 돈이 오가는 동네와 의식적으로 경계를 긋고 살았기 때문이다. 북촌은 돈이 많다고 들어갈 수 있는 동네도 아니었고, 뭔가 일반인과는 다른 계층의 사람들이 거주하는 '다른 세상' 같은 곳이었다. 그런 점에서 북촌은 지금의 성북동과 비슷할 것 같다. 조선 시대의 강남이라면 이재에 밝고 민감했던 중촌이 더 가깝지 않을까.

약을 사려면 을지로입구로

조선 시대엔 을지로입구를 '구리개'라고 불렀다. 땅이 질퍽질퍽한 고개라는 의미다. 구리개에는 한양의 약방이 모여 있었다. 구리개에 약방이 많았던 것은 인근에 조선 시대 의약과 일반 서민의 치료를 맡아본 관청인 혜민서가 있었기 때문이다. 구한말에도 제생당·평화당·홍제당 등 유명한 약방들이 있어서 아픈 한양 사람들이 가장 먼저 찾는 곳이었다. 혜민서 자리는 을지로3가역 1번 출구 인근인데, 지금은 '커피한약방'이라는 카페가 들어서 있다.

권력도 돈도 없던
남촌의 변신

나는 어디로 어디로 들입다 쏘다녔는지 하나도 모른다. 다만 몇
시간 후에 내가 미쓰코시 옥상에 있는 것을 깨달았을 때는 거의
대낮이었다. 나는 거기 아무 데나 주저앉아서 내 자라 온 스물
여섯 해를 회고하여 보았다.
- 이상, 『날개』

여기 나오는 미쓰코시백화점이 있던 자리는 지금 신세계백화
점 본점이 있는 곳으로, 조선 시대에는 '남촌'이라고 불렸던 지역
이다.

미쓰코시백화점
자료: 서울역사박물관

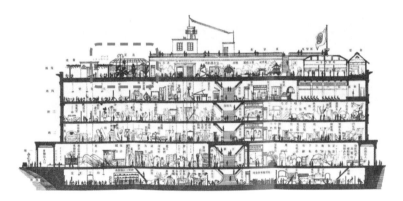

미쓰코시백화점 옥상의 카페(점선 부분)
이상을 비롯한 경성의 '모던보이'들이 애용했다.
자료: 서울역사박물관

남촌은 중촌 남쪽부터 남산 아래, 즉 지금의 충무로, 명동, 남산동, 인현동, 회현동 일대를 아우른다. 한양의 최남단이자 경복궁과 멀리 떨어진 남촌은 원래 권력의 끗발이 떨어진 가난한 양반들의 동네였다. 20세기 들어 180도 다른 모습으로 변신하기 전까지는 말이다.

이순신과 원균은 왜 남촌에서 자랐을까

임진왜란의 영웅 이순신은 훗날 정적으로 대립하게 될 원균과 같은 동네에서 자랐다. 서울 남부 건천동(지금의 인현동 1가)으로, 남촌에 속한다. 조선 시대에 남촌에 거주한다는 것은 두 가지 중 하나를 의미했다. 북촌에 살 만큼 부유하지 않거나, 군인 가족이거나.

실제로 그랬다. 이순신의 부친 이정은 조상 덕분에 과거를 치르지 않고 음서로 무관이 됐다. 다만 조선 시대에 음서로는 큰 벼슬을 할 수 없었기 때문에 높은 관직엔 오르지 못했다. 그의 최고 경력도 종5품 창신교위였는데, 이것은 실제 업무가 없는 명예직이었다. 이순신 집안이 그다지 넉넉하지는 않았던 이유다(가끔 이순신의 조부가 사화에 휘말려 역적으로 몰리는 바람에 가세가 기울었다는 이야기가 나오곤 하는데, 사실과는 다르다. 힘든 시기를 겪은 건 맞지만, 그것은 조부가 국왕 중종의 장례 기간에 아들 결혼식 잔치를 열었다는 이유 때문이었다). 그러니 이순신은 가난한 군인 가족이었던 셈이다.

원균은 이순신보다 배경이 좋았다. 부친 원준량은 무과에 급제해 종3품 부령부사까지 올랐다. 원균의 과거 급제도 아버지의 '빽'이 작용했다는 의혹이 돌았을 정도다.

따라서 이순신과 원균이 모두 건천동에서 살았던 것은 대단한 우연의 일치가 아니다. 당시 남촌에는 군인 가족이 많이 거주했다.

이순신 생가터(서울 중구 인현동 1가 31-2번지)
통상 명보아트홀 앞에 있는 표지석이 이순신의 생가터라고 알려져 있지만, 실제 생가터는 다르다. 학계의 노력으로 비교적 최근에 구체적 위치가 확인됐다.

이곳에는 군 관련 시설이 많았다. 남별영, 남소영, 금위창, 어영창, 금위화약고, 수어화약고 등 각종 군사 시설이 모여 있었다. 군인 입장에서는 통근하기 좋은 위치였다(참고로 구한말 일본의 초대 공사였던 하나부사 요시모토가 공사관을 세운 곳도 남산 밑 금위대장 이종승의 집이었다).

예나 지금이나 군 시설이 밀집한 지역은 집값이 높지 않다. 남촌도 한양에서 상대적으로 집값이 저렴했다. 그래서 관직에 발탁되어 지방에서 올라온 사람들이 남촌에 많이 살았다. 아들들에게 한양에 집을 마련해주지 못해 안타까워했던 정약용도 남촌을 전전했다. 원래 남양주에 살았는데 결혼 후 남촌에 전세를 얻었고, 이후 명례방에 자리 잡았다. 19세기 초 한양에 머무르며 각종 책을 저술한 평양 출신 최한기도 남산 아래에 집을 구했다.

그래도 한양은 한양이다. 제아무리 현직 군인이라도 남촌에 집을 구하는 게 쉬운 일은 아니었다. 여기라도 집을 구하면 천만다행이었고, 왕십리나 이태원에 거주하면서 미나리·배추 등의 채소를 재배해 파는 '투잡'을 뛰기도 했다.

내금위·겸사복 등 국왕이 사는 궁중을 호위하는 군관 중에서는 파주·교하·양주까지 나가서 거주하는 경우도 적지 않았다. 한양에서 하루 거리인 곳까지 밀려난 것이다. 이마저도 어려운 경우엔 하숙을 했으니 역^亦 기러기 아빠라고 해야 할지, 아니면 주말부부의 기원이라고 해야 할지…(지금도 군인 가족 중에는 떨어져 사는 경우가 많다). 군 관련 기관에서는 군인들이 저렴한 가격으로 머무를 수 있는 집을 알아봐 주는 게 주요 업무 중 하나였다.

어쨌든 이런저런 요인이 겹치면서 남촌은 권력과는 거리가 먼 '비주류'의 상징 같은 동네가 됐다. 당파로 따지면 남인·소론·소북 등 권력에서 소외된 가난한 선비들이 살았고, 이희승의 유명한 수필 『딸깍발이』의 무대도 남촌이다. 이순신과 원균보다 한 세대 뒤에 나타난 『홍길동전』의 저자 허균도 이곳에서 자랐다. 『홍길동전』은 체제저항적 성격이 부각되면서 현대에 높은 평가를 받고 있는데, 허균도 어려서부터 '반골' 기질을 지닌 동네 영향을 받았을지 모른다. 예나 지금이나 동네 분위기는 무시하기 어려운 것 같다.

일본이 가져온 남촌의 부흥

남촌의 운명이 바뀐 것은 일제 강점기에 일본인들의 주거지로 낙점되면서부터다.

북촌에는 워낙 조선의 쟁쟁한 집안이 많은 데다 집값도 비싸다 보니 개항기부터 넘어온 일본인들은 주로 남촌에 모여 살았다. 그래서 이 시기에 북촌은 조선인, 남촌은 일본인이라는 구도로 나뉘었다. 남산에는 조선신궁이 세워졌고 1930년대 중반 서울의 인구(약 44만 명) 중 25% 이상이 일본인이었다고 하니, 이곳은 서울에 만들어진 작은 도쿄였던 셈이다. 당연히 조선총독부의 인프라 투자도 혼마치本町(충무로 일대), 즉 지금의 남대문로에서 태평로·회현동·명동 등에 집중됐다.

대표적인 것이 전기인데, 일본인이 사는 혼마치 쪽은 전기가 남아돌아 밤에도 술집이나 영화관 등이 대낮처럼 밝은 반면 조선인 상권인 종로는 어두컴컴했다. 한 잡지에서 실시한 '내가 경성의 시장이 된다면'이라는 조사에서 여류 화가 나혜석이 "조선인 시가지도 본정통(혼마치)과 같은 전기 시설을 하도록 하겠다"라고 답변했을 정도다.

일본인 자본이 집중된 남촌은 더 이상 조선 시대 가난한 딸각발이 선비들이 사는 동네가 아니었다. 지금의 한국은행 자리엔 경성조선은행이 들어섰고, 그 맞은편 신세계백화점 본점이 있는 자리엔 미쓰코시백화점이, 그리고 그 옆으로는 히라다백화점과 미나카이백화점이 나란히 들어섰다. 또 지금 롯데 영플라자 자리에는 죠지아백화점이 있었으니, 불과 반경 200여 미터 안팎에 백화점이 4개나 자리했던 셈이다(죠지아백화점은 해방 후 중앙백화점, 미도파백화점으로 바뀌었다가 2002년 롯데쇼핑에 인수되면서 지금의 영플라자가 됐다). 이렇게 일본인에 의해 만들어진 남촌의 전성시대는 해방 후 명동으로 이어졌고, 1980년대 서울 상권의 패권이 강남으로 넘어갈 때까지 반세기 동안 지속됐다.

혼마치와 죠지아백화점
자료: 서울역사박물관

혼마치도 종로도 역사의 뒤안길로

'혼마치'를 '충무로'라는 이름으로 바꾼 것은 박정희 전 대통령이
다. 이순신이 태어난 건천동에서 가깝기도 했지만 일본인이 대

거 거주했던 기세를 누르기 위해서였다는 설이 있다. 사실 여부는 확실치 않지만 어거지는 아닌 것 같은 이유가 을지로 역시 화교 상권이 들어서 있던 자리이기 때문이다. 을지로는 살수대첩 때 수나라 군사 30만을 물리친 고구려 을지문덕 장군의 이름에서 딴 것인데, 그는 평양 출신이라서 을지로는커녕 서울과 아무런 연고가 없다. 고구려 장군의 이름으로 화교의 기운을 누르려 한 게 아니었을까.

민족 자본의 상징, 화신

조선 상인들이 500년 가까이 터를 잡았던 종로는 조선인 자본으로 화신백화점과 동아백화점이 세워지면서 나름의 경쟁 구도가 갖춰졌다. 가장 오래 버틴 것도 화신백화점이다. 그러나 시대 변화에 적응하지 못하면서 1987년 2월 경영난으로 문을 닫고 삼성그룹에 매각됐다. 현재의 종로타워다. 삼성은 이 건물을 2016년 이지스자산운용에 매각했다.

종로에 있었던 화신백화점
자료: 서울역사박물관

마용성이 아니라
마용서

앞에서 한양의 북촌·중촌·남촌에 거주하는 사람들에 대해 살펴봤다. 이 지역은 모두 사대문 안이다. 조선 후기가 되자 사대문 밖에 사는 한양 인구가 더 많아졌다.

17세기는 지구 북반구가 소빙기(기후변화)로 인해 농작물 생산이 급감하고, 기근과 각종 전염병이 만연하던 시기다. 조선도 이 여파를 피해 가지 못했다. 게다가 삼정의 문란 같은 세금 수탈까지 겹치면서 농토를 버리고 떠도는 사람들이 급증했는데, 이들 다수가 한양으로 향했다. 흉년이나 기근이 들면 그래도 한양은 지방보다 구호 식량 등을 잘 챙겨줬기 때문이다(북한의 평양과 비슷하다). 그리고 한양에는 별다른 기술이나 전문 지식이 없어도 품팔이로 먹고살 수 있는 일자리가 많았다. 최소한 굶어 죽을 염려는 하지 않아도 되는 곳이 한양이었던 것이다.

한양에 온 지방민은 어디로 갔을까

〈영자의 전성시대〉 같은 1960~1970년대 영화를 보면 시골에서 상경한 소녀들이 무작정 가방 하나 들고 서울역에 서 있는 장면이 나온다. 이들 대부분이 서울 강북 중산층 이상의 가정에 식모로 가곤 했다.

만약 17세기 조선의 지방에서 살던 누군가가 무작정 상경했다면 어땠을까? 아마도 십중팔구 마포나 용산으로 갔을 것이다. 당시 경강(광나루-양화진)으로 불리던 한강 변 일대에는 돈과 사람이 모여들고 있었다.

전국에서 올라오는 조운선(세금으로 거둔 곡식을 운반하는 배)들의 최종 도착지가 이곳이었는데, 조선 후기 대동법의 실시로 세곡(세금으로 거둔 곡식)의 양이 크게 증가했다. 게다가 한양이 소비도시로 성장하면서 전국에서 각종 상품을 싣고 온 배의 유동량도 엄청나게 늘었다. 특히 마포는 서해안과 한강 상류를 연결하는 교통의 요지로 전국에서 실어 온 곡물과 서해에서 들여온 생선,

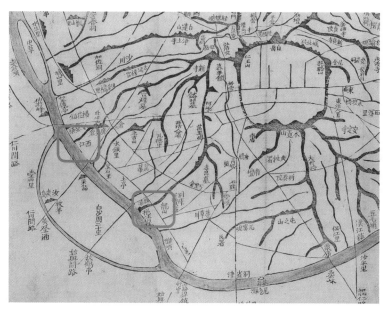

<경조오부도>에 나타난 마포와 서강
자료: 서울역사박물관

건어물 등의 해산물이 집하되는 곳이었다. 이에 배에서 짐을 하역하는 일을 돕는 임노동업이 발달했고, 신체만 건강하다면 일자리를 구하는 게 어렵지 않았다. 이들은 일당으로 2전 5푼 정도를 받았다고 하는데, 훈련도감 군인보다 나은 대우였다.

『흥부전』을 보면 흥부와 그의 아내가 '시장 갓에 나무 베기, 곡식 장수의 역인轢人 서기, 각 읍 주인들의 삯일 가기, 술밥 먹고 말짐 싣기, 닷 푼 받고 말편자 박기, 두 푼 받고 똥재치기, 한 품 받고 비매기…' 등 각종 허드렛일을 하는 장면이 나오는데 조선 후기에는 이처럼 부부가 맞벌이로 품을 팔면 한 가정이 생계는 이어갈 수 있는 임시 노동직이 발달했다. 물론 흥부 부부는 무려 9명(책마다 다른데 어떤 책에서는 12명이다)의 자녀를 먹여 살려야 해서 늘 곤궁했지만 말이다.

큰 부를 안겨준 얼음 사업

한강이 얼어 배가 오가지 못하는 겨울에도 일은 끊기지 않았다. 한강의 얼음을 채취해 빙고로 운반하여 저장하는 일거리가 있었기 때문이다. 이 무렵 한양이 소비도시로 성장하면서 식문화도 발달하기 시작했다. 18세기에는 빙어선氷漁船이라고 불리는 일종의 냉장선이 도입됐고, 그 덕에 서울에서는 바다에서 잡은 생선을 전보다 싱싱하게 맛볼 수 있었다. 쇠고기를 먹는 모임이 생겨나고 요리법이 유행할 정도로 쇠고기 시장도 커졌다. 이 모든 것을 감당하려면 얼음이 필요했다. 생선과 고기를 보관하는 데 필수품이었기 때문이다.

얼음은 고가의 물자였다. 조선 조정은 동빙고와 서빙고에 얼음을 보관해 관료와 왕실 종친 등에게 특별히 하사했다. 얼음은 권력의 상징과도 같았다.

얼음에 대한 수요가 민간에까지 확산하자 일부 권력자는 한강변에 개인 얼음창고(사빙고)를 지어 얼음 사업에 나서서 큰돈을 벌기도 했다. 그중 유명한 것이 성종의 친형 월산대군이 양화진에 지은 사빙고와 강희맹이 합정에 지은 사빙고였다. 이렇게 30여 개의 사빙고가 한강 변에 지어졌는데도 얼음 수요를 따라가기 어려웠다고 한다.

당시 얼음 사업은 알짜 비즈니스였다. 18세기 기록을 보면 1만 냥을 투자해 10만 냥의 이익을 남겼다고 한다. 그러다 보니 얼음 사업권은 정부 관리와 왈패(조직폭력배)까지 개입되어 이권 다툼이 치열했다. 조정에서도 얼음 사업권을 놓고 관료들이 토론을 벌일 정도였다. 그 사정이야 어떻든 이로 인해 얼음 관련 일자리가 늘어나니 한양의 노동자들에게는 좋은 일이었다. 얼음을 채취하는 데에는 숙련된 기술이 필요했지만, 운반하는 것은 품팔이 노동자들도 할 수 있었기 때문이다.

마용성 아니라 마용서 시대

지금도 그렇지만 조선 후기에도 한강을 끼고 있는 지역이 떠오르기 시작했다. 당시 한양의 행정구역은 한성부-부-방으로 구성됐다. 중부, 동부, 남부, 서부, 북부의 5부에 46~51개 방이 배치됐다(행정구역의 변천으로 시기마다 방의 숫자가 달라졌다).

지금의 마포구와 용산구는 서부에 속했다. 이곳은 한양도성에

1,939
상평방

865
의통방

994
준수방

5,917
순화방

1,578
진장방

908
양덕방

692
광화방

1,876
연은방

4,110
인달방

2,297
관광방

1,275
안국방

1,765 가회방

4,026
경모궁방

4,276
숭교방

1,868
건덕방

3,306
적선방

2,271

2,123
관인방

2,859
경행방

4,001
정선방

5,545
연화방

12,971
반송방

1,012
징청방

수진방

2,535

4,169

2,426
창선방

3,886
숭신방

7,683
인창방

4,173
연희방

3,402
여경방

5,975
황화방

1,216
서린방

견평방

2,176

2,343
대평방

장통방

6,095
훈도방

6,021
낙선방

5,371
명철방

13,882
반석방

3,394
양생방

6,550
회현방

광통방

3,821
명례방

5,189
성명방

4,484
두모방

6,239
서강방

14,915
용산방

3,589
둔지방

1,145
한강방

〈도성도〉에 표시한 한양의 방별 인구수
자료: 서울역사박물관

서 떨어져 있었고 조선 전기만 해도 사람들이 많이 사는 거주지는 아니었다. 그러다가 전국에서 올라온 사람들이 하역 노동으로 생계를 꾸리면서 대규모 거주단지가 형성됐고, 용산방과 서강방이라는 새로운 동네가 만들어졌다. 세종 때만 해도 서부는 8개 방이었는데, 1751년에 용산방과 서강방이 추가되면서 10개 방으로 늘어났다.

당시 마포·용산·서강의 인구가 급증했다는 사실은 1789년 정조 때 실시한 한양의 호구조사에서도 나타난다. 이에 따르면 규모가 가장 작은 곳은 도성 안에 있던 가회방과 안국방으로 200호 내외에 불과했다. 이 지역은 전통적으로 노론 양반이 다수 거주하는 곳으로 대형 가옥이 많다 보니 주택이 많이 들어서기도 어려웠고 진입장벽도 높았기 때문이다. 반면 용산방과 서강방은 1,000호가 넘었다. 특히 용산방은 4,600호에 달해 한양에서 가장 많은 인구가 사는 지역이 됐다. 이는 당시 한양의 인구 증가가 한

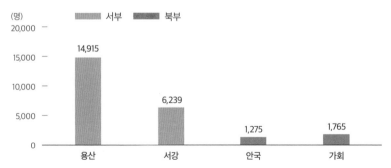

한양 서부와 북부의 인구 비교

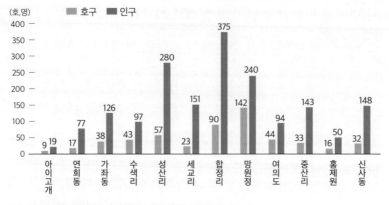

(호.명) ■ 호구 ■ 인구

「한성부 북부장호적」에 기록된 마포와 서대문구 일대 인구수
자료: 고동환, 『조선시대 서울도시사』 태학사

강 변에서 집중됐고, 가장 핫한 거주단지였음을 보여준다.

참고로 지금의 마포구와 서대문구 일대 683호의 인적 사항이 기록된 1663년(현종 4) 「한성부 북부장호적」을 보면 당시 합정·망원 일대에 거주민이 많았음을 확인할 수 있는데, 마포로 들어오는 배와 관련된 일자리가 많았기 때문이다.

지금이야 망리단길로 대표되듯이 합정·망원이 서울의 트렌디한 핫플레이스로 부상하면서 주택값이 쭉쭉 오를 뿐 아니라 마포 자체가 재개발·교육·교통 등으로 신흥 중산층의 동네가 됐지만, 조선 시대만 해도 일일 노동으로 생계를 유지해야 하는 가난한 이들의 동네였던 것이다. 물론 당시의 강남이라고 할 수 있는 사대문에 진입할 수 없었던 이들이 그래도 대안으로 진입할 수 있는 지역이라는 점에서는 비슷한 면이 있다고도 할 수 있겠다.

마포의 경강상인들

경강은 전국 수로 유통의 중심이자 조선 최대 소비 시장인 한양으로 들어가는 관문이었다. 특히 상품 유통의 중심인 마포에는 지방에서 상품을 싣고 온 선상(船商)들을 접대하고 상품 매매를 주선하는 '여객주인(旅客主人)'이라고 불리는 계층이 있었다. 처음에는 선상들이 갑이었으나 점차 관계가 역전됐다. 아쉬운 것은 선상이었기 때문이다. 당시 도성에서 상품을 팔 수 있는 권한은 한양 시전상인들에게만 있었기에(금난전권) 선상들은 이들에게 상품을 팔아야 했는데, 이를 중개해주는 이들이 여객주인이었으니 말이다. 선상들은 싣고 온 농수산물이 상하기 전에 헐값에라도 넘길 수밖에 없었는데, 여객주인들은 선상들의 이런 약점을 파고들어 독점적 도매업자로 변신했다.

또 조선 후기 대동법의 발달로 전국에서 거둬들이는 세곡이 급증해 정부의 선박만으로는 감당할 수 없게 되자, 사설 선박업자들이 세곡의 운반을 맡게 됐다. 이들을 '경강선인(京江船人)'이라고 한다. 경강선인들은 뛰어난 수송 능력으로 전국의 상품 유통망을 장악해 큰돈을 벌었고, 여객주인층과 함께 조선 후기에 자본을 가장 많이 확보한 세력이 됐다.

한양의 쇠고기를
독점한 반촌

서울 성북동 일대에는 오래된 칼국숫집이 많다. 칼국수뿐 아니라 수육, 삶은 문어, 생선전 등이 나온다는 게 특징이다. 왜 그럴까 궁금했는데, '안동국시'로 불리는 경상도 스타일이라고 한다. 경상도에서 올라와 성공한 고위 공무원이나 경제인들이 과거이 부근에 많이 거주했기 때문이라는 이야기를 들었다. 그럴듯했다.

조선 시대만 해도 밀은 귀한 음식 재료였다. 평안도 등 일부 서북 지역에서만 재배할 수 있었기 때문에 많은 양을 중국에서 수입했다. 그러니 국수는 잔치 때나 먹을 수 있는 음식이었다.

'잔치국수'라는 말이 그냥 생긴 게 아니다. 국수가 안동 등 영남에서 발달한 것도 유서 깊은 종갓집이 비교적 많아서다. 챙겨야할 제사도, 찾아오는 손님들도 많았는데 이들에게 국수 한 그릇은 대접해야 했던 것이다.

그런데 안동 출신 지인에게 물어보니 자신은 소의 양지, 사태, 사골로 국물을 낸 칼국수는 대학 때 서울에 와서 처음 먹어봤다고 했다. 정작 고향 집에선 마른 멸치로 국물을 냈다는 것이다. 그러면서 소고기로 국물을 내는 것은 서울에서 안동으로 역수입됐을 거라고 주장했다. 듣고 보니 짚이는 게 하나 있었다.

조선의 대학로 반촌

조선 시대 최고 대학인 성균관 앞에 반촌泮村이라는 동네가 있었다. 성균관을 반궁泮宮이라고 부른 데서 유래한 이름으로, 지금의 명륜동 2·3·4가 일대다. 이곳에 사는 사람들은 '반인'이라고 해서 성균관의 살림살이를 도맡아 했으며, 신분은 천민에 가까웠다.

성균관에 반촌이 조성된 것은 고려 말 유학자 안향이 성균관을 진흥하기 위해 노비 100명을 희사한 데서 시작됐다. 조선 건국 후 한양으로 천도하면서 개성의 성균관도 이전했고 반인들도 따라 내려왔다. 조선 숙종 때 『승정원일기』에는 반촌에 400여 호가 있

성균관과 반촌의 위치

반촌은 지금의 서울 종로구 대학로 자리다.

자료: 서울대학교 규장각한국학연구원

다고 기록돼 있으니, 2,000명 정도가 살았을 것으로 추정된다.

반촌은 단순히 성균관의 허드렛일만 하는 곳은 아니었다. 성균관 기숙사가 늘 부족했기 때문에 유생 일부는 반촌에서 숙식을 했다. 정조 때 성균관 사성(성균관에서 유학을 가르치는 종3품 관직) 채연하는 "과거 철이 되면 절반은 성균관 기숙사에서, 절반은 반촌에서 숙식한다"라고 말했다. 일종의 하숙촌이었던 셈이다. 성균관은 기본적으로 전액 장학생이었으므로 이 비용은 모두 양현고라는 성균관 전담 예산에서 지불됐다.

사상의 자유가 엄격히 제한됐던 조선에서 유생들은 반촌을 통해 숨통을 틔우곤 했다. 이곳에서 술을 마시거나, 천주교 등 종교의 경전에 대해 이야기를 나누거나, 성균관에서 금지된 바둑이나 장기를 두기도 했다고 한다. 아마도 1970년대 대학로의 분위기와 크게 다르지 않았을 것이다.

반인들에게 쇠고기 독점 판매권을 부여하다

성균관 학생들은 귀한 쇠고기를 정기적으로 먹었다. 지금 기준으로도 후한 대우였다. 언제부터 시작됐는지는 몰라도 『중종실록』에 "성균관에서 쇠고기를 반찬으로 제공한 것은 그 유래가 오래됐다"라는 기록이 있으니 조선 초부터 자리 잡은 것 같다.

조선은 농우를 보호하기 위해 소의 도살을 엄격하게 금지했고, 따라서 쇠고기를 먹을 수 있는 것은 제사나 명절 등 특별한 행사 때뿐이었다. 그런데 성균관에서는 어떻게 정기적으로 먹을 수 있었을까?

성균관의 살림살이를 책임지는 반촌은 공자나 맹자의 제사를 지내기 위해 쇠고기를 마련해야 했다. 그래서 소의 도살이 허용됐고, 이것이 성균관 쇠고기 공급으로 이어졌을 것으로 추정된다. 그러다가 반촌에서 쇠고기 독점 판매권까지 갖게 됐는데, 여기에는 나름의 사정이 있었다.

엄격하게 따지면 반인은 성균관 소속 노비였으니, 성균관이 이들의 생계를 해결해줘야 했다. 하지만 실제로는 그러지 못했다. 성균관의 재정은 학전이라는 토지에서 걷는 세금을 통해 충당됐는데, 임진왜란과 병자호란을 거치면서 시스템이 붕괴했다. 국가 재정이 어려워지자 성균관이 소유한 토지와 어장이 다른 기관으로 많이 넘어간 것이다.

그런데도 성균관 유생들의 식사 등 각종 운영에 필요한 물자를 대는 건 여전히 반인들의 몫이었다. 숙종 때 대사성 조태구가 왕에게 "조정에서 지급해주는 쌀은 한 달에 불과 40여 석"이라며 "선비를 기르는 데 소비되는 돈은 지극히 용도가 많은데, 반인들이 모두 이리저리 꾸어서 보태어 메워나가고 있는 실정"이라고 하소연했을 정도다.

결국 정부가 해결책으로 내놓은 것이 쇠고기 독점 판매권이었다. 조선 후기부터 한양은 인구가 증가하고 소비도시로 변모해 갔다. 중인들도 쇠고기를 선호할 정도로 서울에 쇠고기 수요가 급증했기 때문에 이것은 큰 이익이 남는 장사였다.

반인들이 쇠고기를 파는 가게는 고기를 매달아 판다고 해서 현방懸房이라고 불렀다. 이전 세대만 해도 볼 수 있었던, 정육점에 가면 쇠꼬챙이에 고기를 걸어둔 것과 비슷했던 모양이다. 반인들은 한양에 22~48곳의 현방을 운영했다고 한다.

하지만 정부가 호락호락하게 영업권을 준 것은 아니었다. 반

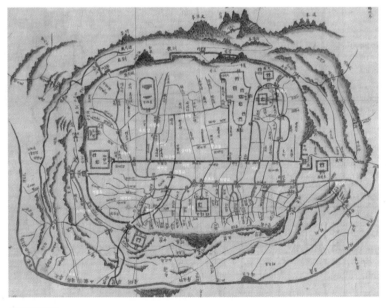

현방의 위치
자료: '성균관과 반촌', 서울역사박물관

촌은 삼법사三法司, 즉 사헌부(현재의 검찰청), 한성부(현재의 서울시청), 형조(현재의 법무부)에 '속전'이라는 세금을 내야 했다. 이들 기관은 한양에서 소의 도살을 단속하는 업무를 맡았다. 당시 쇠고기 수요가 급증하자 양반가를 비롯해 몰래 소를 도살하는 일이 종종 일어났기 때문이다. 그러니 속전은 일종의 영업세였던 셈이다. 정부는 이 속전으로 삼법사의 운영 비용을 충당했다.

반인들이 매년 상납해야 하는 돈은 무려 1만 7,900냥에 달했으며, 사헌부에 바치는 돈만 6,500냥가량 됐다. 반인들은 비용이 과도하다고 틈만 나면 불평했지만, 그럼에도 현방 운영을 포기하지 않은 것은 거두는 이익이 그만큼 많았기 때문이다. 고기 판매도 짭짤했지만 지방과 소가죽 등 부산물도 따로 판매할 수 있었다. 심지어 반인들은 정조 때가 되자 성균관 유생들의 식사도 외주를 줬다.

이렇게 돈을 벌 수 있었던 것은 18세기 이후 쇠고기 수요가 급증해서다. 『동국세시기』에서는 당시 서울에서 간장·계란·파·마늘로 양념한 쇠고기를 석쇠에 구워 먹는 게 유행했다고 전한다. 이를 즐기는 난로회煖爐會라는 모임도 있었으며, 당시 전국에서 도축되는 소가 하루 1,000마리였다고 한다.

<야연(夜宴)>
조선 후기 화가 성협의 작품으로, 양반들이 둘러앉아 쇠고기를 구워 먹는 모습을 그렸다.
자료: 국립중앙박물관

반인들의 교육열로 설립된 혜화초

이렇게 조선 쇠고기 공급을 독점한 반촌의 전성기도 20세기 들어 쇠락하기 시작했다. 성균관은 근대 교육기관에 밀려 쇠락했고, 국권이 일본으로 넘어가면서 반인들의 독점권도 무효화됐다.

1920년대 「매일신보」 기사는 "한양에서 '반인'이란 소의 도살을 생업으로 삼는 자를 칭했다. 동소문 일대의 주민 중에는 오늘날까지도 소 도살을 영업으로 하는 사람들이 있다"라고 전한다. 그러면서 "이 영업을 하는 사람들을 천하게 여겨 교제와 혼인 관계를 맺지 아니하므로, 반인들은 자기들끼리 일치단결하여 의리를 내세우는 데 생사를 돌보지 않는 기개가 있었으며, 옛날에는 다른 동 사람으로서 이 동에 들어올 수도 없었고, 이 동 사람이 다른 동으로 이사 가는 일도 거의 없었다"라고 덧붙였다.

사실 도살업은 전통적으로 천시받는 직업이었다. 마장동 쇠고기 시장에서는 불과 몇 년 전까지만 해도 취재 때 얼굴 사진을 찍는 게 허용되지 않았다. 상인이나 도살업자들이 거부해서다. 과거에는 말할 것도 없었다. 그래서인지 이들은 신분 차별에 대한 목소리를 낼 수 있게 된 근대부터 교육 사업에 매우 헌신적이었다.

이들은 1910년 명륜동 2가에 숭정학교를 설립해 반촌의 아이들을 교육시켰다. 반촌 사람들은 학교 운영 자금을 마련하기 위해 도살하는 소 한 마리당 10전씩, 설렁탕 가게에서는 매일 5전씩 기부해 재원을 만들었다. 반촌 사람들은 외지에 나가면 우편으로 돈을 부칠 정도로 학교에 애정을 쏟았고, 그 덕분에 숭정학교는 자금난을 겪은 적이 없다고 한다. 현재의 혜화초등학교다. 과거 극심한 신분제 사회에서 멸시받고 천대받던 반인들의 애환과 열정이 스며든 곳이다.

과거 반촌이었던 명륜동 일대는 이제 더는 쇠고기 메카가 아니다. 과거의 명성은 1961년 서울 성동구 마장동에 시립도축장이 만들어지면서 마장 축산물시장으로 넘어갔다. 다만 성북동과 혜화동에서 칼국수 한 그릇을 앞에 두고 진하게 우려진 사골 국물이나 수육을 먹으면서 과거 반촌의 추억을 더듬어볼 수는 있지 않을까.

4장

고소득 직종이
어디로 이동하느냐에
주목하자

* 좋은 자리를 절대 잃지 마라

* 주가 급등 업체들은 어디에 있을까?

* 판교 갔던 제비, 강남으로 돌아오네

* 기관 특별공급은 혁신도시에 어떤 변화를 가져왔나

* 메타버스에서도 사람들은 도심을 찾는다

좋은 자리를
절대 잃지 마라

대한민국의 자본주의는 역사가 길지 않다. 그래서 서양처럼 수백 년 된 기업은 존재하지 않는다. 하지만 100년을 넘긴 기업은 있다. 우리나라에서 가장 오래된 기업인 두산(1896년 설립) 이야기다.

두산기업의 역사를 되짚어보면 전통 기업들의 입지가 어떻게 변화해왔는지를 확인할 수 있다.

1896년 배오개시장(종로 4가)에 박승직상점을 차린 후 1946년 두산상회, 1953년 두산산업으로 상호를 변경해오던 중 1983년 을지로 사옥을 지어 이전했다. 1998년 을지로 사옥을 하나은행에 매각한 후 동대문 두산타워로 이전했다. 2020년에는 동대문 두산타워를 매각하고 2021년 분당 두산타워로 이전했다.

사사를 바탕으로 시간대별로 정리한 것인데, 두산그룹의 움직임은 사회상을 그대로 반영한다. 사대문 안에서도 종로에 있던 본사 사옥을 을지로로 옮긴 것이 1980년대다. 1980년대는 고도성장기로, 이 시기에 주목받은 곳이 바로 광화문과 을지로다. 두산은 1990년대 말 다시 동대문으로 갔다가(창업지로 회귀한 것인데, 당시 그룹 사정이 매우 어려웠다), 2021년 경기도 분당으로 이전했다(이번엔 그룹 외형이 상당히 줄어들었다).

회사의 부침을 생각하지 말고 동선 자체만 집중해서 보자. 중간에 강남이 없을 뿐(다만, 계열사인 두산건설은 계속 강남구 논현동에 있었다), 시기별로 가장 핫했던 지역에 자리 잡으며 서울의 성장과 함께했음을 알 수 있다. 특히 2021년의 결정은 서울을 버리고(?) 분당으로 이동했다는 데 의의가 있다. 전통 기업이 본사 사옥을 서울이 아닌 곳에 두는 것은 상당히 드문 일이기 때문이다.

기업들은 핫 플레이스를 찾아다녔다

우리나라 최고 기업인 삼성을 보자. 1938년 대구에서 창업해

1976년에 서울로 이전해 태평로에 자리를 잡았고, 2008년에 서초동으로 사옥을 옮겼다. 계열사 중 최대 기업인 삼성전자는 수원에 있었기에 최근 서초동에 있던 기능을 상당수 수원으로 옮겼는데, 애초부터 본사는 계속 수원에 있었다는 점을 잊지 말자. 구조조정본부와 미래전략실 해체 등 그룹의 컨트롤타워라는 개념이 희석되는 과정이 있었다고 하지만, 강남으로의 이전이 그 와중에 나타났다는 점은 잘 봐둬야 한다.

현대자동차그룹도 마찬가지다. 본사가 원래 종로구 계동에 있었는데 2000년에 양재동으로 옮겼다. 1999년에 인수한 기아자동차는 당시 양재동으로 함께 갔으며, 핵심 계열사인 현대모비스는 2005년에 강남구 역삼동으로 옮겼다. 그런데 여기서 멈추지 않는다. 2014년 강남구 삼성동 한국전력 사옥 부지를 매입해 GBC^{Global Business Center}를 건설 중이며, 2026년 이후 이곳에 입주할 것으로 보인다. 강남 외곽인 양재동에서 테헤란로 인근의 삼성역으로 주력 계열사가 이동하는 것이다.

부동산 하면 떠오르는 롯데그룹을 생각해보자. 주력 계열사인 롯데쇼핑은 1979년 개관 때부터 현재까지 중구 소공동(을지로)을 지키고 있다. 롯데물산, 롯데지주, 롯데케미칼 등 그 밖의 계열사들은 2016년 롯데월드타워가 완공된 후 이곳에 속속 입주했다. 을지로와 잠실에 대형 사업장을 보유한 회사가 잠실로 그룹의 중심을 옮긴 것이다.

롯데와 마찬가지로 유통업이 중심인 신세계그룹도 비슷한 움직임을 보였다. 신세계그룹의 본업인 백화점업은 1930년 개점한 미쓰코시백화점을 1963년 삼성그룹에서 인수해 남대문을 중심으로 사업을 전개했다. 2000년에 강남점(반포)을 열었고, 2025년 수서점 오픈을 눈앞에 두고 있다. 현재는 본점이 아닌 지점인 신세계백화점 강남점이 전국 1위의 매출을 기록하고 있다.

신세계그룹의 또 다른 사업 축인 할인점, 즉 이마트 사례도 잘 봐두자. 2008년까지 은평구 응암동 은평점을 본사로 사용했으나, 2008년 성동구 성수동으로 본사를 옮겼다. 2021년에 성수동 본사 건물을 매각했는데, 아마 강남으로 이전할 것으로 보인다. 역삼동 센터필드 개발 프로젝트 지분(25%)을 보유하고 있어서다.

이로써 유통업 '빅 3' 중 2개사가 모두 본사를 한강 이남으로 옮기게 됐다. 나머지 1개사인 현대백화점은 예전부터 강남에 있었고, 2020년 압구정동에서 대치동으로 본점을 옮겼다. 공교롭게도 유통 3사의 본사는 이제 테헤란로와 올림픽로에 위치하게 됐다.

'현재' 가장 인기 있는 지역을 선호한다

지금까지 살펴본 바에서 알 수 있는 사실은 전통 기업들이 '현재'

가장 인기 있는 지역을 선호한다는 점이다. 미래가치보다는 현재에 의미를 두는 것인데, 현재의 가치를 끌어올릴 힘을 본인들이 가지고 있다는 사실을 잘 알기 때문이다.

부동산의 가치가 지금보다 더 올라갈 수 있다는 사실을 깨닫는 순간 많은 일이 벌어진다. 이런 역할을 대한민국 부동산에서는 정부가 아닌 민간기업이 담당한다. 특히 '재벌'이라고 표현되는 재계 순위 상위권 업체들의 힘은 정부 정책 이상이다. 자본의 힘은 '지력地力'을 높이는 데 가장 효율적인 자원이기 때문이다. 디벨로퍼가 그저 땅을 싸게 사서 비싸게 분양한 뒤 돈을 챙겨 나가버리는 집단이라고 생각하는 사람이 많다. 물론 그런 악덕 시행업자도 있지만, 대기업이 개입하면 부동산이라는 상품의 가치가 현저히 높아진다는 점을 잊지 말자. 특히 대기업에 다니고 있는 고소득자들의 이동이 가치를 더하는 데 큰 요소로 작용한다. 직원들의 거주와 통근 양상이 크게 바뀌고, 이들의 소비력이 주변 상권을 변화시키기 때문이다.

연봉이 오르는데, 집값은 떨어진다?

이런 모습의 근거가 되는 대기업들의 연봉 수준을 한번 확인해보자. 상장사가 아니더라도 사업보고서를 발표하는 기업의 고용

현황을 확인하는 건 어려운 일이 아니다. 금융감독원 전자공시시스템을 활용하면 상당히 구체적인 수치를 얻을 수 있다.

전자공시시스템 기준 국내 5대 그룹의 급여는 2010년 32조 1,152억 원에서 2015년 48조 451억 원으로 49.6% 증가했으며, 2020년에는 53조 6,469억 원으로 전년 대비 11.7% 증가했다. 그리고 2021년에는 62조 2,673억 원으로 또 16.1%가 증가했다. 2015~2020년의 5년간 상승률(11.7%)보다 2020~2021년의 1년간 (16.1%) 상승률이 더 높다는 것은 무엇을 의미할까? 기업들이 제공하는 급여가 '정말' 많아졌다는 뜻이다(다만, 그 돈이 나에게 돌아오지 않는다는 게 슬플 뿐이다). 특히 2021년 5대 기업의 평균임금은 처음으로 1억 원을 돌파했다. 이제 직장인 평균연봉 1억 원인 시대가 된 것이다.

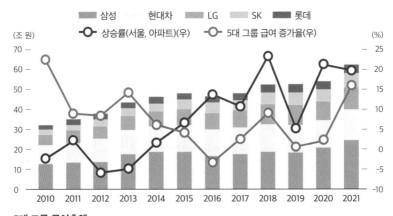

5대 그룹 급여총액
자료: 금융감독원 전자공시시스템

그런데 과연 주택 시장이 임금 인상률보다 덜 움직였다고 볼 수 있을까? 지난 10여 년간 급여 상승이 나타나지 않았던 적은 2016년이 유일했는데(2019년은 약간 상승), 그건 어디까지나 급여총액이 2조 원이 넘는 삼성디스플레이의 자료가 포함되지 않았기 때문이다. 즉 2016년에도 하락한 것은 아니라는 뜻이다. 그렇게 본다면 2012~2013년과 같은 서울 아파트 가격의 하락은 매우 이례적이라는 점을 알 수 있을 것이다. 연봉이 오르는데 집값이 하락한다는 건 상상할 수 없지 않은가.

주가 급등 업체들은
어디에 있을까?

대기업 말고, 요즘 한창 성장하는 업체들을 찾아보려면 어디로 가야 할까?

바로 판교다. 급격히 성장하며 주가도 급등하는 기업들이 이곳에 대거 몰려 있다. 판교가 속한 성남 외에 용인, 화성 등도 이런 지역으로 변모하고 있다. 20년 전에는 강남 테헤란로에 밀집했던 신흥 기업들이 판교로 옮겨갔고, 이제는 또 다른 움직임이 나타나고 있는 것이다.

수도권, 특히 경기 동남 지역을 주목하자

지난 4년간 주가가 상승한 기업의 리스트를 통해 이런 업체들이 어디에 주로 있는지를 확인해보자.

(단위: %)

구분	2018			2019		
	업체	지역	상승률	업체	지역	상승률
코스피	부산산업	부산시 사상구	450.7	대양금속	충청남도 예산군	344.8
	대호에이엘	대구시 달성군	367.2	남영비비안	서울시 용산구	247.4
	필룩스	경기도 양주시	281.9	체시스	경상북도 경산시	235.0
	남선알미우	대구시 달성군	251.2	한진칼우	서울시 서대문구	188.5
	현대건설우	서울시 종로구	233.0	F&F	서울시 강남구	180.9
	휠라코리아	서울시 서초구	227.8	서원	경기도 안산시	162.0
	동성제약	서울시 도봉구	202.0	DB하이텍	경기도 부천시	159.5
	한창제지	경상남도 양산시	194.1	케이씨텍	경기도 안성시	146.1
	남선알미늄	대구시 달성군	185.9	삼성출판사	서울시 서초구	130.2
	한일현대시멘트	서울시 강남구	176.4	코리아써키트	경기도 안산시	125.1
코스닥	에스앤더블류	부산시 사하구	412.3	이원컴포텍	전라북도 정읍시	1,318.8
	네패스신소재	전라북도 익산시	392.6	키네마스터	서울시 서초구	391.3
	대아티아이	경기도 부천시	362.5	국일제지	경기도 용인시	391.1
	에스티큐브	서울시 강남구	298.6	케이엠더블유	경기도 화성시	368.0
	화신테크	대구시 달성군	276.8	오이솔루션	광주시 북구	265.9
	푸른기술	서울시 서초구	263.6	클래시스	서울시 강남구	250.1
	대창솔루션	부산시 강서구	226.5	에이치엔티	서울시 송파구	244.9
	아난티	충청북도 진천군	226.1	유티아이	충청남도 예산군	216.9
	와이오엠	부산시 강서구	200.2	에스앤에스텍	대구시 달서구	215.7
	아이디스	대전시 유성구	188.2	SFA반도체	충청남도 천안시	211.8

구분	2020			2021		
	업체	지역	상승률	업체	지역	상승률
코스피	신풍제약우	경기도 안산시	1,955.4	일성건설	인천시 남동구	421.1
	신풍제약	경기도 안산시	1,612.7	한전기술	경상북도 김천시	382.4
	진원생명과학	서울시 영등포구	878.2	플레이그램	서울시 강남구	354.3
	녹십자홀딩스2우	경기도 용인시	603.6	메리츠금융지주	서울시 강남구	337.3
	삼부토건	서울시 중구	538.8	이스타코	서울시 양천구	321.7
	두산퓨얼셀	전라북도 익산시	522.5	효성첨단소재	서울시 마포구	302.0
	SK케미칼	경기도 성남시	513.3	넥스트사이언스	강원도 정선군	284.3
	SK케미칼우	경기도 성남시	504.2	한화투자증권우	서울시 영등포구	283.2
	삼성중공우	경기도 성남시	451.0	한국주강	경상남도 함안군	251.6
	한화솔루션우	서울시 중구	421.8	조일알미늄	경상북도 경산시	229.4
코스닥	진매트릭스	경기도 성남시	1,124.1	위메이드맥스	경기도 성남시	1,501.0
	엑세스바이오	미국	970.4	에디슨EV	경기도 수원시	1,263.4
	멕아이씨에스	경기도 파주시	879.4	위메이드	경기도 성남시	827.6
	오킨스전자	경기도 의왕시	607.0	데브시스터즈	서울시 강남구	634.3
	휴마시스	경기도 의왕시	583.5	한국비엔씨	대구시 달서구	577.7
	엘앤케이바이오	경기도 용인시	577.0	위지윅스튜디오	서울시 강남구	526.6
	씨젠	서울시 송파구	529.7	컴투스홀딩스	서울시 금천구	513.3
	셀트리온제약	충청북도 청주시	511.4	네오위즈홀딩스	경기도 성남시	461.0
	우리바이오	경기도 안산시	449.1	엔피	서울시 강남구	423.0
	알테오젠	대전시 유성구	437.0	덱스터	서울시 마포구	410.4

주가 상승 기업들이 있는 지역
※ 시초가 대비 종가 기준
자료: 한국거래소

코스피·코스닥 양 시장에서 연간 상승률 10위 업체들을 조사해봤다. 붉은색은 서울 강남(서초 포함), 파란색은 경기도 성남·용인·화성이다. 2018년만 해도 상당히 먼 지방 업체들의 주가 상승률이 높았는데, 2019년부터는 성남·용인·화성 등 경기 동남 지역

업체들의 주가 흐름이 좋았다.

코로나로 정신없었던 2020년은 경기도 업체들의 주가 상승률이 독보적으로 높았고, 이 흐름은 2021년에도 이어졌다. 주가 상승이 크게 나타나는 업체들의 입지가 지방보다는 수도권, 수도권에서도 특정 지역에 집중되고 있다는 점에 주목하자. 극소형주에서 아주 어처구니없는 주가 상승이 나타나는 경우도 왕왕 있지만, 기본적으로 주가는 회사 본업의 수익성이 급격히 증가할 때 상승한다. 이런 회사들이 수도권에 집중적으로 포진되어 있다는 점은 상당히 중요하다. 회사 실적이 좋아지고 주가가 상승하면 당연히 직원들의 급여도 오를 것이기 때문이다.

급여가 오르면 당연히 집값도 오른다

신흥 기업의 대표주자인 네이버와 카카오, 그리고 약간은 진부해진(?) NC소프트의 사례를 보자. 사실 요즘 유행어인 '네카라쿠배(네이버+카카오+라인+쿠팡+배달의민족)'를 보면 좋겠지만, 이 중 네이버와 카카오를 제외하면 사업보고서가 나오지 않기 때문에 어쩔 수 없이 NC소프트를 포함했다. 합병·분할 등의 이슈가 많은 업종 특성상 장기간 시계열을 이용한 분석은 별 의미가 없으니 2016년부터의 모습을 보자.

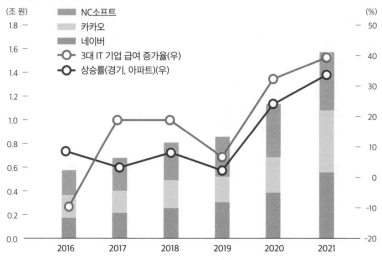

3대 IT 기업 급여총액과 경기 아파트 상승률
자료: 금융감독원 전자공시시스템

그래프를 보면, 3대 IT 기업의 급여총액 증가율과 경기도 아파트 가격 상승률이 신기할 정도로 동행한다는 점을 확인할 수 있다. 2019년부터는 움직임이 거의 비슷하다. 내가 가장 중요하게 생각하는 주택 가격 움직임의 이유인 '급여 증가'가 그대로 적용되고 있는 것이다. 즉, 경기도 주택 가격이 상승한 이유는 성공적으로 안착한 회사가 경기도에 많아졌기 때문이라는 뜻이다. 이를 단순히 '투기' 또는 '과도한 관심'의 결과라고 해석하는 건 섣부른 일이다.

평균급여의 역전: 전통 5대 기업 vs. 신흥 3대 IT 기업
📍

사람들은 흔히 이런 얘길 한다. 전통적인 기업은 사무직과 기술직의 차별 없이 다 많이 받지만, 신흥 기업들은 일부 소수만 스톡옵션 등의 보상이 있을 뿐이라 평균치가 왜곡된다는 것이다. 대부분 직원은 월급봉투가 아주 얄팍하다고. 하지만 요즘은 이런 논리가 잘 안 통한다. 사무직이든 기술직이든 대부분이 고연봉을 제시하고, 실제로 연봉 수준이 상당히 높아졌기 때문이다. 인력난은 사람이 없어서도 발생하지만 업황이 좋을 때도 발생한다는 걸 이제 모르는 사람은 없기에, 몸값을 높이기 위해 적극적으로 나선다.

다음 그래프에서도 확인할 수 있듯이, 실제로 전통 5대 기업과 신흥 3대 IT 기업의 평균급여는 2017년에 역전됐다. 그리고 2020년 이후에는 격차가 급격히 커졌다. 전통 기업들도 새로운 분야에서의 성장을 이끌기 위해 노력 중이며, 더 뛰어난 인재를 확보해야 한다는 절박함이 낳은 결과다. 고용 규모의 차이나 자금력의 수준을 고려하면, 앞으로 5대 그룹의 급여가 3대 IT 기업보다 적을 것으로 생각하는 것은 매우 잘못된 추정 아닐까?

기업이 성장하면 종업원의 급여도 자연스레 높아진다. 굳이 노조가 극렬투쟁을 하지 않더라도 말이다. 그리고 사람들이 버는 돈이 많아지면 주택 가격이 오르는 게 당연하다. 주택 가격을

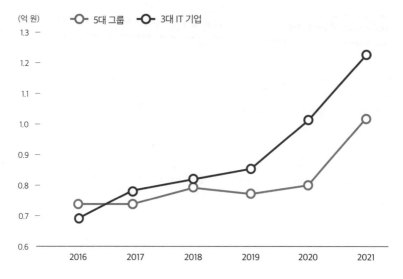

평균급여 비교: 5대 그룹 vs. 3대 IT 기업
자료: 금융감독원 전자공시시스템

안정화하려면 고연봉자를 줄이는 것이 아니라(이제까지 대한민국은 튀어나온 못을 때리는 일이 많았다), 그들이 소비하고 싶어 하는 주택을 계속 공급하는 것이 더 타당하다.

그런데도 단기 가격만 잡는 것이 목표인 사람들이 있다. 바로 임기가 정해져 있는 정치인들이다. 그 결과가 지금의 참담한 상황이라고 생각해보면, 적어도 부동산 시장 참여자들은 정치인을 잘 선택해야 한다. 부동산과 정치는 떼려야 뗄 수 없는 관계다.

판교 갔던 제비,
강남으로 돌아오네

한 가지 재밌는 점은 전통 기업들이 본사 위치를 광화문·을지로에서 강남으로 옮기며 성장했다면, 신흥 기업들은 애초부터 북이 아닌 남에서 출발했다는 것이다. 그것도 서울에서의 '남'이 아니라 더 남쪽인 경기도였다.

강남에 새로이 둥지 트는 게임회사들

그런데 이제 신흥 기업들이 경기도에 안주하는 것이 아니라 서울로 옮기는 움직임도 나타나고 있다. 대표적으로 게임 업체들이 그렇다. 그중에서도 테헤란로로 옮기는 곳이 많아 20여 년 전 벤처붐을 연상케 한다.

당시 창업은 무조건 테헤란로 언저리에서 해야 한다는 인식이 있었다. 신흥 기업들이 다들 판교에 있는 것처럼 보이지만, 현재 테헤란로 인근에는 많은 게임 업체가 영업 중이다. 다음 지도에 표시한 것이 게임 업체들의 위치다. 그래서인지 요즘 테헤란로를 걷다 보면 젊은 세대가 많이 보인다. 인근의 대기업 직장인들

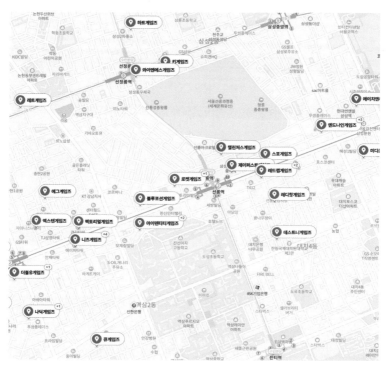

테헤란로에 있는 게임회사들
자료: 네이버 지도

과 나이 차이가 커서 더 눈에 띄는 것 같다.

여기 있는 업체 중 상당수는 경기도에 있다가 강남으로 왔다. 가장 대표적인 업체가 배틀그라운드로 유명한 크래프톤이다. 이전에도 본사는 판교에 있었지만 서초동에서 개발사 펍지스튜디오를, 대치동에서 라이징윙스를 운영했는데 본거지를 서울로 옮긴 것이다. 특히 강남에 최근 공급된 대형 빌딩인 센터필드로 이주했다는 점은 시사점이 크다. 신축 대형 빌딩의 임대료는 당연히 높아서 그동안은 비싼 임대료를 부담할 수 있는 법무법인, 컨설팅 업체 등만을 수요자로 봤다. 그런데 이 자리에 게임 업체가 입주한 것이다. 판교에는 블루홀 스튜디오와 일부 개발 인력을 남겼다.

또한 라인게임즈는 테헤란로 에이피타워에 입주했다. 여기저기 흩어져 있던 픽셀크루즈와 우주 등 개발 자회사를 다 모은 것으로, 원래 본사도 강남(신논현역)에 있었지만 테헤란로로 옮긴 것이다. 제주에 본사를 두고 있는 네오플도 서울 사무소를 냈다. 던전앤파이터 모바일 개발팀이 입주했는데, 꼭 판교가 아니어도 테헤란로에 사무실을 내야 할 이유는 많은 것이다. 가장 큰 움직임은 스마일게이트다. 동궁리치웰타워를 2,000억 원에 매입했다. 건물명을 오렌지플래닛으로 바꾸고 청년 창업자 지원 공간으로 변모시켰으며, 스마일게이트의 서울 거점 오피스로도 활용 중이다.

신흥 기업들의 강남 이전에는 어떤 의미가 있을까

신흥 기업들이 이런 행보를 보이는 이유는 무엇일까? 서울에서 지극히 가까워 보이는 판교조차도 조금 멀다는 의견이 있어서 다. 물론 현재 판교에서 사무실을 구하기가 몹시 어렵다는 점도

(단위: 만 원)

업종	회사	연도				
		2017	2018	2019	2020	2021
S/W	네이버	7,791	7,157	8,673	9,508	12,005
	카카오	7,342	8,579	8,210	10,309	14,911
	카카오뱅크				7,836	13,651
	카카오페이					8,040
	한글과컴퓨터	6,369	5,801	6,758	7,308	7,819
	안랩	4,988	5,237	5,199	5,813	6,375
게임	엔씨소프트	8,277	8,953	8,641	10,550	10,619
	컴투스	5,609	6,005	6,110	6,352	7,176
	컴투스홀딩스(게임빌)	4,013	4,806	5,018	5,659	6,045
	펄어비스	5,835	5,266	7,281	7,544	8,754
	카카오게임즈			6,644	8,626	13,951
	웹젠	4,516	5,613	5,977	6,125	7,103
	더블유게임즈	5,511	6,072	6,528	7,326	6,974
	위메이드	4,600	3,917	4,223	4,694	5,758
	위메이드맥스(조이맥스)	3,000	3,365	3,735	4,614	5,758
	넥슨지티	6,287	5,965	6,826	7,875	8,576
	네오위즈	5,909	5,559	5,744	3,400	7,270
	선데이토즈	4,867	5,579	5,415	5,680	6,549
	액토즈소프트	4,037	4,213	4,509	5,789	6,138
	데브시스터즈	4,996	7,986	5,648	5,909	7,580

소프트웨어·게임회사들의 평균임금
자료: 금융감독원 전자공시시스템

고려된 결과다. 이에 따라 현재 강남에서 사무실을 구하는 것은 판교 못지않게 어려워졌다.

여기서 한 가지 사실을 포착해낼 수 있다. 2000년대 벤처붐을 타고 테헤란로에서 출발한 회사들이 2010년대가 되자 과도한 임대료 부담 탓에 판교나 가산디지털단지 등으로 옮겨갔다. 그런데 이제는 강남 임대료를 부담하고도 남을 만큼 성장한 것이다. 게임회사들이 어느덧 대기업 이상의 연봉을 주는 고소득 직장이 된 것이다. 게다가 개발자 부족 문제가 모든 산업에서 발생하면서 수요가 증가해 근무 장소도 다양해졌다.

그렇다면 서울, 그것도 강남 테헤란로와 판교를 직접 비교할 수 있을까? 물론이다. 특히 '접근성'이라는 측면에서 그렇다. 소득이 높아지면 다들 원하는 게 비슷해진다.

기관 특별공급은 혁신도시에 어떤 변화를 가져왔나

청약제도 중 '특별공급'이 있다는 사실은 다들 잘 알 것이다. 가장 유명한 것이 신혼부부 특별공급이지만, 그것 말고도 '특별'하게 공급하는 것이 또 있다. 바로 혁신도시 이전에 따른 기관 특별공급이다. 직장이 옮겨가니 집을 주겠다는 발상을 민간기업도 했으면 좋겠는데, 민간기업은 사택을 임대로 제공하는 것이 일반적이다. 공무원, 특히 중앙공무원을 지방으로 옮기는 과정에서 만들어진 혁신도시에 새 아파트를 염가에 공급하는 것은 당연하게 생각됐다.

이런 모습은 세종에서 가장 강하게 나타났다. 생각해보면 지방에 부임하는 암행어사에게 마패를 주는 것과 비슷하다고도 볼

11,359
4,756
8,240
836
6,158
1,437
6,404
2,743
6,710
3,857
2,206
1,694
2,499
2,407
2,267
2,411
229 230
46,072
20,371

2012 2013 2014 2015 2016 2017 2018 2019 2020 합계

※ 당첨자 수는 실제 계약 여부를 의미하지 않으며, 당첨 후 일부 계약 포기자 및 그에 따른 추가 예비당첨자 숫자가 포함되어 있음

세종시 이전 기관 특별공급 당첨 가구
자료: 행정중심복합도시건설청

수 있다. 마패는 일종의 법카(또는 관용차) 같은 개념이고, 21세기 대한민국에서는 집을 준다. 그것도 매우 싼 가격으로.

LH(한국토지주택공사) 사태(일부 LH 직원의 부동산 투기 의혹이 불거진 사건)가 터지고 난 후, 세종시 이전기관 특별공급에 대한 이야기가 많이 나왔다. 이미 팔아 시세차익을 본 사람들, 가족은 계속 서울에 있고 본인만 이주해 기러기 생활을 하는 사람들 등 다양한 비난이 나왔지만 LH 때와 마찬가지로 슬그머니 사라졌다. 이렇게 문제가 제기되어도 실제로 해결되는 경우는 참 드물다는 게 안타깝다.

아무튼, 공무원들의 이전이 지방에 어떤 변화를 가져왔는지 생각해보자. 주로 옮겨진 지역이 혁신도시인데, 혁신도시는 보통 아무것도 없던 지역에 만들어진다. 즉, 높은 소득은커녕 변변한 일자리라는 게 있을 리 없는 곳이라는 얘기다. 그런데 여기에 서울에서 고소득을 누리던 사람들을 옮겨놨다. 이렇게 하면 지방의 소비력도 높아지고 지역 경제도 활성화되리라는 것이 정치인들의 생각이었을 것이다. 그런데 소비력 향상의 끝판왕은 그 지역의 주택 가격이 상승하는 것이다.

기관의 이동은 고연봉자들의 이동이다

혁신도시 조성 10년째인 2016년 언론 보도가 꽤 많이 됐다. 20년째인 2026년에도 많이 나올 것으로 보이는데, 2021년 국토교통부의 혁신도시 정주 환경 통계 조사를 통해 많은 시사점을 얻을 수 있었다.

생각보다 많은 사람이 가족과 함께 혁신도시로 이전한 것이

(단위: 명, %)

구분	이전 인원 (A)	기혼자			독신·미혼 (C)	출퇴근	가족 동반 이주율* (B+C)/A
		소계	동반 이주 (B)	단신 이주			
계	44,734	29,710	17,368	12,342	12,364	2,660	66.5

* 동반 이주할 가족이 없는 독신·미혼 포함

이전 공공기관 직원들의 가족 동반 이주율(2021년 6월 말 기준)
이전 공공기관 직원들의 가족 동반 이주율은 66.5%(기혼자 기준 53.7%)로 2017년 이후 계속 증가한 것으로 나타났다.
자료: 국토교통부

다. 2017년(58.1%)보다 2021년(66.5%)에 이전 비율이 상당히 높아졌음을 보면, 도시가 완성된 이후의 주거 환경에 만족하는 사람들이 많아졌다고 이해할 수 있다. 특히 가족이 동반 이주함으로써 만 9세 이하 인구의 비율이 높아졌다. 만 9세 이하 인구가 전국 평균은 7.5%인 데 비해 혁신도시는 16.5%라는 건 굉장히 '젊은' 도시가 만들어졌음을 의미한다. 젊음은 돈으로도 살 수 없다고 말하지만, '도시의 젊음'은 돈으로 살 수 있다. 좋은 직장이 많

(단위: 만 원)

지역	기관명	연도				
		2017	2018	2019	2020	2021
경남	한국토지주택공사(LH)	7,493	7,672	7,795	7,853	8,179
	한국남동발전	8,178	8,413	8,667	9,249	8,268
	주택관리공단(주)	3,949	4,073	4,221	4,385	4,262
	중소벤처기업진흥공단	7,799	7,840	7,890	8,209	8,047
	한국승강기안전공단	5,204	5,129	5,067	5,151	5,092
	국토안전관리원		6,943	7,017	6,766	6,785
	한국산업기술시험원	8,643	8,772	8,639	8,647	8,742
	국방기술품질원	8,408	8,505	8,544	8,460	8,814
	한국세라믹기술원	8,977	9,294	8,964	9,204	9,250
	한국저작권위원회	5,984	6,071	6,128	5,962	7,167
경북	한국도로공사	8,047	8,101	8,195	8,634	7,662
	한전기술	9,102	9,011	8,853	9,154	8,899
	(주)한국건설관리공사	6,132	6,176	5,862	6,187	
	한국교통안전공단	7,239	7,253	7,390	7,530	7,150
	한국법무보호복지공단	4,775	4,831	5,034	5,224	5,650
	대한법률구조공단	6,735	6,962	7,131	7,168	7,023

경남·경북 혁신도시 입주기관 평균연봉 현황
자료: 공공기관 경영정보 공개시스템

(단위: 만 원)

지역	기관명	연도				
		2017	2018	2019	2020	2021
광주·전남	한국전력공사	8,133	8,115	8,193	8,382	8,433
	한전KDN	7,610	7,186	7,339	7,416	7,483
	한전KPS	7,440	7,176	7,223	7,612	7,770
	한국전력거래소	9,061	9,206	8,843	8,793	8,807
	한국농어촌공사	6,297	6,565	6,544	6,639	6,822
	한국농수산식품유통공사	6,414	6,587	6,881	7,014	6,836
	사립학교교직원연금공단	6,567	6,603	6,684	6,536	6,655
	한국방송통신전파진흥원	6,619	6,810	6,839	7,015	6,360
	한국인터넷진흥원	6,560	6,720	6,803	7,026	7,089
	한국콘텐츠진흥원	6,139	6,169	6,185	6,357	6,145
	농림식품기술기획평가원	7,319	7,315	7,076	7,000	6,803
	한국농촌경제연구원	8,396	7,796	7,873	8,103	7,784
	한국문화예술위원회	5,800	5,860	5,987	6,201	6,257
전북	한국전기안전공사	6,031	6,033	5,970	6,255	6,311
	한국국토정보공사	7,914	7,961	8,169	8,058	8,023
	국민연금공단	6,399	6,615	6,522	6,837	6,345
	한국식품연구원	8,480	8,662	7,667	7,726	6,666
	한국출판문화산업진흥원	5,215	5,349	5,369	5,507	5,443

전남·전북 혁신도시 입주기관 평균연봉 현황
자료: 공공기관 경영정보 공개시스템

아지면 된다.

부산·대구·울산 등 대도시 말고 중·소 도시급에 해당하는 혁신
도시를 보자. 예컨대 경북에는 김천, 경남에는 진주에 혁신도시
가 만들어졌다. 김천으로 이동한 대표적 기업은 한국도로공사·
한전기술이며, 진주로 이동한 기업은 LH·한국남동발전이다. 그
밖에 '공단', '원', '위원회' 등의 이름이 달린 공공기관들도 상당히

많이 이동했다.

여기서 주목해야 할 것이 이 기관들의 평균연봉이다. 지방에서 이 수준의 연봉을 받으려면 대기업 생산직이나 지방 금융기관에 다녀야 하는데, 사실상 그러기가 쉽지는 않다. 그런 상황에서 고연봉자들이 대거 이주한 것이다.

서울과 지방의 불균형 완화

이런 환경 변화는 지방의 소득 증가를 가져왔다. 물론 서울에서 봉급을 받던 사람들이 지방에서 받게 된 것일 뿐이지만, 어쨌든 지방에서 일하는 사람들이 늘었고 그에 따른 소득 증가도 나타났으니 지방과 수도권의 불균형은 상당 부분 줄어든 셈이다.

하지만 이런 결과가 지방 주택 가격의 기저를 공고히 해줬다고 생각하는 사람은 적다. 가족 동반 이주가 적어서 그렇다는 해석도 있지만, 일시적인 이산가족이 아닌 영구적인 상황이 마련되면 결국은 함께 살 수밖에 없다. 특히 나이가 제법 든 중견사원급이 아니라 신입사원이라면 이런 점들을 다 고려하고 입사했을 것이다. 또 인근 지역의 인재들이 입사했을 가능성도 제법 크다. 그렇다면 원래 그 지역에 거주하던 사람들 입장에서 선호하는 주거지의 가격이 기존보다 높아질 수밖에 없다. 소득 수준이 이전과는 차이가 크게 나기 때문이다. 수도권 거주자들 중에서 지방 주택 가격이 말도 안 된다는 의견을 펼치는 사람들이 종종 있는데, 혁신도시의 상황을 살짝만 살펴봐도 지방 집값의 일부는 설명이 되고도 남는다.

정부의 혁신도시 인구 이전 목표가 어느 정도 달성됐는지 보자. 부산(105.7%)·전북(100.0%)은 이미 초과 달성한 상태이며, 울산(99.5%)·제주(96.0%)가 아주 약간 못 미치는 수준이다. 그리고 경남(85.5%)·대구(85.0%)·강원(84.5%)·경북(84.1%)과 광주/전남(76.8%)·충북(76.7%)은 그보다 더 낮다. 대도시와 그 외 지역 간의 차이가 크다는 걸 알 수 있다. 참고로, 혁신도시 공동주택계획(9만 520호, 2030년까지) 중 8만 4,328호(93.2%)의 공급이 완료된 상태다.

윤석열 대통령 당선인의 공약을 떠올려보자. 한국산업은행, 한국수출입은행의 부산 이전을 언급한 바 있기 때문이다. 일부에서는 IBK기업은행의 이전 얘기도 나온다. 아직 공공의 힘이 닿는 곳 중 서울에 있는 기관들은 차고 넘친다.

지방 경제 활성화의 끝판왕은 주택 가격의 상승

📍

지방에 좋은 일자리가 없다는 관점에서 시작된 혁신도시 건설 및 지방 이전은 지방의 고소득자 비율을 높이는 긍정적인 결과를 가져왔다. 그런데 이런 인위적인 결과가 가져온 사이드 이펙트는 거꾸로 수도권이 저렴해 보인다는 것이다. 지방의 주택 가격 상승이 소득 상승(물론 인위적이지만)에 근거했기 때문이다. 수도권에서 많은 일자리를 지방으로 보냈지만, 여전히 수도권에는 높은 연봉을 받는 곳들이 많이 남아 있다. 따라서 지방의 주택 가격 상승이 나비효과를 일으켜 수도권의 주택이 더 많이 올라야 한다는, 많은 이들이 받아들이기 싫어하는 결과로 이어진다. 부동산 시장은 '상대적' 요소가 생각보다 강하게 영향을 미친다는 사실을 꼭 기억해두자. 지방 부동산이 얼마 올랐다면, 그에 비례해서 수도권 부동산의 가격을 생각하게 된다는 얘기다.

이를 숫자로 풀어보자. 2021년 12월 말 기준 전국 3분위(상위 40~60% 수준이니 중간쯤 된다) PIR(가계의 연간소득 대비 주택 가격의 배수)은 7.6배, 5분위(상위 20%) PIR은 9.0배다. 혁신도시 이전 이슈로 지방에 내려간 사람들의 소득은 전국 기준에서 상위 20%에는 속할 것이다(생각보다 평균점이 낮기 때문에 크게 틀리진 않을 것이다). 그러니 PIR 9.0배를 적용할 수 있다. 연봉 7,000만 원 정도에 외벌이라고 가정할 때 주택 가격은 6.3억 원으로 계산된다(물론 맞벌이일 경우 훨씬 높은 가격이 도출되겠지만, 이는 논외로 하자). 혁신도시가 아니었을 때의 소득을 4,000만 원이라고 가정하고 전국 평균 PIR 배수인 7.6배를 적용하면 3.0억 원 정도가 주택 가격으로 계산된다.

이와 같은 계산을 통해 알 수 있는 사실은 혁신도시가 생기기 이전 같으면 연 4,000만 원 정도에 불과하던 가구소득이 높아졌고, 소득 수준이 높아지면서 적용 배수가 함께 커졌으며, 이에 따라 지방 주택 가격이 빠르게 상승했다는 것이다. 더욱이 혁신도시에 지어진 아파트들은 모두 '신축'이고 대단지·브랜드 아파트가 많다는 점이 함께 작용하면서 그동안 지방에서 볼 수 없었던 수준의 아파트 가격을 형성하게 됐다.

이것이 바로 합리적 이론에 기반을 둔 지방 주택 가격 형성 로직이다. 즉, 지방 이전의 결과 지방 주택 가격이 빠르게 상승했다고 해석할 수 있는 것이다. 정부에서는 공공기관의 평균연봉을 매년 발표하고 있으니, 관련 지역에 자리한 공공기관이 지역사회, 특히 주택 가격에 어떤 영향을 미쳤을지 생각해보자. 특히 대규모로 이전한 곳이라면 훨씬 큰 영향을 미쳤을 것이다.

메타버스에서도 사람들은 도심을 찾는다

메타버스라는 복잡한 개념이 사람들을 헷갈리게 하고 있다. 사실 나에게도 메타버스는 얼른 와닿는 개념이 아니다. 한번은 한참 고민한 후 "그거 싸이월드 같은 거 아니야?"라고 했다가 엄청나게 구박당한 적이 있다. 누구나 자기가 경험한 것을 기반으로 설명하기 마련 아닌가. 로블록스든 제페토든 일하느라 바빠서 할 시간이 없다 보니 학창 시절 마이룸 꾸미고 BGM 사던 기억이 주로 떠오른 것이다. 때마침 싸이월드가 서비스를 재개해서 이 생각이 더 강하게 든다.

외곽의 주택 가격이 오르고 있다고?

📍

메타버스와 관련해 자주 듣는 건 가상세계에서 땅을, 그것도 현실세계에 주인이 엄연히 있는 땅을 사고판다는 이야기다. 아크로리버파크 ○○○동 ○○○호의 주인이 두 눈 부릅뜨고 살아있는데, 가상세계의 주인이 따로 있다는 얘기 아닌가. 이러다가 나중에 소유권 분쟁이 벌어지는 건 아닐까 하는 순진한 생각도 해본다. 그림 시장에서 판화 소유자가 원화의 소유권을 주장하는 것처럼 말이다. 어쨌거나 21세기의 감각은 내 생각과 다를 수도 있다는 점에서 때로는 두려움이 느껴지기도 한다.

메타버스는 2020년 코로나가 전 세계를 휩쓰는 동안 급격히 부상했다. 이게 싸이월드와 뭐가 다른지 아직도 잘 모르겠지만, 재택근무를 하는 사람이 많아지다 보니 다들 근무지와 거주지가 하나가 될 수 있다고 생각했던 것 같다. 당시 부동산 시장에는 미국의 사례를 들며 '한적한 곳의 주택 가격이 오르고 있다', '사람이 마구 죽어 나가는 뉴욕 맨해튼의 가격은 폭락 중이다' 같은 얘기가 돌았다. 서울이 아니라 외곽에 살아야 한다는 주장이었다. 대기업이고 스타트업이고 재택근무가 당연시되다 보니 나온 생각이었는데, 도심의 비싼 아파트가 아니라 외곽의 주택이 더욱 매력적인 시장으로 변모할 것이라는 누군가의 '희망'이 반영된 게 아닐까 싶다.

달라진 프랜차이즈 성공 전략

요즘 서울에서 꽤 인기인 도넛 전문점 카페노티드를 보자. 다음 그림은 서울에서 카페노티드가 있는 곳을 표시한 것인데, 예외 없이 모든 매장이 번화가에 있다.

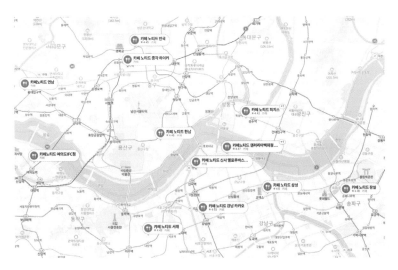

서울에서 카페노티드가 있는 곳
자료: 네이버 지도

카페노티드는 번화가에 자리를 잡고 시장을 선도한다. 프랜차이즈가 성공하면 지방 중·소 도시로 진출하던 예전과는 상당히 다른 모습이다. 다시 말해, 사람 많고 복잡한 곳에 나가야만 이용할 수 있는 가게라는 얘기다. 지도에 표시돼 있듯이, 이런 번화가에는 이름 있는 기업이 잔뜩 포진해 있고 그곳에는 높은 연봉을 받는 직장인들이 근무한다. 이처럼 고소득자들을 겨냥하면서 타깃을 축소한 것이다.

입지는 여전히 중요하다

물론 배달앱의 등장으로 웬만한 메뉴는 집에서도 편안히 즐길 수 있지만, 배달앱이 모든 지역을 커버하는 건 아니다. 배달 범위 안에 거주해야만 이용할 수 있다. 앞의 지도에 표시된 저 매장들에서는 과연 어디까지 배달이 될까? 우리 집이 저 범위에 들어 있지 않다는 걸 확인하는 순간 아마도 허탈함을 느끼게 될 것이다. 예전 맥세권(맥도날드), 스세권(스타벅스)과는 차원이 다른 허탈함이다. 내가 학창 시절 방을 구할 때 가장 먼저 고려한 것이 근처에 맥도날드가 있느냐 하는 것이었는데, 요즘엔 이렇게 바뀌었다.

따라서 가장 먼저 고려해야 하는 것이 바로 번화가냐 아니냐다. 그런 다음 그 번화가의 '질'까지 고려해야 한다. 그저 사람 많고 술만 마시는 곳인지, 아니면 힙하고 쿨한 곳인지. 앱에서 '텅'이나 '업소'라는 메시지가 뜨는 순간 느끼게 될 자괴감을 피하는 것이 메타버스로 포장된 부동산 시장 곡해를 피하는 지름길이다.

배달도 아무 데나 오는 게 아니다
자료: 배달의민족

이제 코로나도 끝날 것 같고 그간 억눌렀던 외출 욕구를 마음껏 발산하고 싶어지는 시점이다. 어디로 나가서 친구를 만나 뭘 먹을 것인가? 그때는 더욱 중요해진다. 집에서 아주 멀리 가고 싶지는 않을 테니 말이다. 아직도 코로나를 피해 외곽에 살아야 한다고 생각하는가? 지난 2년간 잠시 내려놨던 '입지'의 우위를 떠올려볼 때다.

2부 • 핵심은 바로 이것!

- 최고 권력 근처에 살면 고급 정보를 얻는다. 조선 북촌의 집값이 비싼 건 정보 이용료도 포함됐기 때문이다.
- 고려 양반들은 돈 이야기와 번화가를 좋아했고, 조선 양반들은 둘 다 멀리했다(아니, 그러는 척했다).
- 신분이 낮아도 권력의 지근거리에 있는 이들이 몰락한 양반보다 나았다. 중촌이 남촌보다 비쌌던 이유가 이것이다.
- 전국의 물류가 들어오는 마포에는 일용직이 넘쳐났다. 조선 후기는 마용서(마포-용산-서강)가 떴다.
- 성균관 허드렛일을 하던 반인들은 조선의 쇠고기 유통망을 장악해 떼돈을 벌었다.

- 최고 기업은 최고 입지에서 사업을 하고 싶어 하며, 직원들 역시 바로 거기서 근무하고 싶어 한다.
- 급여가 오르면 소비력도 함께 증가한다는 사실을 절대 잊지 말라. 주택 시장 제1원칙이다.
- 고소득 직장이 강남으로 돌아오려 하는 이유는 그 회사 직원들이 원하기 때문이다.
- 공공기관 지방 이전은 잔잔한 지방 시장에 고소득자를 옮겨놓는 결과를 가져왔다.
- 인기 프랜차이즈가 개설되는 입지는 핫 플레이스를 직접적으로 보여준다.

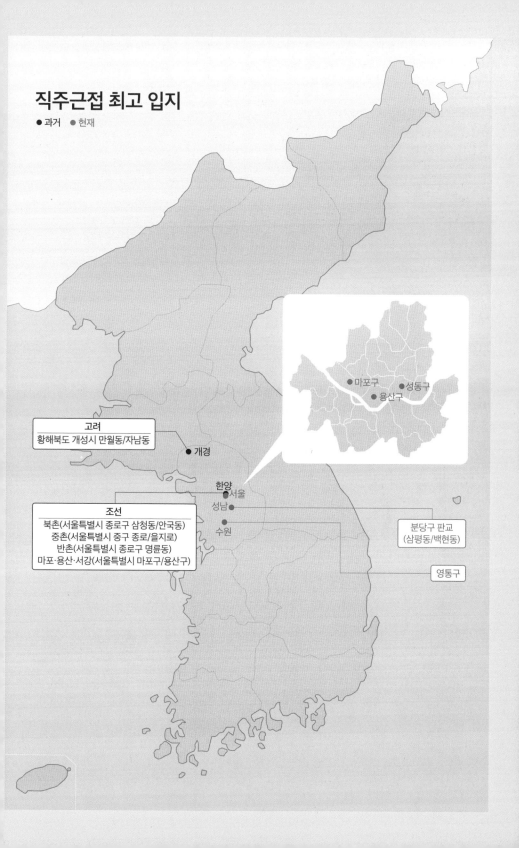

직주근접 최고 입지

● 과거   ● 현재

고려
황해북도 개성시 만월동/자남동

● 개경

마포구   성동구
용산구

한양
● 서울
성남 ●

수원 ●

조선
북촌(서울특별시 종로구 삼청동/안국동)
중촌(서울특별시 중구 종로/을지로)
반촌(서울특별시 종로구 명륜동)
마포·용산·서강(서울특별시 마포구/용산구)

분당구 판교
(삼평동/백현동)

영통구

3부

부동산 보는
안목을 키우는
세 번째 키워드:
교통 호재

5장

길이 있는 곳에
1등 도시가
있다

❀ 고대 동아시아의 물류 통로, 김해
❀ 충주가 막히면 국고가 빈다
❀ 모든 길은 남경을 거친다
❀ 1번 국도의 힘을 보여준 정주

고대 동아시아의 물류 통로, 김해

인류는 언제부터 외부와 교역을 시작했을까? 고고학자들에 따르면 적어도 신석기 시대부터는 본격적으로 시작됐다고 한다. 우리나라에서도 대표적 신석기 유적으로 꼽히는 강원도 양양군 오산리에서 흑요석 도구들이 출토됐는데, 백두산 지역에서 캔 흑요석으로 만들었음이 확인됐다. 백두산에서 강원도 양양이라면 지금도 만만치 않은 거리인데, 당시 어떻게 이 두 지역을 왕복했을지 퍽 궁금하다.

●함경북도 웅기군 서포항

백두산
▲

●함경북도 경원군 농포리

●강원도 양양시 오산리

●경기도 시흥시 오이도

●울산광역시 울주군 신암리
●부산광역시 강서구 범방동
●경상남도 통영시 욕지도

흑요석 원산지와 흑요석기 출토지

소금 역시 인류의 오랜 교역망을 안내해주는 열쇠 중 하나다. 내륙에 거주하는 사람들은 생존의 필수 요소인 소금을 구하기 위해 농산물이나 모피, 광석 등을 들고 소금 산지를 찾아갔다. 모차르트의 탄생지로도 유명한 오스트리아의 잘츠부르크Salzburg는 '소금 마을'이라는 의미이고, 그림 같은 풍광으로 인기가 높은 관광지 할슈타트Hallstatt는 '소금을 만드는 집'을 의미하는 독일어 할레Halle에서 온 이름이다. 중세 영국에서도 위치wich가 비슷한 의미로 사용됐는데, 드로이트위치Droitwich와 낸트위치Nantwich 등이 소금 덕분에 형성된 도시들이다.

무역 거점으로서 번영을 누린 금관가야

꼭 소금이 아니더라도 교역망에 속하는 거점 도시는 짭짤하게 돈을 번다. 예전의 트로이나 지금의 싱가포르도 모두 무역 거점을 기반으로 발전한 곳이다. 호메로스가 쓴 문학작품에서는 트로이 왕자 파리스가 스파르타의 왕비 헬레네를 데려가 전쟁이 일어났다지만, 실제로는 에게해와 흑해 사이에서 무역 거점으로서 많은 이익을 누리던 트로이를 정복하고 일대 무역로를 장악하려는 그리스인들의 욕망이 일으킨 전쟁이었다. 하지만 그리스 연합군은 무려 10년이나 포위하고도 함락하지 못했는데, 이는 트로이라는 도시가 얼마나 부유하고 강력했는지를 보여준다. 결국 그리스 연합군은 오디세우스 장군이 '트로이의 목마'라고 후세에 알려진 기묘한 책략을 써서 점령할 수 있었다.

고대 지중해에 트로이가 있었다면 고대 동아시아에는 가야가 있었다. 가야는 지금의 경상남도를 중심으로 전성기엔 경북과 전남북 일대까지 걸쳐 있던 소국들을 통칭하는 이름이다. 가장 번성한 곳은 무역 거점이던 금관가야(김해)와 경남 해안 일대였

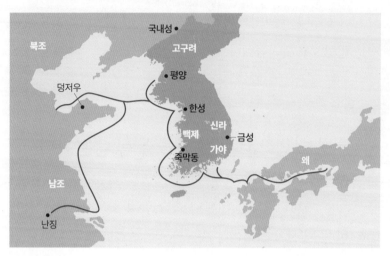

고대의 동아시아 교역항로

다. 이곳은 한사군, 마한(백제), 진한(신라), 왜가 연결되는 교통로였기 때문에 중개무역으로 성장하기에 적당한 입지 조건을 갖추고 있었다. 『삼국지』「위지동이전」은 한사군과 왜가 이곳에 와서철을 사 갔고, 이곳에서는 철이 화폐처럼 사용됐다고 전한다.

여기서 멀지 않은 경남 사천 앞바다 늑도 유적은 근래 가장 핫한 발굴지다. 이 작은 섬에서 일본 토기뿐 아니라 중국 한나라 때사용된 '오수전'이라는 동전까지 발견됐기 때문이다. 오랫동안활발한 무역 거점으로서 번영을 누렸다는 것을 보여준다. 그러고 보면 인도에서 배를 타고 와 김수로의 부인이 됐다는 『삼국유사』의 허황옥 스토리가 꼭 허구만은 아닐 수도 있겠다는 생각이든다.

금관가야와 늑도의 오늘날 위치
자료: 네이버 지도

바닷길을 둘러싼 전쟁

정확한 무역 규모는 알 수 없지만, 중국·한사군·진한·왜의 산물
이 모여드는 금관가야의 무역로가 황금알을 낳는 거위로 인식됐
다는 것만큼은 분명하다. 석탈해가 금관가야에 와서 김수로에게
왕위를 요구했다는 『삼국유사』의 설화도 당시 금관가야의 무역
로를 놓고 큰 갈등이 있었음을 보여준다.

탈해가 말하기를 '그러면 술법으로 겨뤄보겠는가'라고 하니 왕
(김수로)이 좋다고 했다. 잠깐 사이에 탈해가 변해서 매가 되니
왕은 변해서 독수리가 됐고, 또 탈해가 변해서 참새가 되니 왕은

변해서 새매가 됐다. 탈해가 이에 엎드려 항복하고(…).

- 『삼국유사』

석탈해를 용서하고 보내준 김수로왕은 곧바로 불안함을 느껴 500척의 배를 띄워 쫓게 했지만, 그가 워낙 잽싸게 신라로 도망쳐 실패했다고 한다.

이 설화보다는 덜 알려졌지만, 실제 트로이 전쟁 같은 일이 벌어진 적도 있었다. 『삼국사기』에 '포상팔국浦上八國의 난'으로 기록된 사건이다. 209년 일어난 이 전쟁은 기록이 워낙 간단해서 구체적인 전개 과정은 알 수 없지만, 가야 지역 8개 소국이 연합해 금관가야를 침공했고 금관가야 측은 신라의 구원군 덕에 간신히 위기에서 벗어났다고 한다.

당시 금관가야를 친 8개 소국 중 이름이 확실하게 확인되는 나라는 골포국(마산), 칠포국(함안군), 고차국(고성군), 사물국(사천시) 등이다. 위치를 보면 대개 남해의 바닷길과 밀접한 이해관계가 있는 나라들이다. '포상浦上'이라는 한자 자체가 바닷길을 둘러싼 갈등임을 보여준다.

이후로도 무역 거점으로서 금관가야의 가치는 계속 유지됐다. 고려는 일본과 공식적으로는 교역을 하지 않았지만, 김해에 무역관을 설치해 무역을 이어갔다. 원종 때는 몽골이 일본을 침공하면서 고려에 길잡이를 요구한 적이 있었다. 그러자 고려는 일

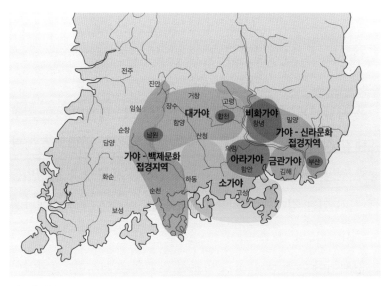

가야의 위치
금관가야는 대일 무역로의 핵심 지역으로서 이점을 누렸다.
자료: 가야고분군 세계유산등재추진단

본과 교류하지 않아서 잘 모른다고 잡아떼면서, 증거를 없애기 위해 부라부랴 김해의 무역관을 철거하기도 했다.

  김해가 무역항으로서 누린 입지는 고려 때까지다. 조선이 고려보다 대외무역에 소극적이었던 것도 이유가 되겠지만 무엇보다 결정적인 이유는 지형의 변화였다.

무역 거점에서 농업도시로, 이제는 21세기형 신도시로

많은 사람에게 '김해' 하면 떠오르는 이미지는 대개 비옥한 곡창
지대일 것이다. 부산광역시 강서구 대저동·강동동·명지동·가락
동과 경남 김해시 화목동·이동·강동·전하동·홍동·풍유동·명법동
에 걸쳐 있는 김해평야는 약 136제곱킬로미터에 달하는 대한민
국 최대 규모의 삼각주를 중심으로 발달했다.

김해평야가 형성된 것은 비교적 근래에 들어서다. 금관가야
에 중국, 낙랑군, 왜에서 무역선이 드나들던 삼국 시대만 해도 김
해시 대동면과 부산 북구 금곡동까지는 바다가 들어오는 거대한
만灣이었다. 오랜 시간에 걸쳐 강에서 떠밀려온 토양이 쌓여 충
적지대가 만들어졌지만, 조선 시대에도 사면砂面이라고 불릴 정도
로 모래가 많은 땅에 불과했다. 사상구砂上區, 사하구砂下區 등 이 지
역의 명칭에 그때의 흔적이 남아 있다.

툭하면 물이 넘치던 이곳이 농경지로 바뀐 것은 1788년, 1832
년, 1841년 당시 동래부사 이경일, 박제명, 이명적이 둑을 쌓으면
서다. 지금도 부산 사상구 덕포동 상강선대에 가면 이들을 기리
는 송덕비 3개가 세워져 있다. 일제 강점기에는 동양척식주식회
사가 미곡 증산을 위해 둑을 본격적으로 관리했다. 시간이 지남
에 따라 김해는 과거 같은 무역업이 아니라 정미업이 발달한 농

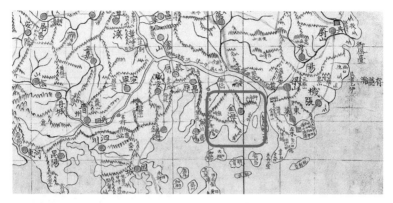

<동국지도>에서 볼 수 있는 김해의 위치
자료: 서울역사박물관

오늘날의 김해
과거 배가 드나들던 지역이 육지로 바뀌었다.
자료: 네이버 지도

업도시로 바뀌었고, 현재는 바다와는 무관한 내륙도시가 됐다. 그 옛날 허황옥이 배를 타고 왔다는 금관가야의 항구는 이제 옛말이 된 것이다.

최근 김해평야는 또다시 변신 중이다. 부산광역시에 개발할 땅이 부족해지면서 그간 그린벨트로 묶여 있던 이곳이 떠오른 것이다. 잇달아 개발제한이 해제됐고 지금 김해평야 자리에는 명지국제신도시, 명지오션시티, 에코델타시티 등 거대 신도시들이 들어서고 있다.

도시를 둘러싼 환경은 계속 변화하고, 이에 따라 도시도 흥망성쇠의 과정을 거친다. 과거에 골드러시로 호황을 누리던 샌프란시스코가 이제는 첨단 IT 산업의 메카가 됐듯이, 무역항에서 농업도시로 거듭난 김해는 이제 21세기형 신도시로 변모하고 있다.

충주가 막히면
국고가 빈다

충청도는 흔히 '충절의 고장'이라고 불린다. 실제로 충청도에서 유관순, 김좌진, 윤봉길 등 독립운동가들이 많이 배출됐고 임진왜란 때는 조헌 같은 의병장이 활약하기도 했다. 한편으로는 충청도忠淸道의 '충忠'이라는 글자가 주는 이미지 영향도 있는 것 같다. 그런데 충청도의 역사를 되짚다 보면 '이곳이 정말 충절의 고장이었을까?' 하고 고개를 갸웃거리게 하는 일들을 만나게 된다. 예를 들어 조선 시대에 충청도는 몇 차례나 명칭이 변경됐는데 하나같이 중앙정부에 반항했기 때문이다.

명종 때 이홍윤이라는 선비가 "명종이 쫓겨날 것"이라고 발언

했다가 그의 기반인 충주가 충청도 지명에서 제외됐다. 격분한 명종이 '불충한' 충주 대신 홍주(지금의 홍성)를 넣어 홍청도洪淸道로 바꾼 것이다. 선조 때 충청도로 복원됐지만, 광해군 때 충주에서 유인발이 반란을 일으키면서 충주는 또 강등됐다. 인조반정 이후 다시 충청도로 돌아갔지만 인조 때 또 충주에서 역모가 일어났고, 인조는 충주를 빼고 공주와 청주를 합친 '공청도公淸道'로 바꿔버렸다. 이것을 다시 충청도로 돌려놓은 것은 영조이며, 이후 지금까지 유지되고 있다.

도都 단위의 명칭이 이렇게 자주 바뀐 것은 드문 경우인데, 그 중심에 충주가 있었고 그럼에도 시간이 지나면 어김없이 다시 복구됐다. 그만큼 충주가 중요했기 때문이다.

육로와 수로 교통을 꽉 쥐고 있는 도시

충주의 가치는 왕건이 통일 전 충주 유씨 가문과 긴밀하게 연합했다는 것만 봐도 알 수 있다. 태조의 세 번째 왕비 신명순성왕후는 충주 유씨였고, 그 아들 왕요와 왕소는 나란히 고려 3~4대 국왕(정종, 광종)에 올랐다. 그만큼 충주 지역의 위세가 대단했다고 할 수 있다.

충주가 중요했던 것은 한강 뱃길과 육로 교통의 거점에 자리

하기 때문이다. 삼국 시대엔 국원성國原城, 통일신라 때는 중원경中
原京으로 불렀다. 그만큼 국토와 교통의 중심이었다는 이야기다.

　조선 시대에 가장 중요한 도로 중 하나가 영남대로(한양-용인-죽
산-충주-조령-문경-상주-선산-안동-대구-밀양-동래)였는데, 한양에서 동래

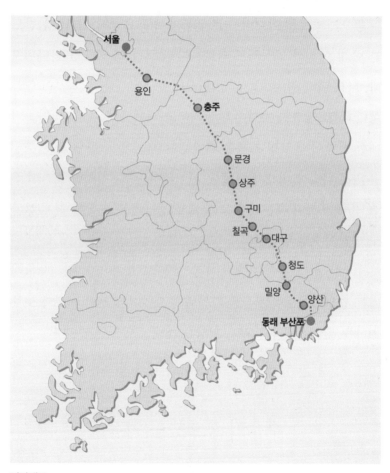

영남대로

까지 가는 가장 빠른 길이었다. 임진왜란 당시 일본군의 제1군 선봉장인 고니시 유키나가가 바로 이 루트를 통해 동래에서 한양까지 보름 만에 질주했다. 신립이 조선 정예군을 이끌고 막아섰다가 전멸한 곳도 충주였다. 충주가 뚫리자 당황한 조선 조정은 허둥지둥 의주로 도망쳤다.

충주는 육로뿐 아니라 수로 교통에서도 요충지였는데, 한반도는 근대 이전까지만 해도 육로보다 수로가 더 중요하게 다뤄졌다. 다시 말해 한반도는 전근대 시대에 육로 교통이 굉장히 빈약했다. 국토의 70% 가까이가 산지이고 태백산맥, 소백산맥 등 거대한 산맥이 육로의 흐름을 제약했기 때문이다. 반면 하운 조건은 다른 나라에 비해 훨씬 좋은 편이었다. 내륙 깊숙한 곳까지 주요 강이 흐르기 때문이다. 하운으로 감당하는 면적이 전체 한반도 면적의 70%에 달했다.

충주는 한강 유역 육로와 수로 교통의 요지이자 서울로 들어가는 관문이었으니 지금으로 치면 주요 고속도로와 철도가 모두 지나는 대전이나 수원 같은 위상을 지니고 있었던 셈이다.

수운이 중요했던 이유

어느 나라든 세금 수취는 국가를 지탱하는 데 가장 중요한 문제다. 지방에서 세금이 제대로 걷히지 않는다는 건 중앙정부가 통제력을 상실했다는 것을 의미한다. 서양의 로마·비잔틴제국이든 동양의 한漢·당唐이든 세금이 얼마나 제대로 걷히는지가 제국의 흥망을 좌우했다고 해도 과언이 아니다.

고려도 세금 수취 루트를 닦는 데 심혈을 기울였다. 아마도 다들 고등학교 때 배웠을 조운제도가 그것이다. 세금으로 거둔 곡식(세곡)을 강이나 바다를 이용해 운반하는 시스템인데, 근대 이전에는 강이나 바다를 이용하는 쪽이 육로보다 안전하고 빠른 데다 비용도 저렴했다.

고려는 지방에서 세금으로 거둔 곡식을 전국 13개 조창에 보관했고, 이것은 조운로를 통해 개경까지 배로 옮겨졌다. 고려 조정이 40년간 몽골에 국토를 다 내주고 강화도에 피난 가 있으면서도 망하지 않았던 이유는 조운제도가 여전히 작동했기 때문이다. 몽골은 기마민족으로 수전에 취약했다. 그 덕에 강화도의 고려 조정은 물길을 이용해 세금을 꼬박꼬박 받을 수 있었다. 물론 개경에 있을 때만큼 원활하지는 않았겠지만, 그래도 버틸 만큼은 됐다.

그런 점에서 고려에 결정적 타격을 준 것은 왜구의 침략이었다. 몽골군과 달리 배를 잘 다뤘던 왜구는 세곡이 저장된 조창이나 곡식이 이동하는 조운로를 집중적으로 노렸다. 이 때문에 지방-개경의 세금 수송이 어려워졌고, 재정이 급격히 악화됐다.

조창 이름	위치	수세 구역
흥원창	강원도 원주시 부론면 흥호리	원주 관내
덕흥창	충북 충주시 가금면 창동리	충주목·상주목·경산부·안동부·경주·예주 관내
하양창	경기도 팽성읍 노양리·본정리	청주목·천안부·공주목 관내
영풍창	충남 서산시 팔봉면 어송리	홍주목·가림현·부성현 관내
안흥창	전북 부안군 보안면 영전리(남포리)	남원부, 고부군 관내
진성창	전북 군산시 성산면 창오리	전주목, 임피현·진례현·김제현·금구현 관내
부용창	전남 영광군 법성면 법성리 고법성	영광군 관내
해릉창	전남 나주시 영산동	나주목, 해양현, 능성현
장흥창	전남 영암군 군서면 해창리 원해창	장흥부, 영암군, 진도현 관내
해룡창	전남 순천시 홍내동·오천동 해룡산성	승평군, 보성군 관내
통양창	경남 사천시 용현면 선진리	진주목, 협주, 고성현, 남해현, 거제현 관내
석두창	경남 마산시 합포구 산호동	울주, 금주, 양주, 밀성군 관내
안란창	황해도 장연군 해안면 구진리	풍주·옹진현 관내

13조창의 위치와 수세 구역
자료: 정요근, 「고려~조선 전기의 漕倉의 분포와 입지」, 『韓國史學報』 제57호; 한국민족문화대백과사전

상황이 얼마나 심각했냐면 공민왕 때는 관료들에게 급여도 제대로 줄 수 없을 정도였다. 우왕 2년에는 조운을 아예 전면 폐지했는데, 고려와 조선 역사상 조운이 중단된 것은 이때부터 공양왕 2년까지 14년뿐이다. 왜구의 피해가 이렇게 컸다.

고려 말 왜구 토벌에서 공을 세운 이성계가 중앙 정치의 스타로 떠오를 수 있었던 것도 이런 배경 때문이다. 대농장을 소유한 권문세족을 제외하면, 왜구의 공격 때문에 대부분 손가락을 빨수밖에 없는 처지였다. 그러니 하급 공무원들은 이성계의 등장과 활약을 진심으로 반겼을 것이다. 그래서였는지는 몰라도 신

홍계급인 신진사대부들은 대개 이성계를 지지했다.

새로 들어선 조선 왕조도 조운제도에 매우 공을 들였다. 태종이 선박 사고가 잦은 태안 안흥량에 운하를 파게 한 것만 봐도 알수 있다.

충청·강원·경상도의 세곡이 거쳐 가는 곳

강원도 금대산 검룡소에서 발원한 남한강은 영월과 정선을 지나단양을 거친 뒤 충주에서 각종 지류와 합류한다. 그리고 경기 양평 양수리에서 북한강과 합류해 서울로 흘러든다. 고려와 조선시대에 충북과 강원도에서 세곡을 보내려면 이 남한강을 이용해야 했다. 충주가 중요했던 것은 바로 남한강 상류에 딱 자리 잡고있었기 때문이다. 게다가 조선 때부터는 경상도의 세곡까지 충주로 보냈다.

경상도는 개경이나 한양 이남에서 수도와의 연결성이 가장 열악한 곳이었다. 육로는 소백산맥이 가로막고 있으며, 해로를 통해 가려면 동해-남해-서해를 빙 돌아야 한다. 긴 바닷길로 이동시키다 보니 사고도 잦았다. 태종 3년 경상도의 조세를 싣고 한양으로 향하던 조운선 34척이 침몰하고 배에 탄 백성 1,000명이사망한 사건도 있다. 그래서 태종은 경상도의 세곡을 육로를 통

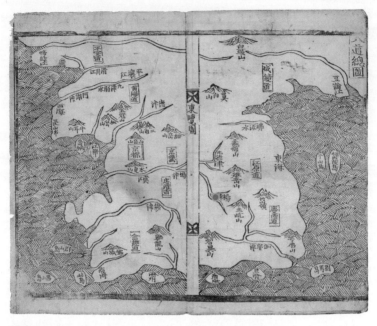

〈동람도〉

파란 점이 충주의 위치다. 낙동강 상류와 남한강으로 이어지는 길목임을 알 수 있다.

자료: 서울역사박물관

해 충주로 옮긴 뒤 여기서부터 배로 운반하게 했다.

　김해·창원·밀양·양산·진해·의령 등의 조세가 낙동강을 따라 상
주로 옮겨진 뒤 여기서 육로로 충주 경원창으로 가고, 충주에서
남한강을 이용해 서울까지 배로 운반했다. 다시 말해 충주에 문
제가 생기면 경상도·충북·강원도의 세금이 모두 막히는 심각한
상황에 빠진다는 이야기다.

　이곳에 모인 세곡 중 일부는 비축했다가 지역에 흉년이 들었
을 때 구휼하는 데 사용하게 했다. 그러니 이 지역 주민들은 흉년

에도 다른 지역보다 상대적으로 처지가 나았을 것이다.

1789년(정조 13)에 작성된 『호구총수』를 보면 충주에 사람들이 많이 살았다는 것을 알 수 있다. 당시 인구 규모는 한양이 18만 9,153명으로 가장 많았고, 그다음으로 평양(10만 7,590명), 의주(8만 9,970명), 충주(8만 7,731명), 전주(7만 2,505명) 순이었다. 충주는 인근 유력 도시였던 청주나 안동보다도 인구가 2배가량 많았다.

근대 교통이 불러온 충주의 쇠락

충주의 봄이 그랬던 것처럼 겨울 역시 교통과 함께 찾아왔다. 근대 교통 혁명의 물결에서 낙오된 충주는 급속도로 쇠락하기 시작했다.

1905년 경부선이 부설되면서 서울-천안-대전-김천-대구-부산 라인이 새롭게 부각됐고, 이전 조선 시대에 빛을 봤던 영남대로 라인, 즉 용인-죽산-충주-문경-상주-선산-안동-대구-밀양-동래는 가라앉기 시작했다. 철도 덕분에 육상 교통이 발달하면서 수운은 영향력이 감소했다. 경상도에서 물자를 나르는 데 더는 남한강을 이용할 필요가 없어졌기 때문이다. 충주에는 이중 타격이었을 것이다.

충청도의 중심은 경부선이 지나는 대전으로 점차 이동했고,

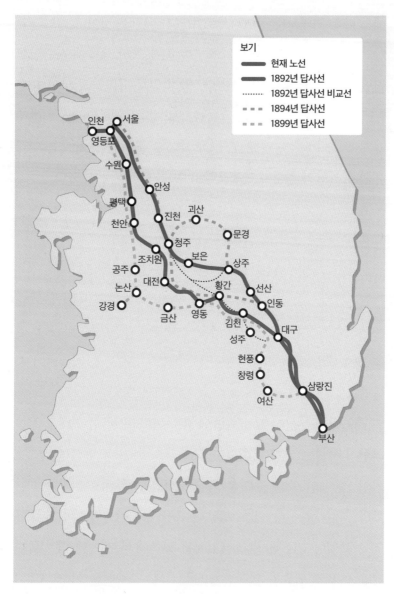

보기
― 현재 노선
― 1892년 답사선
······· 1892년 답사선 비교선
----- 1894년 답사선
----- 1899년 답사선

서울
인천
영등포
수원
안성
평택
진천
괴산
천안
문경
청주
조치원
보은
상주
공주
대전
황간
선산
논산
인동
강경
금산
영동
김천
대구
성주
현풍
창령
삼랑진
여산
부산

일본의 경부선 답사 기록

일본은 수 차례에 걸쳐 답사를 한 뒤 서울-천안-대전-영동-김천-대구-부산 노선을 확정했다. 이 때문에 영남대로를 기반으로 발전한 충주-문경-상주-선산 라인은 쇠퇴하게 됐다.

자료: 정재정, 「근대로 열린 길, 철도」 『역사비평 2』 2005년 참고

226

1960년대 경부고속도로는 충주의 낙후화에 결정적 쐐기를 박았다. 경부선에서 소외된 지역들 위주로 그나마 제한적으로 이어지던 수운은 이제 완전히 역사의 뒤안길로 사라졌다. 경부고속도로가 지나지 않는 충주는 대전은 물론 청주에도 완전히 밀리는 신세가 됐다.

이런 충주와 청주의 변동은 인구 변화에서 잘 드러난다.

- 1930년: 청주 1만 6,118명, 충주 2만 2,417명
- 1949년: 청주 6만 4,571명, 충주 4만 1,289명
- 1967년: 청주 12만 6,596명, 충주 4만 1,014명
- 2019년: 청주 85만 3,714명, 충주 21만 6,070명

1930년대까지만 해도 청주보다 앞서 있던 충주는 해방 직후 인구수가 역전됐으며 경부고속도로가 건설된 뒤엔 격차가 심화되면서 이제는 4배가량 차이가 난다.

그나마 2000년대 들어 과거 영남대로의 중부 요충지(충주-문경새재-상주-선산)를 잇는 중부내륙고속도로가 개통되면서 수도권과 영남을 잇는 기능이 살아났지만, 과거의 영향력을 되찾기에는 더 많은 인프라가 확충되어야 할 것 같다.

모든 길은
남경을 거친다

조선을 건국한 이성계 세력은 왜 새로운 수도로 한양을 낙점했을까? 흔히 풍수도참의 영향을 많이 거론하지만, 실제로 중요하게 생각한 것은 교통과 유통 문제였다. 이성계가 한양을 수도로 확정했을 때 좌의정 조준 등이 "한양을 보건대, 사방으로 통하는 도로의 거리가 고르며 배와 수레도 통할 수 있으니 여기에 영구히 도읍을 정하는 것이 하늘과 백성의 뜻에 맞습니다"라고 말했다는 점에서도 알 수 있다. 다시 말해 한양은 국토의 중앙에 있으면서 교통과 유통이 편리하다는 점 때문에 낙점된 것이지, 단순히 풍수적 근거 때문에 선택된 것은 아니었다는 이야기다.

물론 당시 한양의 탁월함을 설명하면서 풍수도참이 거론되지 않은 것은 아니다. 하지만 그건 어디까지나 수도 이전을 정당화하면서 민심의 동의를 구하기 위한 프로파간다였을 뿐이다. 수백 년 전에도 사람들은 지금만큼이나 거주지를 신중하게 골랐고, 거기에는 합리적인 이유가 있었다.

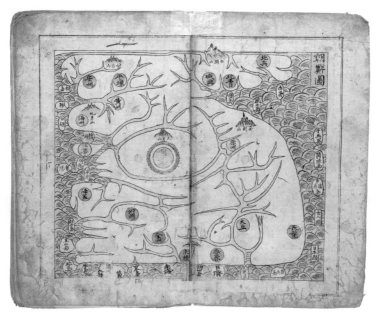

<천하지도> 중 <조선도>
한양이 전국 물길의 중심에 있다는 것이 상징적으로 표현되어 있다.
자료: 서울역사박물관

고려의 전략적 요충지였던 양주

한양은 고려 시대에 '양주'라고 불렸다. 『고려사』에 따르면 동쪽은 대봉, 남쪽은 사리, 서쪽은 기봉, 북쪽은 면악을 경계로 삼았다고 한다. 대봉과 기봉의 현재 위치는 정확히 알려지지 않았지만 면악은 북악산, 사리는 사평나루가 있던 용산구 한남동 일대를 말한다. 양주(한양)의 범위는 지금의 서울과는 사뭇 달랐는데, 강남·송파·강동구는 양주와 라이벌 관계였던 광주 소속이고, 서초·관악구는 과주(과천), 금천·영등포구·동작구는 금주(지금의 서울 금천구 및 경기도 시흥), 구로구는 계양부(현재 인천 부평구)에 속했다.

고려에서 양주는 국가적으로 중요한 요충지였다. 개경과 하삼도(충청·경상·전라)를 오가려면 반드시 통과해야 하는 지점이었기 때문이다. 지금으로 치면 경부선과 호남선이 모두 지나는 천안 같은 곳이라고 할까.

그런 양주에서도 가장 중요했던 곳은 광진구 광장동 일대였다. 한강을 건너기에 가장 좋은 광진(광나루)이 있어서다. 즉, 광진은 한반도 남부와 북부를 연결하는 교통로의 핵심 요충지였다. 그래서 삼국 시대 백제는 광진의 남쪽에 초기 도읍인 풍납토성을 건설했고, 고구려와 신라는 광진 옆 아차산에 산성과 보루 등 군사 시설을 만들었다. 광장동 일대는 교통 여건이 좋고 아차산을 보루로 삼아 방어하기도 좋았기 때문에 삼국 시대 이래 고려

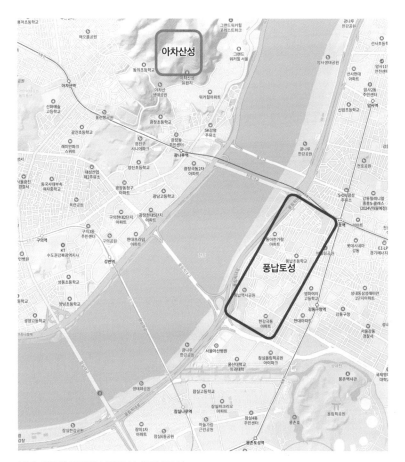

광진 인근에 건설된 아차산성과 풍납토성
자료: 네이버 지도

전기까지 서울의 중심지였다.

광진은 조선 초기까지 '양진楊津'이라는 명칭으로 불렸는데, '양
주의 나루'라는 뜻이다. 1914년 조선총독부가 행정구역을 통폐
합할 때까지 광진구에는 '고양주면古楊州面'이라는 지명이 있었는

데, 현재의 광진구가 양주의 중심지였음을 알려준다.

교통로로서 양주의 가치는 고려 때 더욱 부각됐다. 지방에서 개경으로 보내는 조세와 공물이 대부분 바다와 강을 통해 운반됐기 때문이다. 강원도(북한강)와 충청도·경상도 북부(남한강)의 조세는 충주의 덕흥창, 원주의 흥원창에 모인 뒤 조운선에 실려 여주·양평·광주를 거쳐 한강으로 와서 개경으로 갔다.

특히 고려는 수도 개경을 시작으로 전국에 걸쳐 도로망을 건설했다. 광진에서 한강을 건너면 지금의 경기 광주시 지역을 거쳐 한반도 남부 지역과 연결됐고, 광진에서 북쪽으로 향하면 현재의 의정부시와 양주시를 거쳐 개성과 평양으로 연결됐다.

당시 개경에서 남쪽으로 가는 최단 루트는 개경 동쪽의 장단나루에서 임진강을 건너 파주시 적성면으로 간 뒤, 여기서 현재의 양주시를 지나 광진에 도착하는 코스였다. 660년 신라 김유신이 고구려를 치기 위해 원정군을 끌고 평양으로 갈 때도 바로 이길을 통해 북상했다. 또 고려 전기 현종이 거란의 침입을 피해 전라도 나주로 급히 피난을 갈 때도 이 길을 이용했다. 학계에서는 이 길을 '장단나룻길'이라고 부르는데, 장단나룻길의 핵심은 광진이었다.

새 궁궐이 건설되면서 교통로가 바뀌다

운명을 바꾼 것은 고려 문종이 1067년 양주를 고려 3경 중 하나인 남경으로 승격시키면서다. 문종을 이은 숙종은 1101년 부친의 뜻을 받들어 남경에 궁궐을 건설하기로 했다. 정식 수도는 아니지만, 수도에 버금가는 행정 및 정치 기능을 갖춘 신도시를 만드는 것이니 지금으로 치면 세종시 정도가 되겠다. 신도시의 중심지가 될 궁궐터 후보지로 오른 곳은 4곳이었다. 면악(북악산)의 남쪽인 현재의 청와대 자리, 현재의 도봉구 일대인 해촌, 용산, 노원이었다. 숙종은 그중에서 면악의 남쪽을 남경의 중심지로 결정했다. 이 결정은 서울의 역사에서 가장 중요한 획을 긋게 됐다. 삼국 시대 이래 고려 전기까지 1,000년 이상 서울의 중심지가 광진구 광장동에서 종로구로 이동하게 됐기 때문이다. 이후 서울의 중심지 종로구의 위상은 1,000년이 지난 지금까지 이어지고 있다.

새 궁궐이 면악 남쪽에 들어서자 교통로에도 변화가 일어났다. 이전의 장단나룻길로 가면 종로구의 새 궁궐을 건너뛰게 되기 때문이다. 그래서 개경 동남쪽인 임진강 하류의 임진나루를 건너 파주와 고양을 거쳐 남경의 궁궐로 통하는 길이 새로이 부각됐다. 이것을 '임진나룻길'이라고 부른다.

그런데 이 길을 거치면 광진이 아니라 한남동의 사평나루를

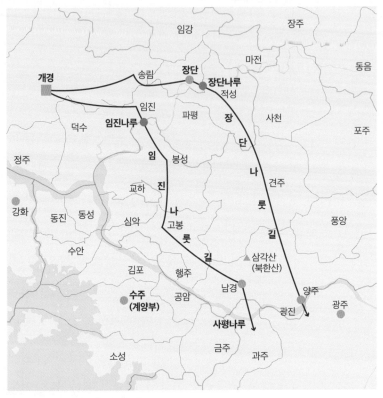

개경에서 남경으로 가는 두 가지 길(고려)
자료:『쉽게 읽는 서울사: 고려편』서울역사박물관

이용하는 것이 한강을 건너기에 훨씬 편리하다. 그래서 종로구에서 한남동 축이 중요해졌다. 교통로의 발달은 숙박업 등 서비스업을 부양하는 가장 중요한 요소다. 당시 숙박소는 '원院'으로 불렀는데, 임진나룻길이 번영하자 이 길목에 있는 파주에는 혜음원이, 삼각산 기슭에는 홍제원이, 한강가에는 사평원 등이 건립돼 번영했다. 특히 한강 변의 사평나루는 고려 시대 인구가 급중하고, 상업 및 유흥업이 발달한 고려의 대표적 핫플레이스가 됐다. 한남동, 신사동은 이때도 '핫플'이었던 셈이다.

반면 서울의 중심지 광진은 서서히 역사의 뒤안길로 물러났다. 조선은 1394년 천도한 뒤 한양의 범위를 사대문 안 한양도성과 성저십리로 한정했다. 이에 따라 과거 양주(남경)였던 도봉구·노원구·광진구 일대가 한양에서 제외됐다. 조선은 이 지역들을 묶어 신설 행정구역을 만들었는데 그것이 양주다. 그러니까 고려의 양주와 조선의 양주는 완전히 다른 도시이며, 현재의 양주는 조선의 양주가 이어진 것이다. 어쨌든 두 지역의 지리적 중요성은 계속 이어졌으니 고속버스터미널이 사평나루 권역인 서초구 잠원동, 그리고 동서울종합터미널이 광진나루 권역인 광진구 구의동에 세워졌다는 것은 의미심장하다.

이쯤 되면 광진구와 종로구의 운명을 가른 숙종의 선택이 궁금해진다. 그는 왜 삼각산 주변을 선택했을까? 일각에서는 숙종의 조부 현종의 성장 과정에 주목한다. 현종은 왕위에 오르기 전 견제 세력에 의해 삼각산의 신혈사라는 절에 유폐된 적이 있다. 천신만고 끝에 탈출해 왕위에 오른 그는 정치적 목적에서 삼각산 일대를 성지처럼 대우했다. 그 작업이 아들 문종(남경 승격)에 이어 손자 숙종(청와대 자리 궁궐 건설) 대까지 이어졌다는 것이다.

1번 국도의
힘을 보여준 정주

시인 백석을 좋아해서 그의 작품을 가끔 찾아 읽곤 한다. 서북 지역에 대해 막연하게나마 이해하게 된 것도 그의 작품을 통해서다. 그가 쓴 시 '고향'이 아니었다면 평북 정주라는 지역에 대해서도 별 관심을 갖지 않았을 것이다.

정주에 대한 정보를 찾아보면 다소 놀라운 사실이 발견된다. 시인 백석을 비롯해 백인제(의사), 송성문(『성문종합영어』 저자), 이광수(소설가), 이승훈(독립운동가), 현상윤(고려대 초대 총장), 선우휘(소설가), 문선명(통일교 교주), 백낙준(연세대 초대 총장), 방응모(「조선일보」 사주) 등이 모두 정주 출신이라는 점이다. 그다지 유명하지도, 크지도 않은 지역에서 근현대사에 족적을 남긴 유명 인사들이 쏟아져 나온 것은 단순히 우연일까?

전국에서 두 번째로 많은 과거 급제자를 배출한 도시

조선 시대 과거는 크게 소과와 대과로 나뉘었다. 소과에 합격하면 생원이나 진사가 되고, 대과에 지원할 자격을 부여받는다. 우리가 통상 생각하는 과거는 대과(문과)를 가리킨다. 여기서 합격해야 비로소 중앙의 주요 관리로 진출할 수 있다.

지금까지 출신지가 밝혀진 조선 시대 문과 합격자는 총 1만 5,151명이다. 출신지 1위는 당연히 한양으로 5,498명을 배출했다. 놀라운 것은 그다음이 바로 평북 정주(204명)라는 것이다. 그 뒤를 안동(192명), 충주(150명), 상주(123명), 청주(100명), 평양(100명), 남원(97명), 경기 광주(89명), 영주(87명), 개성(82명)이 잇는다.

사람들은 보통 평안도·황해도 등 서북 지역은 조선 시대에 차별을 받아 과거에 합격하기가 어려웠고, 이런 현실에 좌절한 봉이 김선달이 평생 과거를 안 보고 기득권층을 골탕 먹였다고 알고 있다. 정말 그렇다면, 정주를 비롯해서 평양과 개성이 과거 급제자 수 랭킹 10권에 든다는 점은 어떻게 설명할 수 있을까?

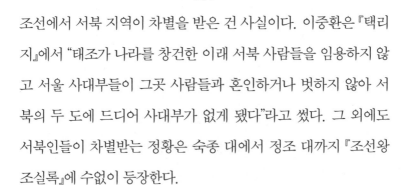

(단위: 명)

지역	급제자 수
한양	5,515
정주	204
안동	193
충주	131
상주	124
청주	104
평양	101
남원	100
영주	93
경기 광주	90
개성	85

조선 시대 지역별 문과 급제자 수
자료: 한국역대인물종합정보시스템, 한국학중앙연구원

서북은 정말 차별받았나?

조선에서 서북 지역이 차별을 받은 건 사실이다. 이중환은 『택리지』에서 "태조가 나라를 창건한 이래 서북 사람들을 임용하지 않고 서울 사대부들이 그곳 사람들과 혼인하거나 벗하지 않아 서북의 두 도에 드디어 사대부가 없게 됐다"라고 썼다. 그 외에도 서북인들이 차별받는 정황은 숙종 대에서 정조 대까지 『조선왕조실록』에 수없이 등장한다.

　게다가 땅이 척박해 농사를 짓기가 어렵고, 정묘호란이나 병자호란 때는 침입로가 되어 후금 군대에 의해 쑥대밭이 됐다. 그

전에도 명나라 장수 모문룡이 후금을 친다는 핑계로 평안도 앞바다 가도에 머물면서 수시로 이 지역을 수탈했다. 정부에서는 이런 현실을 종합적으로 고려해 세금을 다른 지역의 3분의 1 정도만 거뒀다. 조선에서 가장 가난한 지역으로 꼽아도 무리가 아니었다.

그런 이 지역을 바꾼 것이 도로였다.

'1번 국도' 의주로

한국에서 가장 중요한 도로를 꼽으라면 단연 서울과 부산을 잇는 경부고속도로일 것이다. 그러나 조선 시대에는 한양과 의주를 잇는 의주로가 '1번 국도'로 꼽혔다.

1900년 러시아 대장성에서 편찬한 『한국지』 역시 한국의 도로에 대해 "인구가 조밀한 나라에서 국민 생활의 동맥이 되는 도로가 이처럼 원시적인 상태에 머물러 있는 나라는 지구상에서 한국 외에는 찾아볼 수 없다"고 혹평하면서도 "그러나 한국에 있는 도로가 다 이렇게 형편없는 것은 아니다. 한국 전체에서 가장 좋은 도로는 서울에서 중국과의 국경선에 이르는 길이다"라고 기술했다.

조선으로선 한양-파주-개성-평산-황주-중화-평양-안주-박천-

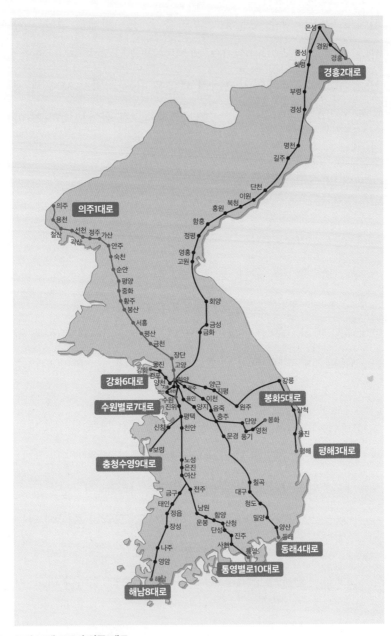

경흥2대로

의주1대로

강화6대로

봉화5대로

수원별로7대로

평해3대로

충청수영9대로

동래4대로

통영별로10대로

해남8대로

조선 10대 도로와 의주1대로

가산-정주-곽산-의주로 이어지는 이 길이 무척 중요했는데, 최대 무역국인 중국과의 무역로이자 중국에서 오는 사신들이 이용하는 길이었기 때문이다.

무역 상황을 간단히 살펴보자. 조선은 일본의 은과 중국의 비단을 통한 3각 중개무역으로 짭짤한 이익을 거뒀다. 또 조선에서 나는 인삼이나 담배도 중국 시장에서 큰 이익을 내는 상품이었다. 조선은 기본적으로 사무역을 금지했기 때문에 중국에 사신이 갈 때 통역관 등 각종 수행 인원으로 따라가 물건을 거래하는 것이 무역으로 큰돈을 벌 기회였다. 당연히 의주로에 있는 지역 상인들이 가장 유리했다.

중국의 사신 문제도 마찬가지다. 명나라나 청나라에서 사신이 오면 조선이 적잖은 비용을 치렀다는 것은 잘 알려져 있다. 사신에게 들어가는 숙식·접대비는 모두 이동 경로에 있는 관할 지역에서 부담해야 했다. 예를 들어 사신 접대는 의주, 정주, 안주, 평양, 황주, 개성 등 6개 읍에서 부담했다. 이는 지역민들에게 큰 부담이었지만, 해당 지역에 돈이 돌게 하는 요인이기도 했다.

어쨌든 이러다 보니 조선 조정은 서북 지역에서 거둔 세금은 중앙으로 보내지 않고, 사신 접대를 위해 비축하게 했다. 이런 특성을 이용해 민간 사업자가 지역 재정을 빌려 자본으로 이용하는 경우도 드물지 않았다. 그리고 이런 여건이 평안도가 성장하는 기반이 됐다.

도	도시	인구수
경기	한양	189,153
평안	평양	107,592
평안	의주	89,970
충청	충주	87,331
전라	전주	72,505
경상	경주	71,956
함경	함흥	71,182
경상	상주	70,497
경상	진주	69,495
함경	길주	65,202
황해	해주	63,472
경상	대구	61,477
경기	양주	60,425
평안	강계	60,419
평안	성천	58,956
전라	나주	57,783
경기	수원	57,660
함경	성주	54,365
경상	황주	54,601
황해	홍주	52,761
충청	안악	52,739
황해	영변	52,481
경상	밀양	50,901
평안	정주	50,856
경상	안동	50,603
경기	광주	50,508
경기	개성	49,623
평안	안주	49,582
함경	경성	47,106

조선 시대 1789년 호구총수(戶口總數)
자료: 한국역대인물종합정보시스템, 한국학중앙연구원

한편 서북 지역에 어려움을 안긴 사신 왕래 비용 부담은 점점 줄어들었다. 청나라 사신은 병자호란부터 1661년(현종 2)까지 연평균 2.12회나 왔지만, 양국 관계가 점차 안정되면서 영조 연간에는 0.46회, 정조 연간에는 0.13회로 줄었다.

그 덕분에 조선 후기 평안도는 급속도로 성장했다. 1648년(인조 26) 평안도의 인구 비중은 전국의 9.5%에 불과했다. 그런데 1774년(숙종 43)이 되면 경상도에 이어 두 번째로 많은 지역이 됐다. 도시별 인구에서도 확인할 수 있다. 1789년 인구조사를 보면 전국 상위 30위 중 평안도가 6곳을 차지했다. 또한 30위 안에 들어간 도시 중 개성, 황주, 평양, 정주, 의주는 모두 의주로가 지나는 지역이다.

1808년(순조 8) 평안도의 암행어사였던 서능보는 왕에게 "평안도는 금·은·담비·인삼의 재화를 지녔으며 화폐와 물화의 유통이 전국에서 으뜸"이라고 보고하기도 했다.

이례적인 교육열이 키워낸 각 분야의 인재들

예나 지금이나 부富는 교육 수준으로 연결되곤 한다. 조선 초 경상북도가 그랬고, 평안도 역시 마찬가지였다.

평안도는 전통으로 '무武의 고장'으로 인식됐는데, 18세기부터 어마어마한 교육 광풍이 불었다. 정조 때 평안도에 파견된 암행어사나 지역 관료들은 장교나 군졸의 아이들이 무예를 연마하는 대신 책을 끼고 있고, 상한常漢(신분이 낮은 남자를 얕잡아 쓰는 말)의 아이들도 부유층 자제들과 함께 서당에서 교육을 받는다고 했다. 이런 교육 투자는 헛되지 않아서 정조 때부터 평안도의 과거 급제자 비율이 급격히 치솟았다.

실학자 이익은 서북에서는 사람을 쓰는 데 재능만을 취하고 가문을 따지지 않는다고 평가했는데, 이곳이 삼남(충청·전라·경상)처럼 유서 깊은 사족 가문이 형성되어 있지 않았기 때문에 가능했던 일이다. 그 덕분에 신분 이동의 사다리가 조선 후기까지 작용했고, 구한말부터 근대에 이르기까지 다양한 분야에서 인재들이 탄생했다.

특히 백석의 고향 정주의 약진은 예사롭지 않다. 정주는 조선 정조 때 인구조사에서 25위에 불과했던 곳이다. 그렇다고 퇴계 이황 같은 대학자나 유성룡 같은 유명 관료가 배출된 곳도 아니다. 한마디로 '백그라운드'가 빈약한 곳이다. 그런 정주에서 한양에 이어 가장 많은 과거 급제자가 배출된 것은 이곳의 교육 열기나 기반이 상당한 수준이었음을 알려준다.

이런 정주의 분위기를 잘 보여주는 대표적 사례가 오산학교다. 이승훈이 1907년 평북 정주에 세운 이 학교는 많은 독립인사를 배출했고, 북한 정권이 수립된 뒤 서울로 옮겨져 지금까지 명

왕대	총 급제자 수	평안도 급제자 수	비율
광해군	486	5	1
인조	744	18	2.4
효종	245	7	2.9
현종	381	14	3.7
숙종	1399	72	5.1
경종	183	10	5.5
영조	2035	179	8.8
정조	747	113	15.1
순조	1024	155	15.1
헌종	447	70	15.7
철종	457	67	14.7

(단위: 명, %)

평안도의 과거 급제자 수와 비율
자료: 오수창, 『조선후기 평안도 사회발전 연구』 일조각

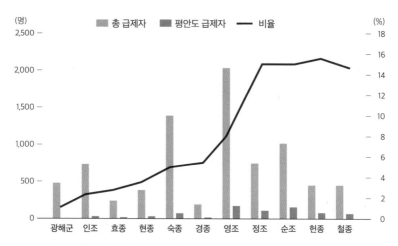

이례적으로 높았던 평안도의 과거 급제자 비율
자료: 오수창, 『조선후기 평안도 사회발전 연구』 일조각

맥을 잇고 있다.

정주의 이 같은 면모는 교통의 요지라는 점과 연결 지을 수 있다. 조선 시대 서북은 청천강을 기준으로 청남과 청북으로 나뉘었다. 청남의 대표 도시가 평양이라면 청북은 의주였다. 그리고 청천강 바로 위에 있는 정주는 청남과 청북을 잇는 교통의 요지이자 청북의 관문이었다.

고려 때 강감찬이 정주(당시엔 귀주)에 매복해 있다가 거란군을 물리친 것이나 19세기 홍경래의 난 때 반란군이 가장 먼저 정주성을 점령한 것도 이곳의 지리적 중요성을 잘 보여준다.

정주는 일제 강점기에도 경의선(서울-의주)과 평북선(정주-삭주)을 잇는 철도 교통의 요지로 번성했는데, 특히 평북선은 동양 최대의 댐이었던 수풍댐을 건설하기 위해 만든 산업철도다. 교육이 탄탄하고 철도가 오가는 이곳은 근대 문물을 가장 먼저 접할 수 있는 지역이 됐고, 그런 배경에서 송성문·백인제·현상윤 등 우리 근현대사에 큰 족적을 남긴 인재들이 나왔다.

북한은 일제 강점기에 부설된 철로를 현재도 거의 그대로 쓰고 있다. 이는 경의선 라인에 속했던 도시들이 여전히 교통의 요지로 자리 잡고 있다는 이야기다. 다만 과거에 경의선 라인의 도시들과 정주가 빛을 본 것은 세계 최고의 경제 대국 중국과의 무역 라인이라는 점, 그리고 일제 강점기에는 만주 개발이라는 대형 프로젝트와 맞물린 덕분이었다. 따라서 현재 북한 정권의 폐쇄적 시스템과 낮은 산업 수준을 고려하면 이곳의 부흥은 당분간 어려워 보인다. 과거 실크로드로 연결됐던 중앙아시아 도시들 같은 운명에 놓인 셈이라고나 할까.

6장

도로만 따라가도
투자
어렵지 않아요

* 고속도로: 돈이 돌게 하는 국토의 혈관
* 철도: 있는 노선만 이어 붙여도 상승효과 크다
* 고속철도: 통근 범위의 개념을 바꾸다
* 고속도로 지하화: 소음·분진 문제를 한 방에 해결한다

고속도로: 돈이 돌게 하는 국토의 혈관

대한민국 첫 번째 고속도로가 어디일까? 의외로 정답을 아는 사람이 드문데, 바로 경인고속도로다('경부'라고 답하는 사람이 많다). 절반가량은 일반도로로 전환됐지만, 고속도로가 무엇인지도 모르던 때에 만들어져 서울과 인천을 연결하는 주요한 역할을 담당했다. 흔히 하는 말로 '조국 근대화'의 상징 중 하나다.

그런데 요즘도 고속도로가 이런 역할을 하고 있나? 고속도로란 말 그대로 '고속'으로 달릴 수 있는(가능형) 길인데, 정말 쌩쌩 달리는 경우가 얼마나 되는가. 신호등이 없다는 점에서는 일반도로보다 낫지만, 앞뒤로 꽉 막혀서 거북이 운행을 해야 하는 경우가 많다.

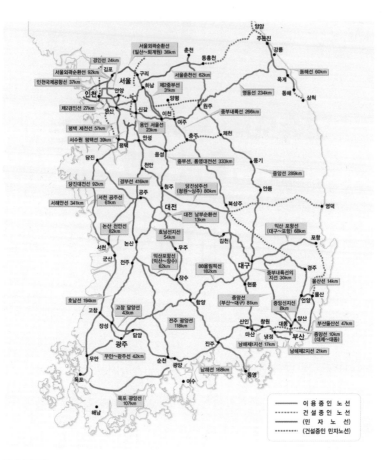

고속도로망
자료: 한국도로공사

그래도 고속도로는 여전히 중요하다. 기차나 비행기를 이용하지 않는 이상 다른 지역으로 가려면 꼭 이용해야 하기 때문이다. 개인뿐 아니라 업체들도 입지를 검토할 때 고속도로의 위치에 항상 신경 쓰는 이유가 이것이다. 특히 고속도로 자체도 자체지만 IC나 JC 등 나들목 근처는 더 매력이 있다.

접근성의 척도가 되는 진입로의 개수

경부고속도로를 생각해보자. 한남대교 남단 한남IC부터 부산까지 연결하는 국가 교통의 대동맥이다. 그런데 서울에 나들목이 많지는 않다. 한남, 반포, 서초, 양재가 전부다. 다른 지역에서 경부고속도로를 이용하고자 하는 사람은 이곳 중 하나를 거쳐야 한다. 즉, 나들목 인근과 그 밖의 지역은 고속도로 접근성 측면에서 큰 차이가 있다는 얘기다.

서울의 또 다른 고속도로로 올림픽대로와 강변북로가 있다. 올림픽대로를 '88도로'라고 부르는 사람도 종종 있는데, 실제로 1988년 서울올림픽 개최 이전에 완공됐으니 벌써 35년이 훌쩍 넘었다. 당시의 교통 수요를 대비하며 만든 선견지명의 결과가 서울의 동서 방향 접근성을 크게 개선했다는 점은 모두 알고 있을 것이다.

강변북로와 올림픽대로는 진입로의 숫자가 다르다. 강변북로가 확실히 적은데, 그래서 강변북로의 흐름이 올림픽대로보다 더 좋을 때가 있다. 대신 진입로 개수가 적기 때문에 이용하기가 번거롭다. 이용 편의성과 도로의 원활함 중에 무엇이 더 중요한지는 사람마다 상황에 따라 다를 것이다(참고로 나는 강변북로를 선호하는 편이다). 강남의 한강 변 아파트에는 올림픽대로로 진출입할 수 있는 곳들이 중간중간에 있어서 접근성을 크게 높여준다. 서울에서도 가까이에 고속도로가 있는 주거지가 인기 있는 이유가 이것이다. 더욱이 이 두 개의 도로는 한강과 나란히 건설돼 있다. 고속도로 접근성에 한강이라는 자연환경의 가치가 더해져 시너지 효과를 낸다.

더욱 확충되는 국가도로망

이런 관점을 조금 넓혀보자. 대한민국의 고속도로는 어떻게 생겼는가? 경부·중부·영동·호남 외의 고속도로도 떠올려보자. 남북 방향의 비중이 크고 동서 방향은 많지 않다. 동서 방향으로 완공된 노선으로는 영동고속도로와 88고속도로가 대표적이고, 그 외에는 크게 떠오르지 않는다. 남북 방향으로 경부·중부·호남·서해안·중부내륙 등 다양한 고속도로가 존재하는 것과 크게 비교된다. 그래서 남북교통을 중시하고 동서교통을 약간은 허투루 봐왔는지도 모른다. 그만큼 교통이 상대적으로 불편했기 때문이다.

최근 발표한 국가간선도로망 재편 계획에서는 동서 방향 및 남북 방향을 더욱 늘리고자 한다. '남북×동서'를 '7×9' 체제에서 '10×10'으로 늘린다는 계획이다. 남북과 동서가 교차한다는 것을 고려할 때 접근성이 대폭 개선되는 곳들이 생긴다는 얘기다. 더욱이 대도시권의 방사형 순환망을 만들어 흐름을 개선하고자 한다. 원

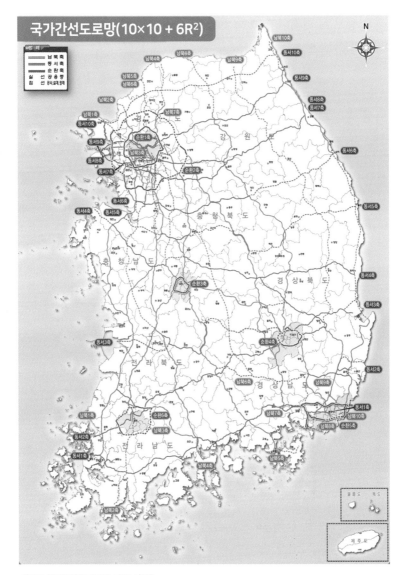

제2차 국가간선도로망 재편 계획
자료: 국토교통부

래 사방으로 퍼져나가는 노선을 만든 후 순환망을 더하면 효과가 크게 좋아지는데, 이제 대도시권을 이렇게 만들셌냐는 것이다.

이런 변화의 핵심은 대도시권이다. 우선 수도권부터 보자. 수도권 북부의 고속도로 확충이 지역을 크게 변화시켰다는 것을 느끼려면 포천과 양주, 파주를 보면 된다. 구리-포천고속도로와 서울–문산고속도로가 개통돼 이 지역들의 접근성이 크게 개선됐다. 예전의 경기 북부는 '전방 가는 길' 정도로만 여겨졌다. 군에 간 친구 면회 가본 사람이라면 당일치기로 돌아오기가 참 힘들었다는 경험이 떠오를 텐데, 이런 점이 획기적으로 개선된 것이다. 이 도로들이 개통된 이후 관련 지역들의 아파트 분양 결과도 확실히 달라졌다.

구리-포천고속도로 노선도
자료: 국토교통부

서울-문산고속도로 노선도
자료: 국토교통부

새 길이 집값에 미치는 영향

고속도로 개통이 청약 시장에 어떤 변화를 가져왔는지 확인해보자. 이런 변화는 서울-문산고속도로 인근인 파주에서 특히 명확하게 나타난다. 물론 이즈음부터 임대차 2법 적용이 시작되며 본의 아닌 대이주가 벌어졌기에 고속도로 개통 이슈가 전부였다고 보긴 어렵지만 말이다(원래 이벤트 스터디란 이렇게 앞뒤가 딱 들어맞진 않는다). 서울-문산고속도로는 2020년 말 개통됐는데, 공교롭게도 이듬해인 2021년 초부터 운정의 인기가 폭발적으로 높아졌다. 앞서도 말한 것처럼 임대차 2법 영향이 없다고는 말할 수 없지만, 파주 운정을 꼭 자유로를 통해서만 가지 않아도 된다는 것은 매우 중요한 변화다.

파주 운정만큼은 아니더라도, 2017년 6월에 개통된 구리-포천고속도로 인근 역시 변화가 나타나고 있다. 특히 핵심은 의정부다. 기존에 의정부에 가려면 수도권 제1순환고속도로(외곽순환)나 동부간선도로를 이용해야 했는데, 조금 더 편한 길이 생긴 것이다. 포천이나 양주 등 조금 더 북쪽 지역에서도 변화가 나타나고는 있지만 정도는 조금 덜하다. 고속도로가 개통된다는 게 호재임은 분명하지만, 이처럼 모든 지역에 일률적으로 적용할 수는 없다는 것을 알 수 있다.

단지	청약일	세대 (호)	분양가 (만 원/평)	경쟁률 (대1)
파주 운정 아이파크 더테라스	2020-09-22	186	1,729	4.3
파주 운정 신도시 제일풍경채 그랑퍼스트	2020-10-28	1,926	1,280	1.9
파주 운정역 HB 하우스토리 시티(오피스텔)	2020-12-15	420	1,839	0.3
파주 운정 신도시 디에트르 더클래스	2021-04-07	512	1,328	24.1
파주 운정 신도시 디에트르 라포레	2021-04-07	297	1,329	37.0
파주 운정 클래스원(오피스텔)	2021-07-18	324	1,898	0.1
파주 운정 신도시 중흥S클래스 2차 에듀파크 (A-9BL)	2021-05-06	450	1,279	19.9
파주 운정 신도시 중흥S클래스 2차 에듀하이 (A-11BL)	2021-05-06	750	1,228	23.5
파주 운정 신도시 제일풍경채 2차 그랑베뉴	2021-05-07	660	1,291	20.0
파주 운정3지구 A17블록(공공분양)	2021-09-14	660	1,247	35.9
파주 운정 신도시 푸르지오 파르세나(후분양)	2021-11-02	1,745	1,322	36.4
파주 운정3 A20블록(공공분양)(사전청약2차)	2021-11-05	612	1,290	6.3
파주 운정3 A22블록(공공분양)(사전청약2차)	2021-11-05	642	1,276	7.2
파주 운정3 A23블록(공공분양)(사전청약2차)	2021-11-05	1,012	1,308	13.8
파주 운정3지구 A7BL 제일풍경채3차 그랑포레	2021-11-23	452	1,324	66.5
파주 GTX 운정 금강펜테리움 센트럴파크	2021-11-24	778	1,351	79.7
파주 힐스테이트 더 운정(오피스텔)	2021-12-01	2,669	2,294	10.1
파주 운정3 A16블록(공공분양)	2022-02-17	1,498	1,325	28.2
파주 운정 신도시 우미린(민간임대) (민간사전청약)	2022-02-21	522	1,299	74.6
파주 운정3지구 A42블록 신영지웰 운정 신도시	2022-03-11	606	1,380	37.3
파주 운정3지구 제일풍경채 A46BL (민간사전청약)	2022-04-11	383	1,512	203.6
파주 운정 신도시 A49블록 시티프라디움 (민간사전청약)	2022-04-12	486	1,397	48.8
파주 운정 신도시 디에트르 에듀 타운(A38BL)	2022-04-12	489	1,425	48.0

파주 운정 아파트의 분양가 및 청약 경쟁률

붉은색으로 표시한 곳은 청약 경쟁률이 10:1을 넘는 곳이다.

자료: 청약홈, 부동산라이프

단지	청약일	세대 (호)	분양가 (만 원/평)	경쟁률 (대1)
양주 e편한 세상 양주3차 옥정택지 개발 A15	2015-04-06	1,566	859	0.2
의정부 e편한 세상 추동공원 2차 (추동공원 민간공원 특례사업)	2015-07-31	1,773	991	1.0
의정부 장암 더샵(장암4구역 재개발)	2015-05-20	677	1,183	2.7
의정부 고산 대광로제비앙	2015-10-26	722	994	1.4
의정부 고산 C5 대방노블랜드	2016-08-07	932	1,087	0.6
의정부 탑석 센트럴자이(송산 생활1 재건축)	2016-11-08	2,573	1,334	41.7
의정부 더샵 파크에비뉴(가능2구역 재개발)	2016-12-21	420	1,227	5.8
양주 옥정 중흥S클래스 A11(1)블록	2019-07-23	849	1,020	0.7
양주 옥정 중흥S클래스 A11(3)블록	2019-07-23	666	1,024	1.3
의정부 의정부역 센트럴자이&위브캐슬 (중앙 생활권2구역 재개발)	2019-06-29	2,473	1,560	17.7
양주 옥정2차 노블랜드 프레스티지	2019-11-06	1,859	1,073	0.5
양주 옥정 대광로제비앙 1단지	2019-11-27	946	1,028	1.6
양주 옥정 대광로제비앙 2단지	2019-11-27	297	1,038	3.4
양주 옥정 노르웨이숲	2020-02-19	1,140	1,100	0.4
양주 회천 신도시 노블랜드 A16블록 센트럴시티	2020-04-21	860	1,156	2.9
의정부 롯데캐슬 골드포레	2020-07-07	466	1,361	21.7
양주 옥정 신도시 제일풍경채 레이크시티 (A10-1, 10-2BL)	2020-07-19	1,228	1,119	3.9
양주 옥정 신도시 A15-1(1)블록 대성베르힐	2020-08-02	804	1,081	1.4
양주 옥정 A-17(2) 한신더휴	2020-08-11	767	1,094	4.0
의정부 힐스테이트 의정부역	2020-08-11	232	1,587	47.0
양주 옥정 신도시 제일풍경채 Lakecity (A10-1BL)	2020-08-30	1,246	1,135	1.4
양주 회천 신도시 덕계역 금강펜테리움 센트 럴파크(A22BL)	2020-05-08	935	1,235	0.7
양주 옥정 신도시 3차 노블랜드 에듀포레	2020-09-01	1,086	1,102	0.2
양주 회천 덕계역 대광로제비앙(A-19)	2020-09-01	424	1,197	1.4
의정부 의정부역 스카이자이	2020-09-22	393	1,649	7.6
의정부 의정부역 푸르지오 더센트럴 (중앙 생활권3구역 재개발)	2020-11-11	926	1,634	26.0
의정부 고산 S3블록(공공분양)	2021-01-13	1,331	1,142	0.6

단지	청약일	세대 (호)	분양가 (만 원/평)	경쟁률 (대1)
의정부 고산 수자인 디에스티지(C1,C3,C4)	2021-01-19	2,407	1,220	26.0
양주 옥정 EG the1 파크빌리지(A23블록)	2021-02-09	930	1,164	1.9
양주 옥정 신도시 린파밀리에	2021-04-28	2,049	1,148	1.3
포천 금호어울림 센트럴	2021-07-04	579	1,050	0.5
양주 회천 A18블록(공공분양)	2021-08-17	1,304	1,177	17.1
양주 회천 A21블록(공공분양)	2021-08-17	995	1,160	27.7
의정부 이안 더메트로	2021-06-02	170	1,541	10.6
포천 리버포레 세영리첼	2021-06-10	454	989	1.0
포천 태봉공원 푸르지오 파크몬트(태봉공원 민간공원특례사업)	2021-09-14	623	1,193	13.5
의정부 e편한 세상 신곡 파크프라임(발곡공원 민간공원특례사업)	2021-12-28	650	1,778	8.2
양주 회천지구 A-20블록 대광로제비앙 2차 (민간사전청약)	2022-02-21	526	1,235	19.0
양주 회천지구 A-12BL 라온프라이빗 (민간사전청약)	2022-04-11	621	1,256	4.4

양주, 의정부 아파트의 분양가 및 청약 경쟁률
붉은색으로 표시한 곳은 청약 경쟁률이 10:1을 넘는 곳이다.
자료: 청약홈, 부동산라이프

수도권을 긴밀하게 연결하는 제1·2순환고속도로

순환도로는 더욱 강력한 힘을 지녔다. 지금까지 잘 봐오질 못했을 뿐이다. 수도권 제1순환고속도로는 인기 지역을 대부분 훑고 지나간다. 서울의 외곽을 지난다고 알려져 있지만 중간에 서울을 관통한다. 특히 1기 신도시 대부분(분당, 일산, 평촌, 산본, 일산)을 지나는 순환도로는 수도권의 1차 경계를 만들어줬다.

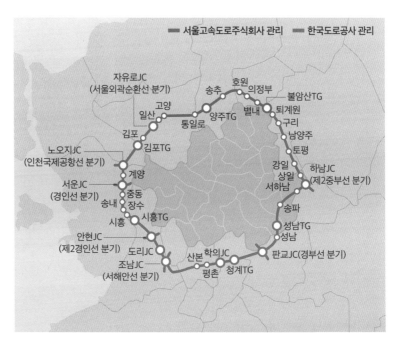

순환도로 노선도
자료: 국토교통부

　수도권에는 제2순환고속도로가 만들어지고 있다. 그런데 제1
순환고속도로와 한꺼번에 개통하는 것이 아니라 시차가 조금 있
다 보니 이것이 제2순환고속도로인지를 모르는 사람이 많다. 화
성 송산부터 경기도 이천까지는 이미 개통됐으며 경기 남부의
교통 개선에 혁혁한 공을 세우고 있다. 교통이 좋아지면 서로 간
의 교류도 편해진다.

　제2순환고속도로는 제1순환고속도로와 비슷하게 2기 신도시
들을 연결하는데, 그렇다면 1순환과 2순환 사이에 3기 신도시를

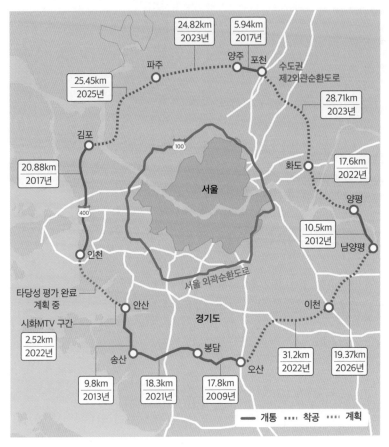

수도권 제2순환고속도로 노선도
자료: 국토교통부

연결하는 순환고속도로도 놓이게 될까? 아직까지는 여기에 새로운 순환고속도로가 생긴다는 이야기는 없다. 그렇지만 이 지역들이 이미 개발되어 있다는 점을 고려할 때, 만약 생긴다고 하더라도 지상으로 생기긴 매우 힘들지 않을까? 강남순환고속도로처럼 대부분의 노선이 지하화될 가능성도 염두에 둬야겠다.

부산처럼 국토의 가장 끝에 있는 길쭉한 도시는 물론 내륙의 대구, 대전, 광주에서 개통되는 순환선들도 잘 봐두자. 도시의 외곽을 지정해주는 것과 같기 때문이다. 수도권 사는 사람들은 자주 놓치지만, 1기 신도시는 수도권에만 있는 것이 아니라 지방에도 만들어져 있다. 순환고속도로가 바로 이런 곳들을 연결하는 역할을 한다.

신설되는 도로의 '이름'을 잘 봐두자

지방 도시들은 수도권과 달리 순환고속도로와 맞물리는 관통형 고속도로가 없는 편이다. 수도권처럼 순환선과 교차하는 노선이 부족해서다. 그래서 순환선이 도시의 경계가 어디인지를 설명할 뿐이다.

고속도로의 등장이 꼭 주거 매력도를 향상시키는 것은 아니다. 도로란 물류를 원활하게 하는 것이 가장 큰 역할이기 때문이다. 그런데 이렇게만 생각해서도 곤란하다. 사람과 사람 간의 관계도 어떤 매개체가 있어야 더욱 발전할 수 있듯이 도시와 도시 간의 관계도 마찬가지인데, 그 역할을 하는 것이 바로 '도로'다. 특히 고속도로의 등장은 그동안 서먹했던 도시들을 밀접하게 연결해주는 촉매제 역할을 한다. 그래서 고속도로는 '어디'와 '어디'를 연결하느냐가 매우 중요하다. 적어도 그 '어디'가 상당한 힘을 보유한 도시라면 고속도로의 가치는 더욱 커질 수밖에 없다. 그러니 새로 생기는 고속도로의 '이름'을 잘 봐둘 필요가 있다. 이왕이면 '큰' 도시의 이름이 들어갈수록 매력도가 더욱 높아질 것이다.

철도: 있는 노선만 이어 붙여도 상승효과 크다

철도 신설에 대한 요구는 GTX에서만 나오는 게 아니다. 최근에는 완전 신설보다 기존 노선의 연장 이야기가 자주 나온다. 심지어 대통령 공약에서도 아직 착공도 안 한 노선들의 종점 연장안이 제시되기도 했다. 새로운 노선을 처음부터 주장하면 설득력이 덜하지만 이미 한창 무르익은 노선을 조금 더 늘인다는 주장은 감성적으로 조금 덜 치열해 보이기 때문이다.

환승과 직결운행을 가능케 하는 노선 연장

공사 중				
노선	구간	거리(km)	예산	개통 시기
수인선	수원~인천	52.8	2조 74억 원	2022
신분당선	용산~강남	7.8	1조 6,470억 원	2024
진접선	당고개~진접	14.9	1조 4,192억 원	2022
수도권 광역급행철도	삼성~동탄	39.5	2조 103억 원	2023
신안산선	안산~여의도	44.7	4조 3,055억 원	2024
대구권 광역철도	구미~경산	61.9	1,857억 원	2024
수도권 광역급행철도(GTX-A)	파주~삼성	46.0	3조 5,505억 원	2024

설계 중				
노선	구간	거리(km)	예산	개통 시기
충청권 광역철도(1단계)	계룡~신탄진	35.4	2,694억 원	2024
수도권 광역급행철도(GTX-C)	양주~수원	74.8	4조 3,858억 원	2027
수도권 광역급행철도(GTX-B)	송도~마석	82.7	6조 4,963억 원	?
신분당선	광교~호매실	10.1	9,657억 원	2028
충청권 광역철도(옥천연장)	대전조차장~옥천	20.1	490억 원	2026

공사 중 및 설계 중인 광역철도 노선(2021년 기준)
광역자치단체 간 교통 수요를 대량으로 신속하게 처리한다.
자료: 부동산라이프

노선	구간	거리(km)	예산	개통 시기
경부고속철도(2단계)	대구~부산 대전/대구 도심	169.5	8조 2,470억 원	2024
호남고속철도	오송~목포	260.1	10조 6,331억 원	2025
수도권고속철도	수서~평택	61.1	3조 583억 원	2022
인천발 KTX	어천~송도	6.2	4,184억 원	2024
수원발 KTX	서정리~지제	9.5	3,014억 원	2024
평택오송 2복선화	평택~오송	46.4	3조 1,816억 원	2027

공사 중인 고속철도 노선(2021년 기준)
노란색 부분이 가장 시급한 일 두 번째에 속한다.
자료: 부동산라이프

수도권의 최근 분위기를 보자면, 2022년에만 해도 4호선 연장인 진접선이 개통됐다. 기존 4호선을 남양주 진접까지 연장하는 데에는 1조 원 가까운 돈이 들어갔지만, 그래도 연장이니 말을 꺼내기가 쉬웠다. 그에 비해 인덕원동탄선이나 월곶판교선처럼 2조 원이 넘게 들어가는 노선을 새로 깔자고 하면 저항에 부딪히기 쉽다. 더욱이 고속철도 노선이라면 웬만해선 말을 꺼내기조차 어려워진다. 들어가는 돈이 일반철도와 비교도 안 되게 커지기 때문이다. 예컨대 충북 오송부터 전남 목포까지 260킬로미터 구간의 고속철도 공사는 무려 10조 원이 넘게 소요된다. 이보다 조금 느리게(?) 운행되는 GTX도 3~6조 원가량이 소요된다. 그런데 대통령 공약에는 GTX A~C뿐 아니라 D~F도 언급되어 있다. 조금 전 말한 것처럼, 쉽게 쉽게 가려면 기존에 있던 것을 '죽죽' 늘이는 것이 더 간편한 방법이니 말이다.

어쨌든, 이렇게 늘이고 늘이다 보면 다른 노선들과 연결된다. 마치 고속도로를 계속 깔다 보면 다 연결되어 네트워크가 되는 것과 같다. 철도 노선이 타 노선과 연결되면 어떤 일이 생길까? 환승이 가능해질뿐더러 직결운행도 할 수 있다. 직결운행 또는 직통운행이란 하나의 열차가 다른 노선까지 계속해서 운행하는 걸 말한다. 예를 들어 남태령역에서는 서울지하철 4호선과 과천선이 만나는데 열차는 노선을 구분하지 않고 이곳을 넘나들며 운행된다. 직결운행이 가져온 변화를 잘 설명할 수 있는 것이 바로 경의 중앙선이었는데, 최근에는 수인분당선이 그 자리를 차지했다.

직결운행은 주거에 어떤 영향을 줄까?

종종 어리석은 질문을 하는 사람들이 있다. 100킬로미터가 넘는 말도 안 되는 완행(?) 철도 노선을 왜 굳이 만드는 거냐고. 종점부터 종점까지 타는 사람이 있느냐는 이야기인데, 그런 말을 하는 이들 중에서 종점에 사는 사람을 본 적이 없다. 조금 전 말했던 직결운행의 진가가 여기서 나타난다. 각각의 노선이 별도로 운행될 때보다 더 많은 차량이 투입되기 때문에 배차간격이 줄어드는 것이다. 보통 외곽선은 배차간격이 10분 이상인데, 그 간격이 줄어들면 이용자들이 얼마나 편리해지겠는가.

이런 변화는 수도권에서 계속 나타날 것으로 보인다. 서울지하철, 인천지하철의 연장이 예정되어 있어서다. 7호선은 이미 인천 석남까지 운행 중인데(이에 따라 인천지하철 2호선과 환승이 가능해졌다), 추가로 인천 청라까지 연장이 확정돼 공사가 진행되고 있다. 또한 반대 방향으로도 도봉산-옥정, 옥정-포천 구간이 계획돼 있다. 굉장히 긴 노선이 만들어지는 셈인데, 그중에서도 청라 연장은 공항철도와 환승할 수 있게 해줄 것이다.

지하철 8호선 연장도 완공을 눈앞에 두고 있다. 서울 암사에서 남양주 별내를 연결하는 노선인데, 반대 방향으로도 현재 성남 모란 종점을 판교까지 연장하는 안이 언급되고 있다. 아직까진 다 계획에 불과하지만, 계획이 있으면 뭐라도 진행되지 않겠는가.

수도권 남부에 힘을 실어줄 월곶판교선은 완공되면 경강선과 연결된다. 인천 연수부터 여주까지를 잇는 노선이 생기는 것인데, 직결운행 등으로 배차간격이 줄어든다면 철도 연장의 영향력이 훨씬 커질 것이다. 특히 경기 동남 지역에는 직장이 늘어난 반면 주거지 공급이 이를 따라가지 못하는 상황이라 더욱 큰 영향을 줄 것으로 보인다. 경기 서남·인천이 서울을 경유하지 않고 경기 동남과 곧바로 이어지므로 주거지에 많은 변화가 일어날 것이다.

서울·수도권 외 지역의 노선 연장도 눈여겨보자

📍

연장이 될 것으로 말만 무성한 신분당선 서북 연장도 기나긴 희망고문을 계속하고 있다. 2022년 개통 예정인 강남-신사에서 더 나아가 신사-용산은 계획이 확정되어 언젠가는(?) 개통될 예정인데, 용산부터 고양 삼송까지를 잇는 북부 연장안은 계속 예비타당성 평가를 통과하지 못하고 있다. 선거 때마다 주요 현안이 되기만 할 뿐 진척은 거의 되지 않아 안타까울 정도다.

　반대 방향인 광교중앙-호매실 연장은 예비타당성 평가를 통과해서 조만간 착공될 것으로 보인다. 연장이 되면 화서역에서 수도권 1호선과 환승이 가능해지며, 화서역과 그다음 역인 수원역은 많은 노선이 지나가는 주요 역이 될 것이다.

　그 밖에도 다양한 노선이 준비 중인데, 서울과 수도권 외의 지

대구권 광역철도

역 상황을 살펴보자. 2022년에 동해남부선 부산 일광-울산 태화
강이 연장됐다. 그리고 기존 경부선·호남선 철도를 이용한 대구
권·광주권·대전권 광역철도도 진행되고 있다. 머지않아 이 광역
시들에서도 수도권과 유사하게 환승이 가능해질 것이다. 부산,
대구야 지하철 노선이 많지만 다른 곳들은 아직 하나씩밖에 없
어서 환승을 할 일이 없었다. 이를 고려할 때, 지하철 노선을 추
가로 신설하는 것보다 시장에 더 빠르고 큰 영향을 줄 것으로 보
인다.

광주권 광역철도

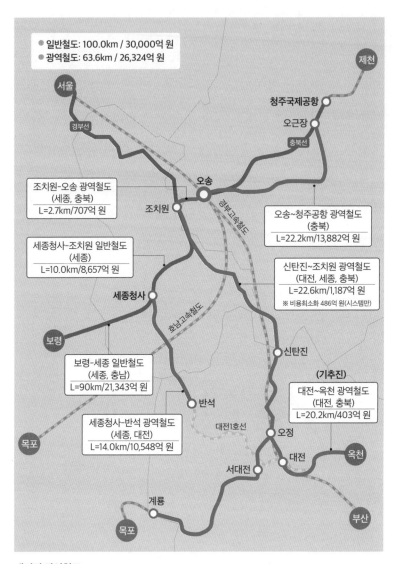

- 일반철도: 100.0km / 30,000억 원
- 광역철도: 63.6km / 26,324억 원

제천

서울

청주국제공항

경부선

오근장

충북선

오송

조치원-오송 광역철도
(세종, 충북)
L=2.7km/707억 원

조치원

경부고속철도

오송~청주공항 광역철도
(충북)
L=22.2km/13,882억 원

세종청사-조치원 일반철도
(세종)
L=10.0km/8,657억 원

신탄진~조치원 광역철도
(대전, 세종, 충북)
L=22.6km/1,187억 원
※ 비용최소화 486억 원(시스템만)

세종청사

호남고속철도

보령

신탄진

보령-세종 일반철도
(세종, 충남)
L=90km/21,343억 원

반석

(기추진)
대전~옥천 광역철도
(대전, 충북)
L=20.2km/403억 원

대전1호선

오정

세종청사-반석 광역철도
(세종, 대전)
L=14.0km/10,548억 원

목포

대전

옥천

서대전

계룡

목포

부산

대전권 광역철도

고속철도: 통근 범위의 개념을 바꾸다

고속철도라고 하면 출장이나 여행 등으로 어딘가 멀리 갈 때만 이용하는 교통수단으로 생각하는 사람이 많다. 그런데 주변을 둘러보면 고속철도를 이용해 장거리 통근을 하는 이들이 꽤 있다.

혹시 학창 시절에 지하철 정기권을 구입해 타고 다니지 않았는가? 길쭉한 주황색 회수권 말이다. 프랑스에 여행 갔을 때 티켓 모양이 같아 깜짝 놀랐는데, 우리나라가 그 시스템을 도입해서 그렇다는 이야기를 듣고 수긍했던 기억도 난다. 한 달 동안 '평일'에만 이용할 수 있는 티켓으로, 그 덕에 교통비 걱정 없이 돌아다니곤 했다.

장거리 통근, 험난한 일만은 아니다

예를 들어 세종시에서 제일 가까운 오송역으로 통근한다고 해보자. 서울역(또는 수서역)-오송역 1개월 정기권 가격은 SRT가 27만 3,000원, KTX가 34만 4,400원이다. 왕복 20회 탑승을 가정해보면 각각 하루 1만 3,650원과 1만 7,200원꼴이 되는데, 비싸다고 볼 수도 있겠지만 비교적 싼 가격이다. 요새 젊은 사람들 중에는 서울에 살면서 서울에 있는 직장까지 택시로 통근하는 사람도 더러 있는데, 이런 경우라면 통근비가 하루 2만 원을 넘길 것이다.

고속철도를 이용하면 소요 시간을 크게 걱정하지 않아도 된다. 예를 들어 절반 가격에 KTX가 아닌 무궁화호(14만 2,800원)를 이용할 수도 있지만, 소요 시간 차이가 상당하기 때문에 조금 망설여질 것이다. 시간에 엄격한 직장이 아니라면 장거리 통근도 해볼 만하다. 직장과 거주지가 역 근처에만 있다면, 삶의 질이나 통근에 드는 비용 측면에서 어설픈 수도권 거주보다 더 나은 선택이 될 수 있다.

GTX로 수도권 확장되면 장거리 통근 더 늘어날 것

📍

주거지를 선택할 때 지하철역 근처로만 한정할 필요는 없다. 서울에서 고속철도 역은 서울역뿐 아니라 수서역도 있다. 조만간 삼성역에도 정차하게 된다면 강남으로 출퇴근하기가 더욱 쉬워진다.

지난 수년간 수도권 주택 시장을 들쑤셔 놓은 이슈가 바로 GTX다. 오죽하면 대통령 선거 공약에 노선 신설 얘기가 들어갈 정도였을까 싶은데, 그때마다 해당 지역들에선 부동산 가격이 들썩이곤 했다. 앞서 짧게 언급했듯이, 윤석열 대통령 공약에도 현재 A~D 노선뿐 아니라 E, F 노선 추가가 언급되어 있다. 물론 각 노선의 종점 연장도 언급됐다. 만약 이게 현실화된다면 많은 지역이 수도권에 편입될 것이다. 그러면 고속철도로 통근하는 사람들이 지금보다 더 많아질 것이다.

여기서 나올 반론이 벌써부터 예상된다. GTX와 KTX·SRT가 같냐는 것이다. 속도의 차이가 크니 말이다. 그런데 과연 수도권에서 시속 300킬로미터로 운행할 수 있는 교통수단이 달리 있었던가? 도심부에서 고속으로 달리려면 지하화가 되어야 하는데, SRT만 지하화가 됐고 KTX는 그렇지 않다. GTX가 고속철도냐 아니냐 하는 질문은 아무 의미가 없다. 고속이 아니라면 해당 지역 사람들이 그렇게 유치를 희망하겠는가? 심지어 GTX가 아니

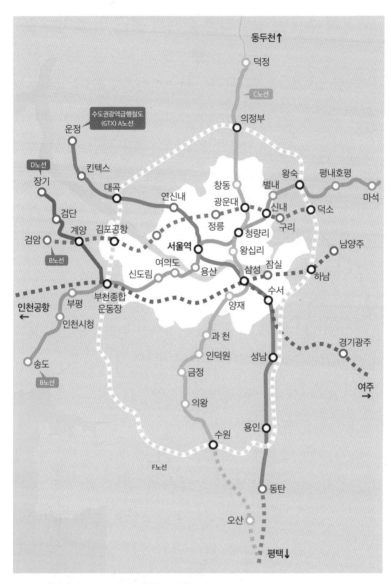

윤석열 대통령의 수도권 광역급행철도 건설 공약 노선도
자료: 국토교통부, 국민의힘

기존 노선(1기 GTX)	
노선	개편·신설 내용
GTX-A	동탄~평택 노선 연장
GTX-C	양주 덕정~동두천, 수원~평택 노선 연장

신규 노선(2기 GTX)	
노선	개편·신설 내용
GTX-D	부천~삼성 연장 및 더블 Y자 노선(삼성~남양주, 삼성~여주, 부천종합운동장~인천공항 신설) 연장
GTX-E	인천 검암~남양주 덕소
GTX-F	고양~양주 구간 순환

윤석열 대통령의 수도권 광역급행철도 건설 공약 신규 노선(D~F)
GTX 계획은 벌써 F 노선까지 나와 있다.
자료: 국토교통부, 국민의힘

라 경인선이든 분당선이든 경의중앙선이든 급행만 추가돼도 시간이 엄청나게 단축되니 말이다.

사실 이런 노력은 진작에 했어야 마땅하다. 평택-오송 복복선화를 서둘러 수도권 인구를 충청권까지 더욱 분산시켰어야 했다는 얘기다. 여기에 들어가는 예산은 3.2조 원 남짓으로 다른 예산 대비 크지 않았다. 특히 공사 기간이 길다는 점을 고려하면 연간 정부 예산에서 차지하는 비중은 더욱 작아진다. 이처럼 중요한 사업이 그저 '돈' 때문에 늦어진 것이라면 안타깝기 그지없는 일이다. 경부고속도로 공사 때 그랬듯이, 공구를 나눠 예산을 단기에 투입하면 공사를 금방 끝낼 수 있다. 중앙정부 차원의 대역사라면 그렇게 못 할 이유도 없을 것이다. 병목현상을 줄이고 저속 구간을 고속화하는 것은 다른 덜(?) 중요한 일에 쓰이는 예산을 이쪽으로 가져오는 것만으로도 가능할 것이다.

고속철도는 이제 대한민국에서 필수불가결한 교통수단으로 자리 잡았다. 도시 간 이동에서 고속철도의 중요성이 더 커졌으며, 특히 서울-부산 또는 서울-목포와 같은 장거리뿐 아니라 단거리 노선인 수서-동탄 등의 노선도 상당한 인기를 끌고 있다. 고속철도의 존재는 장거리의 물리적 시간을 단축할 뿐만 아니라 단거리에서 심리적 거리를 완화하기도 한다. 따라서 고속철도는 앞으로 부동산 시장에 더욱 강력한 영향을 미칠 것이다. 특히 단거리 노선에서 더더욱 그렇다.

그러므로 고속철도의 강점 요인을 장거리에서만 찾으려 하지 말고 단거리에서 찾으려는 노력이 필요하다. 그럴 때 오히려 부동산 시장에서 어떤 변화가 나타날지를 조금은 더 쉽게 상상해볼 수 있다. 그래서 다들 GTX를 그렇게 오매불망 기다리는 것이다.

고속도로 지하화: 소음·분진 문제를 한 방에 해결한다

도로나 철도가 새로 놓이면 모든 사람이 좋아할 것으로 생각하는 게 보통이다. 하지만 해당 노선 인근에 사는 사람들은 꼭 그렇지만도 않다. 타이어나 철도 궤도에서 미세먼지가 많이 발생한다고 생각하기 때문이며, 소음도 주요 민원거리 중 하나다.

이런 광역 교통수단의 도입이 지역사회에 분란을 일으키는 경우도 종종 있다. 고속도로의 존재가 특정 아파트 단지를 나눠버리거나, 철도 지상 구간이 본의 아니게 지역 내 활동을 크게 제약하기 때문이다. 특히 토끼굴이나 지하도 등이 우범지대가 되어버리는 경우도 많다. 이런 부정적인 인식 탓에 최근 수도권의 많은 지자체에서 열망하는 GTX조차도 지상 구간을 지하화해달라는 요구가 제기되고 있다.

천덕꾸러기가 된 근대화의 유물

이미 있는 교통수단의 변화를 원하는 지역 움직임이 거세다. 지상에서 눈에 띄는 것들을 안 보이게 해달라는 내용이 대부분이다. 서울-용산역 구간, 2호선 지상 운행 구간이 대표적이다. 이중 꽤 긴 구간에 고가도로가 만들어져 있어서 도심 경관에 부정적이라는 의견인데, 대부분 받아들여지고 있다. 약수역 인근과 충정로 고가차로가 사라진 것도 비슷한 결정이다. 조국 발전, 근

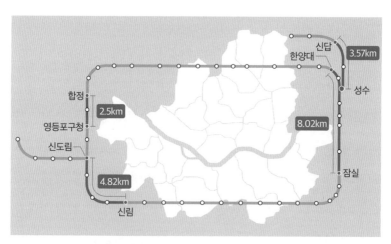

지하철 2호선 지상 구간(18.9킬로미터)

대화의 대명사 격이던 고가도로와 육교가 이제는 천덕꾸러기가
된 것이다.

뚜껑을 덮거나 지하로 보내거나

이런 움직임의 작은 버전도 생각해보자. 이미 있는 도로·철도가
소음과 분진을 유발하니 일단 뚜껑(터널형 방음시설)을 덮는 것 정
도로 해결하려는 임시방편인데, 이런 방법도 생각보다 큰 변화
를 가져온다. 일테면 수도권 제1순환고속도로 동판교 구간과 용
인서울고속도로 서판교 인근, 분당-수서 간 도시고속도로의 매
송-벌말 구간 등 꽤 많은 구간에서 이런 시설을 볼 수 있다. 이처
럼 터널형 방음시설을 설치한 곳은 도로와 철도 인근 단지들의
인기가 급격히 높아지는 등 기대 이상의 효과가 있었다.

그렇다면 다음으로 제기될 이슈는 무엇일까? 이미 많이 들어
봤겠지만, 고속도로 지하화다. 세계적으로 고속도로를 지하화하
는 사례는 찾아보기가 쉽지 않은데, 우리나라는 국토가 워낙 작
다 보니 도로와 주거지 간에 충분한 공간을 확보하지 못해서 이
런 일이 벌어진다. 게다가 도로의 절반이 주차장으로 쓰이다시
피 하고 상습적으로 정체가 되니 그 지역에 사는 사람들은 이런
저런 불편을 겪을 수밖에 없다.

분당-수서 간 도시고속도로 녹색공원화 사업
고속도로에 덮개를 씌우면 인근 지역의 인기가 훨씬 높아진다.
자료: 성남시청

　선도적으로 지하화를 한 곳이 경인고속도로와 서부간선도로다. 일부 구간의 지하화를 통해 교통 정체를 완화했을 뿐 아니라 지상에 공원까지 조성했다.

　경부고속도로에 대해서도 이런 이슈가 제기되고 있다. 원래는 서초구에서만 주장했는데, 2021년 서울시장 재보궐선거에서도 주요 공약으로 등장했다. 국토교통부 역시 서울에 그치지 않고 화성 동탄까지 지하화하는 것을 검토하겠다고 발표했다. 경부고속도로의 정체는 어제오늘의 일이 아니며, 반드시 해결해야 하는 중대 문제다. 사안의 시급성을 생각해보면 어디에 돈을 써야 효과가 크고 빠르게 나타날지를 알 수 있다.

경인고속도로 지하화 사업 전과 후
자료: 감탄시대

경부고속도로 지하화 사업 개념도
자료: 서초구청

3부 • 핵심은 바로 이것!

- 해상 물류 거점이 번영하는 건 동서고금의 진리다. 고대 지중해에는 트로이, 동아시아에는 김해가 있었다.
- 충주가 고려와 조선에서 중요하게 다뤄진 이유는 육로와 수로의 거점이었기 때문이다.
- 고려 시대에 개경에 가려면 남경(서울)을 거쳐야 했다. 돈, 사람, 정보가 모이니 번성할 수밖에.
- 조선의 1번 국도(무역로)는 '한양-의주' 라인이었다. 이 길을 따라서 돈이 돌고 과거 급제자도 급증했다.

- 도로의 신설은 도시의 확장을 가져오는데, 직선보다는 환상선(環狀線)이 더 큰 영향을 미친다.
- 도로의 소음원을 줄이는 것, 즉 덮개를 씌우거나 지하화하는 것은 인근 지역에 매우 큰 호재다.
- 철도는 있는 노선을 연장만 해도 매우 큰 파급력을 가져온다. 물론 신설은 더더욱 그렇다.
- 그동안 수도권만 못했던 지방 철도 상황이 앞으로 크게 변화하리라는 점을 절대 잊지 말아야 한다.
- 장거리 통근은 지금도 가능하지만 갈수록 더욱 쉬워질 것이다.

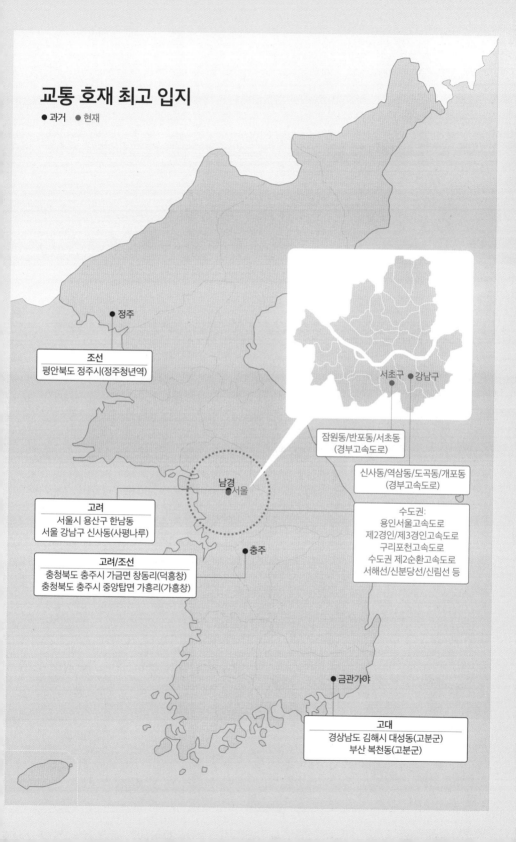

교통 호재 최고 입지

● 과거 ● 현재

● 정주

조선
평안북도 정주시(정주청년역)

● 남경 ●서울

● 충주

고려
서울시 용산구 한남동
서울 강남구 신사동(사평나루)

고려/조선
충청북도 충주시 가금면 창동리(덕흥창)
충청북도 충주시 중앙탑면 가흥리(가흥창)

서초구 ● 강남구

잠원동/반포동/서초동
(경부고속도로)

신사동/역삼동/도곡동/개포동
(경부고속도로)

수도권:
용인서울고속도로
제2경인/제3경인고속도로
구리포천고속도로
수도권 제2순환고속도로
서해선/신분당선/신림선 등

● 금관가야

고대
경상남도 김해시 대성동(고분군)
부산 복천동(고분군)

4부

부동산 보는
안목을 키우는
네 번째 키워드:
자연환경

7장

자연이
부동산과 부의
지형을 바꾼다

❀ 서울은 왜 가장 많이 선택받았을까?
❀ 신석기 사람들은 왜 조개더미를 남겼나
❀ 금보다 비싼 철의 도시, 울산
❀ 조선의 황금광 시대, 직산
❀ 외면받던 산지가 옥토로 바뀌다

서울은 왜 가장 많이
선택받았을까?

신석기 시대를 지나 청동기 시대에 접어들면서 사람들은 '국가'라는 것을 세우기 시작했다. 농업이 발전하면서 잉여 식량이 생겨나고, 사유재산을 둘러싼 갈등과 전쟁이 심화되면서 보다 강력한 조직이 필요해졌기 때문이다.

우리 역사 최초의 국가로 꼽는 고조선은 BC 2333년에 세워졌다고 한다. 정확한 건국 연도에 대해서는 논란이 있지만, 청동기 시대에 접어든 후 일어난 일이라는 점에는 이견이 없다. 철기 시대 이후엔 국가 건설이 더욱 활발해졌다. 위례성이나 사로국처럼 도시 규모의 소국으로 출발해 인근 세력을 병합하면서 중앙집권국가로 발돋움하는 식이었다.

조선 시대 군·현 수는 334개였다. 말하자면 한반도에서 사람들이 모여 살 수 있는 장소가 334개였다는 이야기다. 그중에서 왕조의 수도로 선택된 도시는 10개가 채 되지 않는다. 그 많고 많은 장소 중에서 왜 서울, 평양, 공주, 개성 같은 도시가 수도로 선택됐을까? 답은 '강'에 있다.

나일강의 선물, 이집트

"이집트는 나일강의 선물이다."

문명의 발달에 강이 어느 정도 기여했는지를 이만큼 적절하게 표현한 말이 또 있을까 싶다. 이집트는 매년 나일강이 범람했는데 풍부한 영양분이 물길을 따라 떠내려와 나일강 하류 델타 지역에 쌓였다. 이 덕분에 땅이 비옥해져 주요 작물인 밀 수확량이 엄청났다.

도시의 발달은 이렇게 잉여 식량에서 시작됐다. 잉여 식량이 생기면 모두가 농사를 지을 필요가 없어진다. 그래서 군인·성직자·예술가 같은 전문 직업군이 탄생하고, 도시에 사는 각종 사람들을 통솔하고 식량과 자원을 효율적으로 분배해야 하는 정치인이 나타나게 된다.

황하, 유프라테스-티그리스강, 인더스강 등 고대 문명이 발달한 도시가 하나같이 강을 끼고 있었다. 그만큼 문명의 발달에서 강이 끼친 영향이 지대하다는 얘기다.

하지만 모든 도시가 강 옆에서 탄생한 것은 아니다. 어떤 도시는 언덕 위에, 어떤 도시는 바다 옆에 세워지기도 했다. 제각각 다른 입지 조건에서 도시가 만들어졌고, 이것이 도시의 운명을 바꿨다.

수운이 발달했던 한반도

한반도에서 강은 이보다 더 특별했다. 앞서도 언급했듯이, 한국은 고대부터 육로보다 수로가 발달했다. 내륙 깊숙한 곳까지 주요 강이 흐르기 때문이다. 주요 강의 길이와 유역 면적을 보면 압록강 790킬로미터에 3만 1,000제곱킬로미터, 한강 514킬로미터에 2만 6,000제곱킬로미터, 낙동강 525킬로미터에 2만 3,000제곱킬로미터, 대동강 439킬로미터에 1만 6,000제곱킬로미터, 금강 401킬로미터에 9,800제곱킬로미터, 섬진강 223킬로미터에 4,900제곱킬로미터, 예성강 174킬로미터에 4,200제곱킬로미터, 영산강 140킬로미터에 3,300제곱킬로미터 등이다. 강이 포괄하는 유역 면적은 한반도 전체 면적 22만 제곱킬로미터의 70%를

<조선국팔도지도>

일본의 경세가이자 저명한 지리학자인 하야시 시헤이(林子平)가 1785년에 출판한 『삼국통람도설(三國通覽圖說)』에 부도로 수록된 지도로, 한반도와 물길의 관계를 잘 보여준다. 네모 칸으로 둘러싸인 곳이 서울이다.

자료: 하야시 시헤이, 『삼국통람도설』, 서울역사박물관

차지한다. 다시 말해서 강을 끼고 국토 대부분을 갈 수 있다는 이야기다.

특히 바다에 바로 접하는 하구보다는 바다의 조류가 육지로 들어오는 한계선, 다시 말해 내륙으로 조금 들어오는 지역이 더 번성했다. 고대 사회에서 가장 중요한 물자, 즉 군사·경제적으로 가치가 높았던 철과 일상생활 및 생명 유지에 필수불가결한 소금(및 곡물)의 교환이 이뤄지는 곳이었기 때문이다.

고대 사회에서 번성했던 도시들, 예컨대 서울(한강), 평양(대동강), 공주(금강), 나주(영산강) 등을 보면 하나같이 바다에서 내륙으

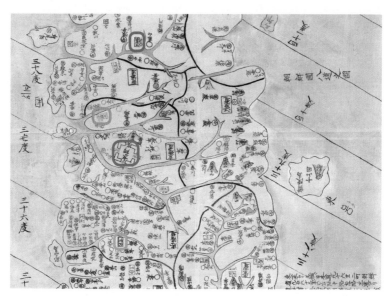

<조선국팔도지도> 중 평양, 개성, 한양, 공주의 위치
평양(파란색), 개성(녹색), 한양(빨간색), 공주(주황색) 등이 모두 바다, 큰 강, 내륙의 연결 지점에 자리한다.
자료: 하야시 시헤이, 『삼국통람도설』, 서울역사박물관

로 어느 정도 들어간 곳에 강을 끼고 자리한다. 영국 런던, 스페인의 세비야 등 유럽사에 족적을 남긴 도시들도 마찬가지다.

서울의 특별함

이런 조건에 가장 부합하는 도시가 바로 서울이었다. 서울이 백제, 고려(남경), 조선 등 3개 왕조의 수도로 선택된 것은 결코 우연이 아니었다. 서울에서 한강을 타고 동쪽으로 이동하면 북한강과 남한강을 통해 춘천, 충주, 단양, 영월까지 닿는다. 즉 한반도 중부 지역의 구석구석까지 연결되는데, 육로가 발달하지 않았던 고대 사회에서는 엄청난 이점이었다.

서울과 한강으로 연결된 충주, 단양 등은 고대 사회의 핵심 자원 중 하나인 철이 나는 중요한 곳이었다. 백제는 일찌감치 합병한 미추홀(인천)에서 소금을 확보한 뒤 이 지역에서 철과 교환하며 힘을 키울 수 있었다. 그런 점에서 백제의 시조 온조는 '입지'의 중요성을 일깨워준 최초의 선각자일지도 모른다. 고구려에서 남하한 그는 지금의 서울을 점찍으면서 그 이유 중 하나로 한수(한강)를 꼽았다.

신라도 강의 이점을 누린 국가다. 수도 경주는 비록 큰 강을 끼고 있진 않았지만, 경상도 전체를 관통하는 낙동강이 인접했

<천하지도>에 표시된 경상도 지역

<천하지도>는 17세기 후반에 제작된 것으로 추정되며, 이 지도에서는 낙동강의 전략적 중요성이 잘 드러난다.

자료: 서울역사박물관

기 때문에 이를 이용해 영남 일대를 제패할 수 있었다. 신라는 3세기에 골벌국骨伐國(지금의 영천시) 등 낙동강 상류 소국들을 복속시킨 이후 급속도로 세력을 확장하며 경상도 일대의 패자가 됐다.

100년 전만 해도 백제 고분으로 뒤덮였던 서울

온조가 도읍으로 정했던 서울 잠실 일대는 고대사의 거대한 유적이었다. 20세기 초만 해도 석촌동·가락동·방이동 일대에는 백제 시대에 조성된 300여 기의 고분이 남아 있었다고 한다. 조선총독부가 조사한 결과다.

이병호 공주교육대 교수는 『내가 사랑한 백제』에 이렇게 적었다.

나는 중앙박물관 자료실에 남아 있는 조선총독부 공문서를 찾아보았다. (…) 백제 초기 고분군에 대한 분포도는 모두 여덟 장 정도 남아 있었다. 그 분포도에는 석촌동·가락동 일대에 280여 기, 방이동 일대에 16기의 고분이 표시되어 있었다. 과거 1912년 약 100기도 되지 않았는데 갑자기 약 300기나 되는 고분군이 확인된 것이다.

그렇다면 그 많은 고분을 지금은 왜 볼 수 없는 것일까. 일제가 도굴하고 파괴한 것일까? 이 교수의 이어지는 글이다.

1970년대 잠실지구 개발 사업이 진행되면서 철저하게 파괴되어 지금은 그 흔적조차 거의 남아 있지 않다. 서울에 있던 백제 고분에 대해서는 20세기 초반 작성된 도면이나 사진 말고는 달리 참고할 만한 자료가 없다. (…) 석촌동 고분군이 본격적으로 발굴되기 시작한 1970년대에는 석촌동 3, 4호분을 제외하면 외형을 유지하고 있는 고분이 거의 남아 있지 않았다.

그 엄청난 문화유산을 날려버린 건 일제도, 도굴범도 아닌 잠실 개발 사업이었던 것이다. 잠실의 대규모 아파트 단지는 엄청난 대가를 치르고 갖게 된 셈이다. 300여 기나 됐다는 그 고분들이 지금까지 남아 있었다면 어땠을지 상상만 해도 짜릿하면서 아쉬울 따름이다. 물론 옛 무덤들을 위해 산 사람들이 더 외곽으로 갔어야 한다는 이야기냐고 말할 수도 있겠다. 보존이냐, 개발이냐는 서울처럼 역사가 오래된 도시는 늘 부딪힐 수밖에 없는 문제다.

신석기 사람들은 왜
조개더미를 남겼나

'신석기 시대 사람들은 정말 조개에 환장했구나'라는 생각을 한 적이 있다. 신석기 시대 지도를 유심히 보면 유적 터가 대개 바다에 접해 있다는 것을 알 수 있는데, 그 자리마다 수북한 패총貝塚 (조개더미)을 남겨놨다. 도대체 얼마나 많은 조개를 먹었으면 수천 년이 지난 지금까지도 조개더미가 남아 있는 것인지 그 양이 상상도 되지 않는다. 적어도 지금 남아 있는 것의 수백, 수천 배는 먹어 치웠을 것이다.

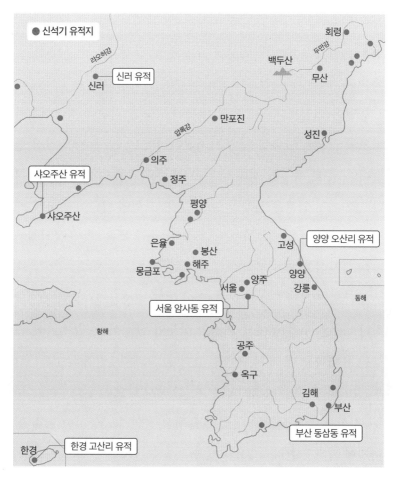

신석기 시대 유적지

진짜로 조개가 좋았던 건 아닐지도

───✧───

인류학자들에 따르면 신석기 조상들이 바다로 향한 데에는 이유가 있었다. 바로, '농업혁명' 때문이다. 신석기 시대에 인류는 농업을 시작했다. 농업혁명은 인류에게 정착 생활을 비롯해 큰 변화를 가져왔는데 무엇보다 달라진 것은 식량이었다.

농업은 이전보다 풍부하고 저장이 가능한 식량을 제공했지만 의도치 않은 부작용도 함께 가져왔다. 바로 나트륨^{sodium} 결핍 현상이다. 주로 육류를 섭취하던 구석기 시대에는 다른 동물의 피나 고기에서 염분을 섭취할 수 있었다. 그런데 식단이 곡물과 채소로 바뀌면서 나트륨이 많이 함유된 소금 등을 따로 섭취해야 하는 상황이 발생한 것이다.

소금은 염화나트륨$^{sodium\ chloride}$이 77% 이상을 차지하는데, 염화나트륨은 우리 몸에서 체액의 삼투압 균형이나 각 기관의 기능을 유지하는 데 꼭 필요한 물질이다. 그래서 1일 평균 12~13그램 정도의 소금을 섭취해야 한다. 그렇지 않으면 권태, 피로, 두통, 정신 불안 등이 일어나면서 육체적·정신적 기능이 현저히 떨어지게 된다고 한다.

소금을 구하기 어려운 환경에 놓인 민족들이 어떻게 이를 구했는지는 인류학의 오랜 주제이기도 하다. 예를 들어 제염업이 발달하지 않은 북미 대륙의 서태평양 연안에서는 소금 대용으로 해조류를 먹으며 보충했고, 뉴기니 동부에서는 사탕수수와 비슷한 식물을 태우고 그 재에 물을 통과시켜 간수를 얻은 뒤 이를 흙가마에서 증발시켜 소금을 얻었다. 또 몽골인들은 손님에게 수

테 차를 내놓을 때 설탕이 아닌 소금을 넣는데, 내륙이다 보니 염분을 섭취하기가 쉽지 않았던 환경에서 만들어진 전통이다. 고대 로마에서는 병사들의 월급을 소금 <u>salarium</u>으로 줬는데, 여기서 급여를 의미하는 영어 '샐러리salary'가 파생됐다.

　그러니 신석기 조상들이 그토록 많은 조개를 먹어 치운 건 순전히 맛있어서가 아니라 소금을 섭취하는 하나의 방편이었으리라고 짐작해볼 수 있다.

소금 산지를 잡아라

이렇다 보니 소금은 철과 함께 고대 국가를 형성하는 데 가장 중요한 물자였으며, 소금의 확보는 국가 성쇠를 가늠하는 중요한 열쇠 중 하나였다.

　예를 들어 중국 춘추시대의 강자였던 진晉나라는 해주에 염지鹽池(소금호수)를 확보하고 있었다. 전국시대 들어서 이곳은 위魏나라의 영토가 됐는데, BC 286년 진秦나라에 빼앗기면서 국력이 급속도로 위축됐다. 이를 확보한 혜문왕은 진을 전국 7웅의 최강자로 끌어올려 전국 통일의 기반을 다진 군주로 꼽힌다.

　한반도에는 중국과 같은 암염岩鹽이나 염지가 없다. 소금은 바다에서만 구할 수 있었고, 귀한 물자였다. 그래서 고대 국가로 발전한 고구려, 백제, 신라는 소금 확보에 필사적인 노력을 기울였다.

고구려를 보자. 만주 남부에서 내륙 국가로 출발한 고구려는 소금 확보가 어떤 나라보다 시급했다. 고구려 입장에선 평안도 지역의 바다가 가장 가까웠지만, 그곳엔 한사군이 버티고 있었기에 험준한 산맥을 넘어 동해안 방면으로 나가야 했다.

56년(태조왕 4) 이들은 함흥 일대에 자리 잡은 옥저를 복속시키고, 그곳에서 어류·해초류를 비롯해 소금을 공납받을 수 있었다. 『삼국지』「위지동이전」은 "(고구려에 세금 명목으로) 생선·소금·해초류 등을 천 리나 되는 거리에서 져 나르게 했다"라고 전한다.

신라는 경주가 바다에서 멀지 않으니 고구려보다 사정이 나았을 것이다. 그런데 신라의 초기 대외 팽창 움직임을 보면 특이한 점이 있다. 영토가 동해안을 따라 굉장히 멀리까지 북상한다는 점이다. 상주 등이 있는 경북의 서쪽보다 삼척이나 강릉 같은 강원도 해안지대로 쭉쭉 올라간다. 이는 소금 확보와도 어느 정도 연관이 있었을 것으로 추정된다.

신라는 영토 내에 5개의 주요 간선도로를 만들었는데, 그중 하나가 염지통鹽池通, 즉 '소금의 길'이었다. 경주와 울산의 소금 생산지였던 삼산, 염분개(부곡), 마채(현재 울산석유화학공단 부지 내)를 경주와 연결하는 길이었다.

서울과 인천

그렇게 보면 온조와 비류 설화는 재해석이 가능하다. 『삼국사기』
는 미추홀(인천)의 땅이 습하고 물이 짜서 편안히 살 수가 없었고,

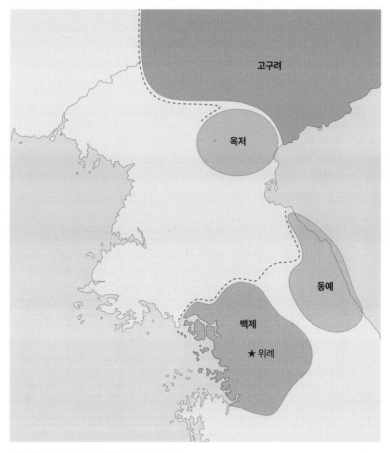

미추홀(인천)에서 가까웠던 백제의 위례성

비류가 죽자 미추홀 사람들이 온조에게 가서 하나로 합쳤다고 전한다. 백제 초기 소금 확보 문제와 관련된 갈등과 통합을 가리킨다는 해석도 가능한 대목이다.

미추홀(인천)은 위례성에서 가장 가까운, 소금을 구할 수 있는 최적지였다. 아마도 처음엔 농업이 발달한 위례성의 곡물과 미추홀의 소금을 맞바꾸는 식이었다가, 잉여 식량이 풍부한 위례성의 인구가 증가하면서 세력이 강해지자(고대 사회에선 인구가 국력이었다) 결국 미추홀이 흡수되는 식으로 진행됐을 것이다.

그렇다면 인천의 소금 산지는 어디였을까? 일부 학자는 계양산 너머 인천시 서구 공촌동 일대를 지목한다. 계양산 아래인 이곳은 고려 때만 해도 바닷물에 잠겨 있어 나진이라는 나루가

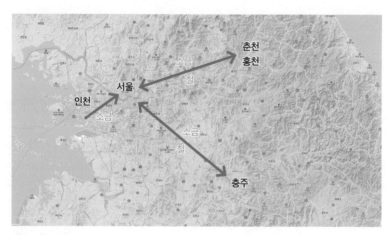

백제의 소금 루트
자료: 네이버 지도

있었다고 한다. 이곳에서 생산된 소금이 계양산 및 장매이고개를 넘어 신정동을 거쳐 한강을 통해 송파구의 몽촌토성까지 이동됐다는 것이다. 신정동에는 백제 시대에 지어진 것으로 추정되는 토성이 발견됐는데 백제 '소금의 길(인천 공촌동-서울 몽촌토성)'을 관리하는 중간 관문이었을지 모른다. 백제는 이렇게 확보한 소금을 충북·강원 지방의 철과 맞바꿈으로써 세력을 확대했을 것이다.

남한의 대표적인 소금 산지였던 인천 소래 염전

인천은 조선 시대에도 대표적인 소금 산지였으며, 근대에도 천일제염의 선구지였다. 대한제국은 1899년 인천에 쇠가마솥과 기계를 도입한 제염시험장을 처음으로 설치했다.

이때 인천 제염시험장을 관리하는 기수技手(기술직 8급 공무원)로 선발된 인사가 변국선이다. 1899년 2월 16일 자「독립신문」에 '경상도 고성에 사는 변국선 씨가 소금을 만드는 방법과 관련한 헌의서를 중추원에 바쳤고 이를 본 중추원에서 변씨를 불러들였다'라는 내용의 기사가 있는 것으로 봐서, 본래 공무원은 아니었고 소금 관련 지식으로 발탁됐던 것 같다. 그는 일본에서 신식 제염

기계를 도입했고, 인천의 신식 제염시험장은 대성공을 거뒀다. 그 덕분에 승진을 거듭한 그는 1906년 농림학교(서울농대 전신) 교수보로 임명됐으며, 1908년에는 농림사라는 회사도 세웠다. 참고로 변국선의 딸은 시인 이상과 결혼했다가 이상이 죽고 화가 김환기와 재혼한 변동림이다.

한편 조선총독부가 남동·소래 염전을 연이어 개발하면서 인천은 남한 최대의 소금 산지로 떠올랐다. 이때만 해도 주요 소금 산지는 평안도 등 북한 일대였기 때문에 해방 후 분단이 되자 남한은 소금을 해외에서 수입해야 하는 상황이 됐다. 그런 터라 인천은 한국에서 가장 중요한 소금 공급처가 됐다. 남해안 일대에 부랴부랴 염전을 만들기 시작했지만 1960년대에는 여전히 인천에 기대야 했으며, 1970년대에도 소래 염전이 대한민국 국내 소금 수요의 30%를 감당했다.

그러다가 남해안의 천일제염업이 급성장하고 저렴한 중국산 천일염이 수입되면서 인천의 염전은 경쟁력을 잃었고, 1996년 7월 31일 소래 염전은 문을 닫았다. 소래습지생태공원에 가면 당시 사용된 소금창고의 일부를 볼 수 있다.

금보다 비싼 철의 도시,
울산

MBC 대하드라마 〈주몽〉에서 중요한 대목 중 하나가 대장장이 모팔모가 강철검 제작 비법을 알아내는 과정이다. 고대에 철 제련은 지금의 반도체에 맞먹을 정도의 하이테크 산업이었다. 철로 만들어진 농기구와 무기를 가진 쪽은 상대를 압도할 수 있었기에 철을 얼마나 제대로 확보할 수 있는지가 문명의 흥망을 좌우했다.

히타이트는 철이 고대 시대에 얼마나 강력한 자원이었는지를 제대로 보여준 국가다. 인류 역사상 최초의 철기 사용자로 불리는 이들은 짧은 기간에 당대 최강대국 이집트와 경쟁하는 관계가 됐다. 이집트도 철을 사용하기는 했지만 운철(운석에서 얻은 철) 뿐이었고, 히타이트가 처음으로 용광로를 이용해 철을 주조했다. 이 철은 당시 같은 무게의 금보다 5~8배나 비쌌다고 한다.

유물로 확인된 기원전의 철광산

울산은 물가나 생활 수준이 서울 못지않게 높기로 유명하다. 외지인에게 울산 하면 가장 먼저 떠오르는 건 아마도 현대자동차나 현대제철 같은 철강 산업일 것이다. 걸출한 기업이 들어오고 철 산업이 일어난 덕분에 급성장한 산업 도시로 생각하는 사람도 많다. 하지만 울산이 철을 만들어 먹고산 역사는 굉장히 오래전으로 거슬러 올라간다.

2008년, 울산 북구 달천동에서 발견된 채광採鑛 유적과 유물이 학계를 깜짝 놀라게 했다. 조사 결과 BC 1세기부터 3세기 사이의 것으로 확인됐기 때문이다. 이곳의 달천광산이 무려 삼한 시대부터 개발됐다는 증거다. 당시 기술로는 땅을 깊게 파고 들어가기가 어려웠는데, 달천광산은 보기 드문 토철土鑛 광산이었다고 한다. 조금 과장하면 철광석이 굴러다녔던 셈이다.

신라로선 달천광산이 보물이나 다름이 없었다. 달천광산에서 불과 5킬로미터 정도 떨어진 경주시 월성군 외동읍 녹동리에는

달천광산이 있던 자리
자료: 네이버 지도

신라 때의 쇠부리터(쇠를 녹이고 다뤄 가공하는 제철 작업 장소)가 있다. 학자들은 달천광산에서 캔 철광석을 이곳으로 옮겨 무기와 농기구로 바뀌었을 것으로 추정했다. 그 덕분에 경상북도의 소국에 지나지 않았던 사로국(경주를 중심으로 한 초기 신라)이 주변 소국들을 통합하고 중앙집권국가로 올라설 수 있었던 것이다. 비록 고구려나 백제보다 출발이 늦었지만, 수도 가까이에 철 자원을 확보한 것이 중앙집권국가로 발돋움하는 데 적잖게 도움이 됐을 것이다.

광산과 항구를 모두 갖춘 도시, 울산

왕이 개운포에서 놀고 있는데 갑자기 구름과 안개가 자욱하게 깔려 길을 잃고 말았다. (…) 동해의 용이 기뻐하며 일곱 아들을 거느리고 왕 앞에 나타나 기이한 춤을 추고 음악을 연주했다. 그중 한 아들이 왕을 따라 서라벌로 들어와 정사를 도우니, 이름 은 처용이라 했다.

- 『삼국유사』 「기이」 중 '처용 설화'

개운포는 지금의 울산, 처용은 아랍 또는 페르시아계 외국인 으로 추정된다. 당시 울산의 규모를 정확히 알 순 없지만, 사람들 이 많이 오가는 번화한 국제항이었다. 신라 때 울산 지역엔 개운 포 외에도 율포, 사포 등 3개의 항구가 있었다고 한다. 박제상이 신라 내물왕의 동생 미사흔을 구출하기 위해 일본으로 출발한 곳도 율포였다.

중국 역사서 『후한서』는 한반도 동남부에 대해서 "철이 나는데 마한·예·왜인들이 모두 와서 사 간다. 시장에서 물건을 사고팔 때 철을 사용하는데 중국에서 돈을 사용하는 것과 같다"라고 기 록했다. 학자들 사이에서는 이 지역이 김해인지 울산인지를 놓 고 의견이 분분하지만, 울산 달천광산 인근에서 고대 일본의 야 요이 토기가 발견된 것은 주목할 만한 사실이다.

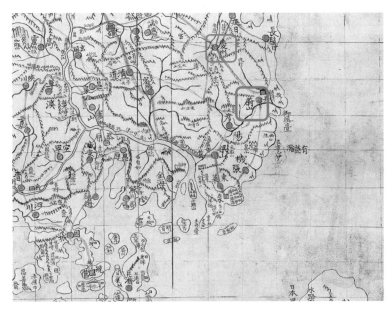

<동국지도>에서 볼 수 있는 울산과 경주

자료: 서울역사박물관

 울산 달천 외에도 경북 울진, 충남 서산·직산, 충북 충주, 경남 김해·마산, 전북 남원 등에서도 고대 시대부터 철이 나왔던 것으로 확인됐다. 이미 알아챈 사람도 있겠지만, 이 지역들은 과거에 국가의 중심지이거나 부유했던 곳이 아니다.

 그 이유 중 하나는 내륙지대여서 좋은 항구가 없다 보니 외부와 교역하기가 어려웠다는 점이고, 다른 하나는 철이 이미 오래 전부터 전략물자로 다뤄졌다는 것이다. 철은 국방과 농업에 꼭 필요한 핵심 자원이었기 때문에 사치재인 보석이나 금은처럼 마음대로 사고팔기가 어려웠다. 대부분 국가에서 철 생산지를 철저하게 통제했기 때문에 지역 주민 입장에서 보면 '노다지'와는 거리가 멀었다. 철이 지역을 부유하게 해준 것은 대형 제철소와 일자리를 만들어준 산업혁명 이후다.

울산은 중앙집권국가가 들어서기 전부터 외부와 활발하게 교역할 수 있는 조건을 갖추고 있었다는 점에서 여타 철 산지와 달랐다. 그렇지만 울산의 역사에서도 신라 이후 달천광산은 차츰 빛을 잃어갔다. 정복전쟁의 시대가 종식되자 더는 과거만큼 철이 필요하지 않아서였을 수도 있고, 노천에서 캘 수 있는 양이 고갈돼서일 수도 있다. 오랫동안 묻혀 있던 달천광산이 역사에서 다시 빛을 보기 시작한 것은 조선 시대다.

울산 달천광산을 되살린 이의립

17세기 조선에 이의립이라는 사람이 있었다. 그는 임진왜란과 병자호란에서 조선이 약했던 이유가 무기를 만들 철이 부족해서라고 생각했다. 그래서 철광을 찾아 10년간 전국의 산을 탐사했는데, 1657년(효종 8) 산신령의 계시를 듣고 양질의 철광을 찾아냈다고 한다. 바로 울산 달천이었다. 그는 쌀 200석을 자본금으로 이곳에 제철소를 세웠고, 큰 성공을 거뒀다. 이의립의 생애를 다룬 『구충당 선생 문집』에 나오는 이야기다.

그런데 이의립이 산신령을 만나기 2년 전에도 국가에서 달천 광산을 언급했다는 기록이 있다. 『승정원일기』에 따르면, 1655년 승지 임의백이 훈련도감에 염초를 굽는 솥이 부족하다며 "경상도 울산 땅에 빈 산이 있는데, 철맥이 가득해 힘을 많이 들이지 않고도 철을 많이 얻을 수 있다"라며 백성들에게 철을 캐게 하자고 건의했다.

두 건을 종합해보면 달천광산의 존재는 알고 있었지만, 한동안 방치했던 것 같다. 이는 『승정원일기』에서 '철맥이 가득한 빈 산'이라고 표현한 것에서도 알 수 있다. 또 『세종실록지리지』에도 울산에서 매년 생철을 1만 2,500근이나 바쳤다는 기록이 나온다. 아마도 임진왜란 이후 제대로 관리되지 않았던 모양이다. 울산 출신인 이의립은 달천광산을 잘 알고 있었고 국가의 철 수요가 증가하자 이곳에 재빨리 제철소를 만든 것 같다. 효종 시대 조선은 명나라의 복수를 위해 북벌을 하겠다며 무기 생산에 박차를 가하던 때였다.

연유가 어쨌든 이의립의 제철소는 순조롭게 경영됐고, 국가의 기대에도 부응했다. 『구충당 선생 문집』과 『승정원일기』를 보면 그가 1660년에만 각궁 280통, 함석 100근, 연철 1,000근, 철환 73만 개, 솥단지 440개를 주조해 나라에 바친 것으로 나온다. 조정에서는 공로를 인정해 가선대부라는 벼슬을 내리는 한편 달천광산의 경영권과 세습권을 인정해줬다. 이의립 가문은 대를 이어 달천광산을 경영했는데, 13세손 이은건 때 조선이 일본과 강제로 합병되면서 이들의 경영권도 일본인에게 넘어갔다. 이후 이곳에서 캐낸 철과 구리가 장생포항을 통해 일본으로 운송됐다고 한다.

해방 이후에도 달천광산은 쉼없이 돌아갔다. 2,000년 전 달천의 철광석이 경주의 대장간으로 옮겨져 신라를 발전시킨 것처럼, 1970년대 이곳에서 생산한 철은 포항제철로 납품되어 대한민국을 살찌웠다. 이때 많은 일자리가 생겨 전국에서 노동자들이 울산으로 모여들었다. 1993년 7월 달천광산의 갱도를 닫을 때 책임자였던 삼미금속 광업부장 윤석원 씨도 충남 부여 출신이다.

광산이 있던 자리엔 현재 대규모 아파트 단지가 들어섰다. 그래서 삼한 시대부터 철을 캐기 시작해 신라의 대장장이부터 포항제철까지 철을 공급했던 달천철광은 이제 흔적을 찾기 어렵다. 울산시기념물 제40호라고 쓰인 안내판과 매년 5월에 열리는 쇠부리축제가 과거의 영화를 이야기할 따름이다.

조선의 황금광 시대,
직산

"초황금광시대超黃金狂時代"

　1934년 1월 9일, 「동아일보」는 황금광 시대의 화려한 개막을 선언했다. 이날 기사는 신년 벽두인 1월 1일부터 함경북도 부령, 충청남도 서산, 전라남도 화순에서 새 금광이 발견된 것을 시작으로 1월 6일에는 무려 50건의 금광이 발견됐다는 소식을 전했다. 기사는 금광을 신고하러 온 사람들이 인산인해를 이뤄 '광산과 직원들이 눈코 뜰 새가 없었다'라는 문구로 마무리됐다.

너도나도 금광으로

1930년대는 조선의 황금광 시대였다. 조선에는 '노다지No touch'라는 말이 유래된 것으로 유명한 평안북도 운산금광과 지금도 북한이 금을 캐는 대유동금광을 비롯해 수많은 금광이 있었다. 최창학은 운산이나 대유동에 비하면 구멍가게라 할 만한 평안북도 구성의 삼성금광을 6년간 운영한 뒤 일제 강점기 조선 최고의 거부(추정 재산 약 3,600억 원)가 됐다(그는 해방 후 김구에게 자신의 별장인 경교장을 사저로 제공했다). 「동아일보」 정주지사를 운영하다가 실패했던 방응모는 평안북도 삭주의 교동광산을 찾아내 「조선일보」를 인수할 만큼 거부가 됐다.

평범했던 이들의 일확천금 성공 스토리가 연일 신문 지면을 장식하자 금광을 찾아 너도나도 뛰어들었다. 박태원의 소설 『소설가 구보씨의 일일』에는 이런 시대적 분위기가 잘 드러나 있다.

황금광 시대(黃金狂時代).
저도 모를 사이에 구보의 입술에서는 행복한 웃음이 새어 나왔다. 황금을 찾아, 황금을 찾아, 그것도 역시 숨김없는 인생의, 분명히, 일면이다. (…) 출원 등록된 광구(鑛區), 조선 전토(全土)의 칠 할. 시시각각으로 사람들은 졸부(猝富)가 되고, 또 몰락해 갔다. 황금광 시대. 그들 중에는 평론가와 시인, 이러한 문인들조차 끼어 있었다. 구보는 일찍이 창작을 위해 그의 벗의 광산에 가 보고 싶다 생각하였다. 사람들의 사행심(射倖心), 황금의 매력, 그러한 것들을 구보는 보고, 느끼고, 하고 싶었다.

- 박태원, 『소설가 구보씨의 일일』

박태원이 말한 황금광 시대에 몸을 실은 문인 중에는 김유정이나 채만식 같은 유명 소설가도 있었다. 충남 예산에서 금광을 찾아 헤맸던 김유정은 1935~1936년 자신의 경험을 토대로『금따는 콩밭』『금』『노다지』라는 이른바 '금광 3부작'을 냈다. 『삼대』『태평천하』등으로 유명한 채만식도 1939년「매일신보」에『금의 정열』이라는 작품을 연재했다.

채만식은 한때 "세상 사람은 너 나 할 것 없이 돈을 부르짖는다"라고 개탄했지만, 정작 그 자신도 한몫을 잡기 위해 금광으로 갔다. 그는 덕대(소규모 광산 운영자)로 있던 형들을 따라 충남 직산의 금광에 손을 댔다가 크게 말아먹고 평생 가난으로 고생했다. 사망하기 한 달 전 지인에게 보낸 편지에서 원고지 20권만 보내달라며 "나는 일평생을 두고 원고지를 풍부하게 가져본 일이 없네. 이제 임종이 가깝다는 예감을 느끼게 되니 죽을 때나마 한 번 머리 옆에다 원고용지를 수북이 놓아보고 싶네"라고 썼다고 한다.

중국에까지 소문난 '금이 나는 땅'

김유정과 채만식이 간 충남은 평안도가 유명해지기 전에는 가장 잘 알려진 금맥이었다. 고려 시대에 향鄕·소所·부곡部曲이라고 불리는 특수 행정구역이 있었다. 이 중 소는 먹, 금, 종이 같은 중요한 물품을 정부에 공급하는 특수 지역이었다. 그중에서도 금을 공급하는 곳을 금소金所라고 했다. 『세종실록지리지』나 『신증동국여지승람』의 각종 기록을 종합해보면 고려 시대에 17곳의 금소가 있었음이 확인되는데 이 중에서 절반인 8곳이 충남에 있었다.

직산은 이미 고려 때부터 금이 나는 땅으로 유명했다. 『직산현지』와 『연려실기술』에는 원나라의 관리가 금을 얻기 위해 직산에서 땅을 100군데나 팠다는 기록이 나온다. 고려가 원나라의 금 공물 요구에 난색을 표하자 직접 채굴에 나선 것이다. 만족할 만한 수준의 금을 얻지는 못했지만, 원나라 관리가 직산을 '콕' 찍었다는 것은 그만큼 유명했다는 것을 말해준다.

이후 들어선 조선은 명나라가 금은을 공물로 요구할까 두려워 전국의 금은광산을 폐쇄해버렸다. 그래도 국내에서 필요한 수요가 있으니 소규모로 채굴이 됐겠지만, 나라에서 막은 터라 거래가 활발했을 리는 없다. 조선이 망할 때까지 골드러시 열풍이 불지 않은 이유가 바로 이것이다.

안변읍

회양군

정선군

영월군

봉화군
안동시

예산군
홍성군
청양군 　공주시
　부여군 금산군

보성군

『세종실록지리지』에 기록된 금소의 위치

직산의 골드러시

20세기가 되자 한반도에서 한몫 잡으려고 들어온 일본인들은 금광에 눈독을 들였다. 이들이 직산을 지나칠 리 없었다. 1900년 일본의 시부사와 에이이치와 대한제국 궁내부 간에 '직산군 금광 합동 조약'이 맺어졌다. 시부사와 에이이치는 현재 일본의 1만 원권 지폐에 등장하는 인물로 '일본 자본주의의 아버지'로 불리는 실업가다. 경부선 철도도 그의 주도로 설립됐다. 그런 그가 노렸으니 직산의 금광 가치가 대단히 높았던 게 분명하다.

직산의 대규모 금광은 일본인이 차지했지만, 규모가 작은 금광은 조선인이 경영하는 곳도 많았다. 또 직산뿐 아니라 인근에 있는 입장, 성환, 성거 등 현 천안시 일대에서도 금이 났다. 특히 비교적 수월하게 금을 채취할 수 있는 사금沙金 지대가 많았기 때문에 전국에서 사람들이 몰려들었다(채만식도 그중 한 명이었다). 당시 직산에는 금 캐는 인부만 2,000명이 있었고, 그중 30%가 평안도 출신이었다고 한다.

사금에서 금의 입자를 고르고 난 사토를 '버럭'이라고 한다. 아무리 금을 잘 골라내더라도 버럭 더미 속에는 금의 입자가 남아 있게 마련이다. 그래서 이것을 전문적으로 다루는 '거랑꾼'들도 나타났다. 그 무렵 성환에서 천안에 이르는 들판에는 버럭 더미가 곳곳에 널려 있었다고 한다. 거랑꾼은 버려진 버럭 더미를 뒤

318

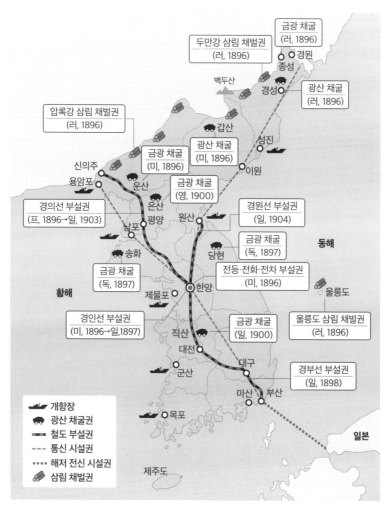

19세기 말 한반도 내 금광의 위치
자료: 국사편찬위원회

져서 금을 채취했다.

운 좋게 금을 찾아내면 이들은 천안 사직동 시장으로 갔다. 당시 사직동 시장엔 이런 금을 사는 노점이 곳곳에 있었다. 노점에서는 거랑꾼이 창호지에 싸 온 금가루의 품질을 매겨 매수했다. 장터 곳곳은 이렇게 해서 한몫 잡은 사람들을 위한 술십이 즐비했다고 한다. 골드러시가 만든 풍경이다.

일부는 금을 들고 만주로 갔다. 금 밀수업자들이다. 금 반출은 금지되어 있었지만 천안을 지나는 경부선은 당시 만주까지 이어져 있어서 한탕을 노리는 모험가들을 유혹했다.

시름세, 김봉서, 한화

직산과 성환 사이에 수헐리라는 마을이 있다. 시름리라고도 불린다. 고려 태조 왕건이 이곳에서 쉬면서 제사를 지내고 시름을 덜고 갔다고 해서 붙여진 이름이다. 지금도 수헐리 부영아파트 앞에는 시름세삼거리라는 지명이 남아 있다.

시름세는 충남에서 금이 가장 많이 나는 곳 중 하나였다. 이곳에서 사금을 캐 성공을 거둔 이들 중에 김봉서라는 사람이 있었다. 학교도 다니지 못할 정도로 집이 가난했지만, 금광에서 인부로 일하면서 금광에 대한 지식을 쌓았다. 한푼 두푼 밑천을 모은 그는 금광을 조금씩 사들였고, 세월이 흐르자 충남의 '금광왕'으로 불리게 됐다. 그는 그렇게 번 돈을 독차지하지 않았다. 어려운 사람들을 도와주고, 지역에도 기부를 많이 했다. 사람들은 그

의 공덕을 기리기 위해 부대동 1호 국도변에 '김봉서 시혜 기념
비'를 세웠고 지금도 남아 있다.

김봉서에게는 공부를 잘하는 어린 종숙이 있었다. 혈기왕성했
던 그 종숙은 경기도립상업학교에 다니다가 일본 학생과 패싸움
을 해 퇴학당했다. 그를 아낀 김봉서는 가까이 지내던 원산경찰
서장 고이케 쓰루이치에게 부탁해 원산공립상업학교에 다닐 수
있게 했다. 숙부의 도움으로 학업을 마친 그는 1942년 조선화약
공판에 입사했고, 해방 후 이곳이 적산기업이 되자 미군정으로
부터 불하를 받았다. 지금의 한화다.

골드러시 천안의 성쇠

1930년대에 세계경제가 금본위제로 전환하면서 금값이 폭등했
다. 덩치를 키우며 세계경제에 편입된 일본은 금이 필요했다. 게
다가 만주사변을 일으키고 중국과 전쟁에 돌입하면서 금의 필요
성은 더욱 절실해졌다. 일본 정부는 금광에 보조금(시설비의 50%)
을 지급하고 금을 고가에 매수함으로써 금 채굴을 장려했다. 또
금광을 처음 신고한 사람에게 먼저 허가를 내주는 선원주의先願主
義를 내세웠다. 조선의 황금광 시대는 이런 일본의 사정과 맞물
려 펼쳐졌다. 금이 나는 곳에는 돈이 흘렀고 이를 찾아 사람들이

몰려들었다. 직산, 성환 등 여기저기서 금이 나던 천안도 마찬가지였다.

1925년 8만 7,806명이던 천안의 인구는 황금광 시대가 시작된 1935년에는 12만 3,006명으로 무려 50%가 늘었다. 하지만 일제 강점기에 성황을 이뤘던 금광이 광복 후 점차 쇠퇴하자 인구도 풍선 바람 빠지듯 줄었다. 1966년 인구조사에서는 7만 1,192명에 불과했다. 천안의 인구가 12만 명을 회복한 것은 1980년(12만 441명)이다.

외면받던 산지가
옥토로 바뀌다

영화 〈바람과 함께 사라지다〉의 인상적인 장면 중 하나는 아름다운 스칼렛 오하라(비비언 리 분)가 "내일은 내일의 태양이 뜰 거야"라며 억척스럽게 삶의 의지를 다짐할 때다. 그걸 보면서 나는 누대에 걸쳐 농장을 이루고 번영을 구가하던 미국 남부 지주계급의 땅에 대한 집착과 열정을 느꼈다.

어린 시절에 본 미국 영화나 드라마는 '개척'과 관련된 것들이 많았다. 〈초원의 집〉 같은 가족 드라마부터 〈황야의 무법자〉 같은 서부영화까지 장르와 내용은 다양해도 그 배경에는 미국 특유의 개척정신이 녹아들어 있었다.

어릴 땐 그저 미국만의 이야기라고 생각했는데, 대학에 와서 이런저런 논문을 읽다 보니 조선에서도 이와 유사한 흐름의 시대가 있었던 게 아닌가. 그동안 왜 이런 면은 가려지고 '썹선비'들만 내세워진 건지 조금 아쉽기도 했다.

이황 집안의 영남 개척사

우리에게 이황은 성리학의 대학자로 인식된다. 하지만 사실 그의 가계를 찬찬히 살펴보면 문文이 아니라 무武로 일어선 집안이라는 걸 알 수 있다. 이황 집안을 일으킨 것은 그의 5대조 이자수다. 경북 진보현 출신인 그는 고려 공민왕 때 홍건적에 맞서 개경을 수복한 공로로 2등공신에 책봉됐다. 전田 50결과 노비 5명을 받았는데, 이것이 이황 집안의 '시드 머니'가 됐다. 그의 손자이자 이황의 증조부인 이정 역시 조선의 여진 정벌에 참여해 공을 세우고 세조의 원종공신 3등에 올랐으니, 이쯤 되면 유서 깊은 무인 집안으로 손색이 없을 것이다.

경북 선산부사를 지낸 이정은 3남 6녀를 뒀다. 막내 이계양이 이황의 조부다. 그런데 조선은 전반기만 해도 남녀 균분상속이 대세였다. 이계양에게 돌아갈 몫이 많지 않았다는 이야기다.

한편으로 남녀 균분상속은 결혼을 잘하면 부인이 가져올 처가

쪽 재산을 기대할 수 있는 시스템이기도 하다. 이계양은 결혼 후 처가를 따라 경북 예안현에 자리 잡았고, 마흔 살이 되던 해 오랫동안 눈여겨본 예안의 온혜동에 정착하기로 한다. 이것이 이황 가문의 운명을 바꿨다.

조선 시대 영남의 유력 가문들이 자리 잡은 곳을 보면 공통점이 하나 있다. 고려 말까지 황폐했거나 오지 또는 벽지로 분류된 땅이었다는 점이다. 다시 말해 '투자 가치'가 없다고 여겨진 땅이다.

이황의 조부가 점찍은 땅도 비슷했다. 이곳은 고려 때 지도보부곡에서 의인현으로 승격됐는데, 용두산·청량산·영지산 등 3면이 산지로 둘러싸여 개간이 쉽지 않은 지역이었다. 면적은 인근 예안현보다 넓은데도 농지나 주민 수는 훨씬 적었고, 결국 폐현되어 예안현에 흡수됐다.

그렇다면 이황의 조부는 왜 이곳을 선택했을까. 자본이 부족해 이보다 큰 안동이나 예안에 진입하지 못하고 밀려났다고 봐야 할까? 그런 면도 전혀 없지는 않았을 것이다. 하지만 그게 전부는 아니다.

황무지가 옥토로 바뀌다

고려 후기 유학자들이 원나라에서 배운 것은 성리학만이 아니었다. 그들은 중국 강남에서 발달한 이앙법 등 선진농법에도 관심이 많았다. 그리고 그것이 조선 전기 경북에서 발현되어 농업혁신이 일어났다는 것은 앞서 소개했다(1장 참고). 그런데 '모내기'로 잘 알려진 이앙법은 생산을 크게 늘릴 수 있지만, 조건이 까다로웠다. 봄부터 여름까지 농업용수가 안정적으로 확보되어야 했으며, 특히 봄에 물이 충분해야 했다.

오래전부터 이앙법이 발달한 중국 강남의 상하이를 보면 연평균 강수량이 1,166.1밀리미터다. 언뜻 보면 대구 1,064.4밀리미터와 큰 차이가 없다. 하지만 상하이는 상대적으로 연중 고르게

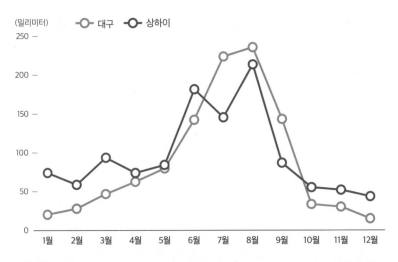

(단위: 밀리미터)

구분	1월	2월	3월	4월	5월	6월	7월	8월	9월	10월	11월	12월	합
상하이	74.4	59.1	93.8	74.2	84.5	181.8	145.7	213.7	87.1	55.6	52.3	43.9	1,166.1
대구	20.6	28.2	47.1	62.9	80	142.6	224	235.9	143.5	33.8	30.5	15.3	1,064.4

상하이와 대구의 월별 평균 강수량 비교
자료: 상하이-1981~2010 중국기상국, 대구-대한민국 기상청 및 위키백과 참고

비가 오는 반면, 대구는 여름에 극단적으로 집중되어 있다. 조선 정부가 이앙법을 오랫동안 막은 것도 강우량이 고르지 않은 한 반도 기후에서는 리스크가 크다고 판단했기 때문이다.

이런 상황에서 경북의 유학자들이 주목한 곳이 산간지대였다. 시골에서 살아본 사람은 알겠지만, 산에는 소량이라도 냇물이나 계곡이 흐르는 곳이 많다. 물의 공급이 언제나 원활하다는 이야기다. 이들은 계곡 양편에 전답을 만들고 천방川防(산골짜기에 흐르는 개울 등을 이용한 수리시설)을 확충해 이앙법을 성공시켰다. 그간 주목받지 않았던 땅을 옥토로 바꾼 것이다.

영남의 주요 지형
낙동강 하류가 지나는 경남은 평지가 많은 반면 소백산맥으로 둘러싸인 경북은 지대가 높은 편이다. 하지만 20세기 초까지 논의 비율은 경북이 높았다. 붉은색 원이 이황 집안이 자리 잡은 옛 의인현 일대다.
자료: 국토지리정보원

실제로 20세기 초 일본 측 조사에 따르면 경상도 전체 농경지는 약 46만 1,000정보(10억 3,830만 평, 457.2제곱킬로미터)였고, 경북은 논의 비율이 76.7%였던 반면 경남은 65.1%에 그쳤다. 산지와 분지가 많은 경북이 낙동강 하류의 김해평야를 확보한 경남보다 논의 비율이 높았다는 이야기다.

언뜻 상식과 다르게 보일 수 있지만, 평지만 있는 지대는 오히려 천방이나 저수지를 만들기 어렵다. 조선 시대에는 댐 같은 대형 수리시설을 만들고 넓은 평야 구석구석 풍부한 물을 대는 것이 어려운 일이었다. 그래서 이황 집안을 비롯해 경북 명문가의 여러 집성지가 이앙법을 적용한 농장이 조성된 산간에 자리 잡고 있다.

대규모 노동력은 어디서?

산지에 수리시설을 만들고 농지를 개간하려면 엄청난 노동력이 필요한데, 양반들이 두 팔을 둥둥 걷고 했을 리는 없다. 여기서 또 절묘하게 그들의 이해관계가 맞아떨어지는 변화가 일어났다. 조선 세종 때 모친이 노비면 자식도 노비가 되는 '종모법從母法'이 확정된 것이다. 일부다처제에선 종모법이 노비를 늘리기 좋다. 이어 『경국대전』에서 일천즉천一賤則賤(부모 가운데 한쪽이 천인이면 자식도 천인)

이 확정됐다. 이에 따라 조선 초 인구의 10%를 넘지 않던 노비가 조선 중기엔 40%까지 급증했고, 양반들은 풍부한 노동력을 동원할 수 있었다. 외면받던 산간지대를 이앙법이 가능한 농지로 바꿀 수 있었던 배경 중 하나다. 그래서 조선 전기 경북의 농장 개발 이야기를 접할 때면 미국 남부의 지주계급이 떠오르곤 한다.

신규 진입이 어려운 영국을 떠나 새로운 기회를 찾아 무주공산인 신대륙으로 간 영국인들은 흑인 노예를 이용해 남부에 넓은 농장을 만들었고, 영국 산업혁명으로 면직물의 대량생산이 가능해지자 늘어난 면화 수요 덕분에 떼돈을 벌었다. 그리고 미국 사회의 주류로 성장했다.

마찬가지로 이황의 가문 진성 이씨를 비롯해 경북의 많은 유력 가문은 조선 전기 '버려진' 땅에 주목했고, 때마침 늘어난 노비 노동력을 이용해 농지를 개간했다. 이를 기반으로 이황과 도산서원을 중심으로 하는 조선 주류 세력의 한 축, 남인이 형성된 것이다.

퇴계 이황의 재테크 비결

이황의 재산은 얼마나 됐을까? 이를 들여다볼 수 있는 열쇠가 있다. 재산을 물려준 기록인 '분재기分財記'다. 이황 자신이 남긴 분재기는 없지만, 유일한 상속자인 아들 이준의 분재기가 남아 있다.

그것이 작성된 1586년은 이황의 사망연도(1570)와 불과 16년밖에 차이가 나지 않는다. 그래서 학자들은 이황의 재산 규모와 크게 다르지 않을 것으로 본다.

이를 보면 이황 집안은 전답 3,094.7두락, 노비 367명을 갖고 있었다. 당시 지방 지주들의 평균 재산이 전답 300~500두락, 노비 100여 명이라는 점을 고려하면 퍽 부유한 편이었다. 이영훈 서울대 명예교수의 연구에 따르면 경북 안동과 고령 일대에서 밭 1두락은 119.2평, 논 1두락은 105.8평에 해당한다고 한다. 이를 적용하면 이들 집안의 땅은 35만 2,814평 정도가 된다.

이렇게 재산을 모은 데는 여러 가지 노력이 있었겠지만 핵심 키워드를 꼽으라면 '혼테크'였다. 앞서 말했듯이 당시만 해도 남녀 균분상속이었기에 결혼은 재산을 불릴 수 있는 주요 수단이 됐다. 이황도 두 차례 결혼 과정에서 전처와 후처가 영천(382두락), 풍산(148두락), 의령(687.5두락) 등을 재산에 보탰다. 성공적인 '혼테크'였다.

영남의 유력 가문들은 재산이 밖으로 빠져나가지 않도록 비슷한 수준의 가문끼리 혼인 관계를 맺는 한편, 분재기에는 재산을 팔더라도 혈족 및 인척 관계가 없는 타인에게는 절대 팔지 말도록 당부했다. 부득이하게 팔아야 한다면 반드시 자기 가문 내의 집안에 팔게 했다.

이들은 노비를 늘리는 데에도 노하우가 있었다. 이황이 아들

(단위: 두락, 명)

구분	밭	논	노비
장자	415.5	247.5	97
장녀	356	216.5	72
2남	340.5	233	61
2녀	354.2	249.5	64
3남	429	253	73
합계	1,895.2	1,199.5	367
3,094.7			

이황의 아들 이준이 자녀 5명에게 남긴 분재기
맏이냐 아니냐, 아들이냐 딸이냐를 가리지 않고 비교적 고르게 분배했음을 알 수 있다. '이수건, 「퇴계 이황 가문의 재산 유래와 그 소유 형태」『역사교육논집』1990'을 토대로 다시 정리했다.

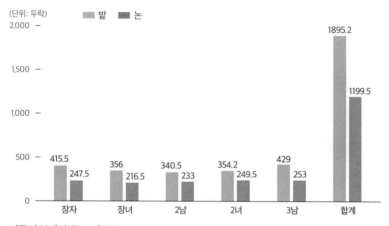

이준의 분재기 중 토지 부분

에게 남긴 서찰을 보면 그가 노비들을 양인良人과 결혼시키려고 얼마나 애썼는지 엿볼 수 있다.

범금과 범운 등을 불러다가 믿을 만한 양인 중에 부모가 있어 생

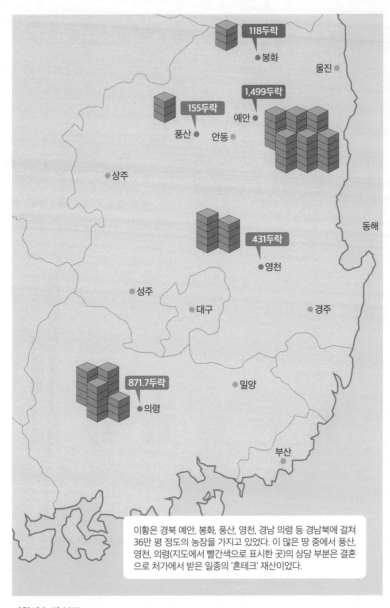

118두락

봉화

울진

1,499두락

155두락

예안

풍산

안동

상주

동해

431두락

영천

성주

대구

경주

밀양

871.7두락

의령

부산

이황은 경북 예안, 봉화, 풍산, 영천, 경남 의령 등 경남북에 걸쳐 36만 평 정도의 농장을 가지고 있었다. 이 많은 땅 중에서 풍산, 영천, 의령(지도에서 빨간색으로 표시한 곳)의 상당 부분은 결혼으로 처가에서 받은 일종의 '혼테크' 재산이었다.

이황의 농장 분포

업을 의탁할 수 있는 자를 골라 시집을 보내고, 죽동에 와서 살
게 한다면 더욱 좋겠다.

- 이황, 『도산전서』

이황이 노비와 양인(백성)들을 적극적으로 맺어주려고 했던 것
은 노비끼리 결혼시키는 것보다 양천교혼良賤交婚을 시켜야 일천즉
천을 통해 노비를 쉽게 늘릴 수 있기 때문이다.

2명의 남녀 노비가 양천교혼으로 자녀를 낳는 경우

양천교혼이 노비를 늘리는 데 수월한 이유

그래서 이황뿐 아니라 조선 시대 많은 사대부가 노비들이 양
인과 결혼하도록 유도했다. 지금 기준으로 보면 확실히 지나쳐
보인다. 다만 19세기까지 미국에서도 노예무역이 성행했다는 것
을 고려하면 지나치게 특수한 경우는 아니었다. 조선 전기의 개
발을 주도한 사대부들은 낙후된 지역에서 새로운 농법을 실험하
고 성공을 거둔 혁신가이면서 노비와 토지 모으기에 혈안이 된
자산가이기도 했다. 현대의 성공한 비즈니스계 거인들과 마찬가
지로, 이들도 탐욕과 착취 그리고 혁신과 성공 사이 어디쯤엔가
자리하고 있는 것 같다. 어디에 놓을지는 각자의 몫이다.

8장

이젠 자연환경도
인공으로
만들어내는 시대

* 유수지, 매립지가 금싸라기 됐네
* 1·2기 신도시: 호수와 중앙공원을 만들어낸 그 시절
* 없으면 만들어라 ①: 민간공원 특례사업 프로젝트
* 없으면 만들어라 ②: 초대단지에 조성한 완벽한 공원
* 번듯한 자리가 된 주한미군·군부대 이전 부지

유수지, 매립지가
금싸라기 됐네

주거지의 입지를 고를 때 주로 거론되는 것들이 있다. '풍수지리'라고 하면 이제 무속으로 치부될 테니 말을 아낄 필요가 있는데, 사람들이 보통 좋아하는 입지란 '사는 데 불편함이 없는 곳'이다. 좌청룡이니 우백호니 하는 뜬구름 잡는 얘기는 차치하고, 아마도 농경 시대라면 먹을 물을 구하기 쉬우면서도 홍수를 피할 수 있도록 물가보다 높은 구릉지에, 추위를 막아주면서 땔감도 제공해주는 뒷산이 있고, 난방비를 아낄 수 있도록 해가 잘 드는 남향을 선호했을 것이다. 물론 지금이야 홍수나 땔감을 고려하면서 집을 구하지는 않지만, 먹고 자고 아이 키우고 등의 사람 사는 모습은 크게 다르지 않으니 예나 지금이나 선호하는 입지도 그다지 다르지 않다.

좋은 입지를 골라야 한다는 건 누구나 안다. 그러면 좋지 않은 입지는 계속 별로인 걸까? 이런 단점을 극복하게 해준 것이 과학기술이다. 과학기술이 얼마나 대단한 것인지를 굳이 인터넷에서 찾을 필요까지도 없다. 당장 눈앞에 보이는 아파트가 과학기술의 결정체이니 말이다. 한정된 토지에 많은 사람이 살 수 있도록 해주지 않았는가. 예전이라면 몇 세대만이 누렸을 풍수지리의 명당(?)을 지금은 몇십, 몇백 세대가 공유한다. 좋은 것을 여럿이 누리게 하는 것은 매우 좋은 일이다. 그러므로 우리는 과학기술을 숭배할 필요가 있고, 되도록 자녀를 공대에 보내야 한다(반은 농담이고 반은 진담이다).

과학기술은 정말 문제가 많은 곳조차 괜찮은 주거지로 변모시켜준다. 아주 기본적인 문제, 즉 물과 산이라는 문제부터 살펴보자. 심지어 없는 땅을 만들어내는 공간 창출의 사례도 소개하겠다.

유수지: 복개로 해결

물은 생각하면 할수록 중요한 이슈다. 사람은 음식을 먹지 못했을 때는 그래도 웬만큼 버틸 수 있지만, 물을 마시지 않으면 며칠

못 간다. 중요성으로 치면 공기에 버금간다고 할 만하다. 이 소중한 물이 막상 주거에서는 골칫거리가 되기도 한다. 누수·습기·결로 등 건물 자체에서 발생하는 문제가 있는가 하면, 자연환경에서의 물이 문젯거리가 될 때도 있다.

그 대표적인 예가 유수지遊水池다. 유수지는 홍수가 났을 때 일시적으로나마 '물水이 놀遊 수 있게 하는 연못池'이라는 뜻의 단어다. 지대가 낮아 물이 머물게 되는 곳인데, 여기에 집을 지으면 어떻게 될까? 비가 올 때마다 집에 물이 차오를 것이다. 그래서 예컨대 한강고수부지(요즘 이 말 잘 안 쓰지만)처럼 체육시설 정도로 사용하다가 비가 많이 오면 잠시 통제하는 것이 일반적이었다. 물 들어오는 곳에 어떻게 집을 짓느냐는 것이다.

그런데 기술의 발달이 이런 문제점을 효과적으로 제거했다. 바로 '복개'다. 유수지에 덮개를 씌워 아래는 물을 저장하는 기능을 계속 담당하게 하면서도 지상부에는 건물을 지을 수 있게 한 것이다. 서초로지 구단위계획 대상지인 서초진흥아파트에서 이 개념이 논의됐다. 이 일대는 상습 침수지대여서 뭔가 대책이 필요했는데, 지하에 대규모

반포 유수지
자료: 서울역사 아카이브

구의 유수지를 활용한 공공기숙사
자료: 해안건축

빗물저류조(5만 세제곱미터)를 설치해 지역사회에 기여하고, 준주거지역으로 종상향을 해주는 것이다.

지대가 낮으면 수해를 입기 쉽다는 문제를 과학기술이 해결하면서 서울 영동(강남+서초)이 생겨났다는 사실도 잊지 말자. 한강유역종합개발사업을 통해 북한강에 지어진 다목적 댐들과 고수부지의 존재가 강남을 상습침수지역에서 벗어나게 해줬다. 강남 전역이 예전에는 유수지에 속했으나 지금 그 문제를 걱정하는 사람은 없다. 다 과학기술 덕분이다.

산: 옹벽과 축대로 해결

산 아래에 지어진 집은 산사태라는 위험을 늘 안고 있다. 최근 성남시 백현동의 한 신축 아파트가 위험하다는 지적이 나왔다. 산과 아파트 사이에 옹벽을 쌓은 곳인데, 얼핏 불안해 보이지만 산을 깎고 축대를 높게 쌓는 최신 공법으로 지은 아파트다. 이런 자리에 이런 식으로 건축허가가 났다는 사실에 많이들 놀랐는데, 과학기술의 발달로 산이라는 지리적 허들을 이겨내게 된 것이다. 그동안의 관점으로는 얼핏 이상해 보일 수 있지만, 타당한 구조 계산을 통해 상당 부분 해결할 수 있게 됐다.

서울만 해도 이런 사례가 꽤 많은데 대단지가 아니어서 잘 알려지지 않았을 뿐이다. 산 중턱에 지어진 단지들 둘레로 보이는 축대를 떠올려보자. 보기에 답답해서 그렇지 기능적으로는 제 역할을 충분히 해내는 곳이 얼마나 많은가. 산이라는 입지를 극복할 수 있을 만큼 토목 기술이 빠르게 발전한 결과다.

조선 시대 같으면 사람이 살기 힘들었을 곳에도 수요가 몰리고, 수요가 몰릴 만한 뭔가를 만들어내는 21세기다. 이런 점을 고

판교 신도시 아파트 공사 현장
이제는 개발하기 어려웠던 산지에도 충분히 아파트를 지을 수 있는 토목 기술을 보유하게 됐다.
자료: 네이버 항공뷰

려한다면, 최근의 자연환경은 무엇을 의미할까? 바로 산이다. 수로는 팔 수 있지만 산을 만들어내는 건 여전히 힘들고, 그래서 소중한 것이다.

부족한 땅: 매립으로 해결

앞서 언급한 공간 창출의 예가 바로 매립지다. 1990년대 이전에 교육받은 사람들이라면 국토종합개발계획에 따라 낮은 바다를 메우는 간척사업을 통해 국토를 넓히는 걸 긍정적으로 보겠지만, 이후 세대는 환경파괴라고 생각할 것이다. 어쨌든 1991년 간척사업 기공식을 시작으로 전북 군산시 등 서해안 일대에 새만금이 만들어졌는데, 이곳에 집 짓자는 이야기는 안 나오고 태양광·풍력발전소 같은 것들만 짓자고 하는 것을 보면 매립지에 집 짓는 것이 그다지 사회적 공감을 끌어내지 못한다는 걸 알 수 있다.

그런데 서울의 인기 지역 다수가 매립지라는 사실, 혹시 알고 있었는가? 대표적인 곳이 잠실동과 서부이촌동이다.

1971년 잠실도지구개발도를 살펴보자. 잠실도에서 '도島'는 말 그대로 섬을 의미한다. 물로 둘러싸여 분리되어 있던 곳이 모두 땅으로 바뀌었다. 올림픽대로를 달리다 보면 나오는 청담교 건

매립으로 해결한 잠실도지구 개발도
자료: 서울역사 아카이브

너가 섬이었고, 물이 차 있던 지역을 모두 메워 지금의 잠실이 만들어진 것이다. 이 중 작은 섬인 부리도도 있었는데, 현재의 잠실 우성아파트와 정신여자중·고교 인근이다. 여기에 지어졌던 잠실 주공아파트가 과거에는 소형 아파트로 큰 인기를 누리지 못했지만, 지금은 '엘리트레파(엘스, 리센츠, 트리지움, 레이크팰리스, 파크리오)'라는 송파구를 대표하는 아파트 단지로 개발됐다. 정확히 매립지에 지어졌느냐 아니냐를 따지자면 좀 다르긴 하지만, 대승적(?)차원에서 잠실은 매립지 개발을 통해 한강 변의 멋진 주거지로 변신한 대표적 사례다.

한강 건너 광진구 구의동도 마찬가지다. 이곳은 강을 메운 것이 아니라 쓰레기를 매립했던 곳에 아파트들이 들어섰다.

서부이촌동 개발은 잠실동보다 더 전에 진행된 사업이다. 지금의 서빙고 신동아아파트 자리다. 한강 변을 매립해 만든 대단

서부이촌동지구 개발 관련 기사
자료: 네이버 뉴스 아카이브(『동아일보』 1965년 10월 7일)

지 아파트로 요즘 재건축을 진행 중인데, 매립지라고 폄하하는
분위기는 전혀 없다. 결국 매립지냐 아니냐를 떠나 얼마나 매력
적인 상품이 적절한 위치에 들어왔는지만 보게 된 것이다. 바로
기술 개발이 낳은 '희소성'이다. 예전 같으면 쳐다보지도 않았을
땅도 기술이 약점을 모두 제거해 금싸라기로 변신했다.

결국, 부동산에서 자연환경이라는 요소를 고려할 때는 다른
곳에선 찾아보기 힘든 것이 무엇일까만 생각하면 된다. 인간이
가장 만들기 어려운 것이 '산'인데, 대한민국 도시에는 어떤 나라

보다 산이 많기에 소중함을 잘 모른다. 전북 김제의 만경평야에 가면 사방을 둘러봐도 온통 평지이지만, 서울이나 부산에는 고개를 돌릴 때마다 산이 보이지 않는가. 변화한 여건에 맞춰 유연하게 사고해야 한다. 지금까지 산은 부동산에 제약으로 작용했지만, 과학기술이 충분히 대응할 수 있는 요즘 세상에는 귀중한 입지 요소 중 하나다.

1·2기 신도시: 호수와
중앙공원을 만들어낸 그 시절

자연환경이 없으면 만들어내면 된다는 지극히 긍정적인 생각들로 가득 차 있던 시절이 한편으론 그립기도 하다. 요즘 같으면 환경파괴 논란이 거셀 것이기 때문이다. 잘 생각해보면 우리가 살아가는 것 자체가 자연을 훼손하는 것인 셈인데도 환경을 '적절히' 이용한다는 관점을 못마땅해하는 사람들이 꽤 있다.

1기 신도시 때는 공원을 크게 만들었다. 특히 중앙공원이라는 방식으로 크게 크게 만들었다. 서울 강남 재건축에서 단지별로 조금씩 기부채납 받아 쓸데없는 작은 공원을 잔뜩 만든 것과는 차원이 다르다. 1기 신도시는 1990년대에 만들어졌고, 강남 재건축은 2000년대 초반에 진행됐다. 10년이나 더 전에 한 일이 더욱 의미 있다는 것은 우리 사회가 퇴보한 면도 있음을 보여준다.

공원은 거거익선의 자원

역삼동과 대치동의 사례를 보자. 아파트들이 재건축될 때마다 일부 땅을 공원 부지로 기부채납했다. 문제는 그 규모가 너무 작다 보니 말은 공원인데 가보면 줄넘기할 데도 없다는 것이다. 정체가 모호한 정자도 만들고 난간석도 세우고 나무도 심고 또 뭣도 하고 하다 보니 이용할 수 있는 공간이 줄어들어, 그곳에 머무

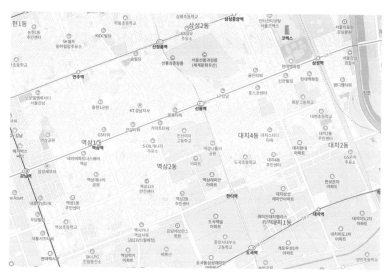

역삼동과 대치동의 작은 공원들
자료: 네이버 지도

르는 사람을 찾아보기 힘들다. 공원이랍시고 가로수보다 나무를 조금 더 심었다는 것 외에는 의미를 찾기 힘들 정도다.

반면, 1기 신도시들에는 거대한 중앙공원이 존재한다. 성남 분당의 분당중앙공원은 분당의 중심인 서현동과 수내동을 구분할 정도다. 안양 평촌과 군포 산본, 부천 중동에도 어김없이 중앙공원이 있다. 주말에 들러보면 많은 주민이 휴식을 취하는 모습을 볼 수 있는데 이처럼 공원이란 거거익선^{去去益善}, 즉 크면 클수록 이용 가치가 높다는 생각이 든다.

1기 신도시는 아니지만 부천 중동 개발 이후 곧바로 개발을 시작한 부천 상동에도 상동호수공원과 부천시민문화동산이 조성

분당의 큼직한 공원들
자료: 네이버 지도

되어 있다. 이런 훌륭한 진행이 가능했던 것은 무엇보다 1기 신도시의 공원 중 가장 유명한 일산호수공원이 모범 사례로 작용했기 때문이다.

일산호수공원은 호수 주위로 상업지역이 배치돼 있다. 그래서 공원 주변에 아파트보다는 오피스텔이 많은데, 이 오피스텔들은 현재 상당히 저평가되어 있다. 공원의 가치가 매우 중요함에도 막상 공원에서 굉장히 가까운 준주거 상품들의 가치가 높이 평가되지 않는다는 점은 난센스다. 이 상업지역에는 대형마트도 있고 심지어 백화점도 있고, 모든 걸 갖췄는데도 그렇다. 지금이야 상암으로 상당 부분 이전했지만 예전에는 MBC도 일산호수공

호수공원의 모델이 된 일산호수공원
자료: 네이버 지도

원 인근에 있는 드림센터에서 대부분 작업을 했다.

이 지역이 저평가된 이유가 뭘까? 직주근접도, 고소득 직장도, 자연환경도 다 갖췄지만 부족한 것이 하나 있다. 바로 학교다. 학교만은 주거지역 주변으로 배치한 것이 1990년대식 도시개발이었기 때문이다.

도시 개발에서 디폴트값이 된 호수공원

2기 신도시에서는 자연환경을 인공적으로 조성하는 움직임이 더욱 강화됐다. 특히 2기 신도시에는 호수공원이 당연한 것처럼 자리 잡게 됐는데, 일산신도시에서의 결과가 큰 영향을 미친 것으로 보인다.

파주 운정에는 운정호수공원이 있으며, 각 단지 주변의 공원들도 다른 공원들과 이어지면서 자연스레 대형 공원과 같은 느낌을 만들어냈다. 동탄1 신도시에는 동탄센트럴파크('중앙공원'이라는 단어가 이제 영어로 바뀌었다)가 상당히 넓은 부분을 차지한다. 김포한강 신도시에도 장기역 주변과 구래역 주위에 호수공원이 있다. 판교에는 호수공원은 아니지만 화랑공원이 있고, 옥정에도 중앙공원이 있다. 큰 공원이 우리 삶에 미치는 영향이 크다는 점을 소비자들이 알게 되면서 '없으면 만드는' 전략을 채택한 것이다.

없으면 만들어라 ①: 민간공원 특례사업 프로젝트

민간공원 특례사업이라는 것이 있다. '특례'라는 말에서부터 뭔가 부정부패의 스멜이 풀풀 풍기지 않는가? 그래서 무산되는 지역도 꽤 많지만, 생각보다 많은 곳에서 사업이 진행되고 있다.

민간공원 특례사업이란 오랫동안 '공원시설'로 지정된 곳 중 사업성 등을 이유로 진전되지 못한 곳을 지자체가 민간 사업자와 함께 공원으로 개발하는 사업을 말한다. 도시공원 내 사유지를 매입·개발해 이 중 30% 이내에 아파트 등을 짓고, 나머지 70%를 공원으로 조성해 지자체에 기부채납하는 것이다. 개발할 수 있는 땅이 모자라니 공원 부지 일부에 집을 지어 공급하면 인기를 끌 것이라는 생각에서 진행되는 사업이다.

실제로도 그렇지 않은가? 지금처럼 주택이 부족한 상황에서 대형 공원 옆 아파트라면 얼마나 인기가 높겠는가. 특히 민간공원의 면적이 어느 정도(5만 제곱미터) 이상 될 경우 특례사업으로 개발할 수 있다는 점은 장기간에 걸쳐 재산권 침해가 상당했던 민간택지 보유자들에게도 충분한 유인이 된다. 풀이나 나무라곤 전혀 찾아볼 수 없던 지역에도 공원과 호수를 만들어내는 터에, 이미 녹지가 풍부한 공원을 잘 살려 집을 짓는다면 누구나 이곳에 살고 싶어 하지 않을까?

지역별 온도 차가 큰 특례사업 진행

수도권 중 이런 움직임이 가장 활발한 곳이 의정부다. 추동공원·직동공원 인근에 아파트가 많이 들어섰는데, 민간공원 특례사업 1호 단지가 바로 직동공원 인근의 롯데캐슬 골드파크다. 이후에도 많은 민간공원 특례사업 단지가 공급됐고, 대체로 인근 일반 아파트보다 결과가 좋았다. 정부에서 민간의 힘을 활용해 민간에 적절히 보상하면서도 인기 주택을 공급할 수 있다는 것을 보여주는 사례다.

현재도 이렇게 조금은 쉬운 방법으로 공원을 만드는 경우가 늘어나고 있다. 무에서 유를 창조하기보다는 야생 상태의 공원

의정부 민간공원 조성사업 개념도

자료: 의정부시

을 효율적으로 활용하는 민간공원 특례사업은 모두가 윈윈하는 길이다. 예컨대 창원 대상공원 특례사업으로 공급된 힐스테이트 창원 더센트럴, 대전 용전공원에서 공급된 엘리프 송촌 더파크 등이 대표적인데 지자체, 지역 주민, 시공사 모두에게 긍정적인 결과를 가져다주었다. 왜 그동안은 이런 식으로 해결하려 하지 않은 건지 오히려 의문이 드는데, 일을 '되는 방향'으로 해나가고자 한다면 방법은 다 있다는 것을 다시 한번 실감하게 된다.

공원명	단지명	시공사	세대 (호)	분양일	분양가 (만 원/평)	경쟁률 (대1, 1순위)
무주골공원	인천 한화포레나 인천연수	한화건설	886	2021-01-19	1,428	8.9
송도2공원	인천 KTX송도역 서해그랑블 더파크	서해종합건설	348	2022-03-08	1,692	17.7
영덕1공원	용인 기흥 푸르지오 포레피스	대우건설	679	2020-05-28	1,562	10.0

공원명	단지명	시공사	세대 (호)	분양일	분양가 (만 원/평)	경쟁률 (대1, 1순위)
영흥공원	용인 영흥 푸르지오 파크비엔	대우건설	1,509	2020-09-15	1,895	15.2
부악공원	이천 자이 더파크	GS건설	706	2021-10-13	1,406	39.8
태봉공원	포천 태봉공원 푸르지오 파크몬트	대우건설	623	2021-09-14	1,193	13.5
발곡공원	의정부 e편한 세상 신곡 파크프라임	DL E&C	650	2021-12-28	1,778	8.2
직동공원	의정부 롯데캐슬 골드파크	롯데건설	1,850	2018-03-24	1,061	5.7
추동공원	의정부 e편한 세상 신곡 파크비스타	DL E&C	3,332	2018-10-05	1,000	2.0
용전공원	대전 엘리프 송촌 더파크	계룡건설산업	799	2022-04-20	1,347	10.6
노태공원	천안 한화포레나 천안노태	한화건설	1,608	2022-01-25	1,362	12.4
잠두봉공원	청주 더샵 퍼스트 파크	포스코건설	1,112	2016-03-28	873	3.0
구룡공원	청주 더샵 청주 그리니티	포스코건설	1,191	2022-02-08	1,093	15.0
삼산공원	순천 한양수자인 디에스티지	한양	1,252	2020-03-24	1,001	22.3
수도산공원	익산 제일풍경채 센트럴파크	제일건설	1,566	2021-12-06	1,051	18.8
마동공원	익산 자이 그랜드파크	GS건설	1,431	2021-12-28	1,235	46.0
장재공원	진주 더샵 진주 피에르테	포스코건설	798	2021-10-13	1,271	77.1
대상공원	창원 힐스테이트 창원 더퍼스트	현대건설	1,779	2022-04-19	1,499	19.3
중앙공원 1구역	원주 더샵 센트럴파크	포스코건설	2,656	2019-03-19	1,052	2.7
교동7공원	강릉 롯데캐슬 시그니처	롯데건설	1,307	2021-06-03	1,247	46.9
교동2공원	강릉 교동 하늘채 스카이파크	코오롱글로벌	688	2021-10-13	1,192	67.9

민간공원 특례사업 현황

없으면 만들어라 ②:
초대단지에 조성한 완벽한 공원

우리나라에는 워낙 공원이 부족하기에 아파트 안의 조경을 공원보다 더 잘 만든다. 원래부터 그랬던 건 아니고 기껏해야 10여 년 전부터 이런 흐름이 나타났다. 그런데도 다들 당연하다시피 받아들이는 걸 보면 사람이란 뭔가에 익숙해지는 데 생각보다 오랜 시간이 걸리지 않는 듯하다.

래미안 하면 조경

이런 흐름을 이끈 것이 삼성물산 래미안이다. 세계조경가협회상

IFLA을 열한 번이나 받으면서 '래미안 하면 조경'이라고 이야기될 만큼 조경에 일가견이 있는 회사다. 물론 그 외에 GS건설이나 현대건설 등도 이 상을 받았지만, 아파트에선 삼성물산의 업적이 독보적이다.

주목할 점은 대단지에서 수상한 적이 많다는 것이다. 적어도 2,000호는 넘는 대단지의 조경에서 탁월함을 볼 수 있는데, 넓은 부지가 도화지처럼 펼쳐지면서 멋진 공원이 만들어진다.

삼성물산의 입상 경험은 최근에 만들어진 단지들의 조경을 일반 공원 이상으로 끌어올렸다. 국내 최대 규모(9,510호) 단지인 헬

래미안 리더스원
자료: 삼성물산

서초그랑자이
자료: GS건설

리오시티의 조경 수준은 이전과는 다른 차원을 보여준다. 특히 디에이치 아너힐즈, 디에이치 반포 라클라스, 서초 그랑자이 등의 단지는 삭막하다고 생각되는 아파트 지역에 숨을 불어넣어 줬다. 인근 주민들이 그 단지에 가서 산책을 할 정도로, 잘 만들어진 공원 이상의 역할을 담당하고 있다.

연도	프로젝트	부문	건설사	세대(호)	비고
2006	청계천 청계광장				
2006	서울숲				
2007	양주 자이	대상	GS건설	4,902	총 7단지
2007	경주 교원 드림센터	대상	삼성에버랜드		
2008	성남 금광래미안	조경 설계	삼성물산	1,098	
2008	과천 래미안 에코팰리스	조경 계획	삼성물산	659	
2009	울산대공원				
2009	과천 래미안 슈르	조경 계획	삼성물산	3,143	

연도	프로젝트	부문	건설사	세대(호)	비고
2009	래미안 조경 관리 시스템	조경 관리	삼성물산		
2010	반포 래미안 퍼스티지	조경 계획	삼성물산	2,444	
2010	래미안 조경 설계 시뮬레이션	조경 관리	삼성물산		
2011	고양 일산자이	조경 관리 부문	GS건설	4,507	1,2,4단지
2017	래미안 신반포팰리스 가든 스타일	주거 부문	삼성물산	843	
2017	서울시청사 그린월	빌딩 부문	삼성물산		
2018	광교호수공원	치수 관리 부문	삼성물산		
2019	미사 강변 센트럴자이	주거 부문	GS건설	1,222	
2019	용산 아모레퍼시픽 사옥	문화도시경관 부문	현대건설		
2020	석관동 래미안 아트리치	열섬 현상 및 내화	삼성물산	1,091	

IFLA 입상 우수 조경 아파트

베트남에까지 확산된 단지 조경 붐

이는 아파트를 지을 때 그저 실내만 신경 쓰는 것이 아니라 단지 구성을 알차게 하려는 움직임으로 나타나고 있다. 이런 움직임이 한국에서만 나타나는 것이 아니다. 한국 아파트 문화가 도입된 베트남에서 더 쉽게 찾아볼 수 있다. 호찌민에 지어진 빈홈 센트럴파크와 골든리버가 좋은 예다.

1만 호 규모의 대단지에 만들어진 열대 지방 아파트 단지는 주거뿐 아니라 병원, 학교, 업무용 빌딩, 상업시설에 대규모 공원까지 조성되어 있다. 선진국처럼 오랜 역사 속에서 공원이 자연스레 만들어진 것이 아니라면, 이런 아시아적 발상이 자연환경을

베트남 호찌민 빈홈 센트럴파크
자료: http://www.kimyounggi.vn/home

더욱 빠르게 주거 환경에 스며들게 해주는 것 아닐까? 돈의 힘은

이처럼 놀랍고 대단하다.

번듯한 자리가 된
주한미군·군부대 이전 부지

주한미군 하면 용산, 용산 하면 주한미군을 떠올리는 사람이 많을 것으로 본다. 그리고 군 부지가 개발된다면 가치가 엄청날 것이라는 생각도 할 것이다. 윤석열 대통령은 집무실을 청와대에서 용산으로 옮기기로 했는데, 이와 함께 이미 많은 시설이 평택으로 옮겨진 미군부대 부지도 공원으로 조성될 것으로 예상되기 때문이다.

의정부의 미군기지 이전 이슈

의정부의 미군기지가 반환되면서 일부는 '행정타운'으로 사용됐다는 사실을 주목하자. 정부는 그린벨트도 해제할 수 있고 용도지역도 변화시킬 수 있지만, 실제로 그런 힘을 행사하기는 생각보다 쉽지 않다는 것을 설명하는 사례이기 때문이다. 행정 기능은 어딘가에 집중시켜야 효율이 높아지는데, 이런 결정을 내리

■■■ 반환 기지 ☐ 반환 예정 기지
① 위치 ② 활용면적(제곱미터) ③ 반환일 ④ 개발계획 및 추진 사업

캠프 레드 크라우드
① 가능동
② 639,600
③ 2017년 이후
④ CRC안보테마관광단지

캠프 에세이욘
① 금오동
② 221,000
③ 2007년 5월 31일
④ 을지대병원·부속대학, 교육청(2015년)

캠프 카일
① 금오동
② 131,000
③ 2007년 5월 31일
④ 광역행정타운 (경기북부경찰청 등 입주)

캠프 라과디아
① 가능동, 의정부동
② 153,000
③ 2007년 4월 13일
④ 체육공원

캠프 시어즈
① 금오동
② 130,200
③ 2007년 5월 31일
④ 광역행정타운

캠프 홀링워터
① 의정부역 앞
② 29,000
③ 2007년 5월 31일
④ 역전근린공원

캠프 잭슨
① 호원동
② 81,900
③ 2017년 이후
④ 문화예술공원

캠프 스탠리
① 고산동, 용현동
② 828,200
③ 2017년 이후
④ 액티브 시니어시티

가능역
경기도청북부청사
의정부시청 의정부역
의정부
회룡역
서울외곽순환고속도로
의정부IC

의정부시 미군 반환 공여지 개발계획

는 데 조금은 도움을 줄 수 있는 드넓은 토지는 지방자치단체조
차도 찾기 힘들다. 그러다 보니 이런 일이 발생하게 된다.

　도심 내에 있는 군부대를 흉물로 여기는 사람이 의외로 많다.
예전에는 외곽이었다가 도시가 확장되는 과정에서 도심으로 편
입된 곳도 있겠지만, 예전부터 도심에 자리한 군부대들도 있다.
그런데 어느 순간부터 군 시설은 빨리 도심 밖으로 내보내야 하
는 곳으로 인식되고 있다. 군부대 부지를 하루빨리 유용한 시설
로 바꾸고자 노력하는 지방자치단체도 많다. '국방'은 국가를 유
지하는 데 매우 중요한 기능임에도 사회의 시선은 이처럼 냉정

용산공원 정비구역

하다.

　군부대 부지가 상당히 매력 있는 자리가 된 것도 한참 된 일이다. 대한민국의 도시 발전 속도가 매우 빨랐기에 '외곽'이 도심 한복판이 되는 데 걸린 시간은 몇십 년 정도에 불과하다. 그 과정에서 군부대 부지에 대한 사회의 인식이 부정적으로 바뀐 것을 두고 비난하기도 어려운 일이다.

인기 주거지로 재탄생한 군 부지

이런 흐름에 발맞춰 기존 군부대를 외곽으로 이전하면서 군부대 부지를 개발하는 사례도 많아졌다. 최근에 만들어진 곳 중에서는 전주와 창원의 사례가 가장 유명한데, 바로 유니시티(39사단 부지)와 에코시티(35사단 부지)다. 군부대 부지를 개발해 대규모 주거를 만들어냈을 뿐 아니라 대형 공원도 함께 만들어 인근에서 가장 인기 있는 주거지가 됐다.

4부 ● 핵심은 바로 이것!

- 서울이 여러 차례 수도로 낙점된 건 풍수지리가 좋아서가 아니라 물류의 유통망 때문이다.
- 고대에는 소금 확보가 무엇보다 중요했다. 온조가 미추홀(인천)을 가장 먼저 통합한 이유다.
- 울산이 현대 덕분에 뜬 신흥 산업도시라고? 고대부터 동아시아를 대표하는 철강 산업도시였다.
- 황금은 사람을 빨아들이는 가장 확실한 자원이다. 1930년대 직산에는 재벌들은 물론 소설가까지 모여들었다.
- 영남 양반들은 선진농법을 통해 산간지대의 가치를 일찌감치 알아채고 부를 일궜다. '혼테크'도 필수였다.

- 인간의 능력은 유수지·매립지·산지도 금싸라기로 만들 만큼 발전했다. 기술 혁신 덕분이다.
- 호수공원과 중앙공원 등은 1·2기 신도시의 랜드마크로, 가치가 더욱 커지고 있다.
- 민간공원 특례사업은 자원의 효율적 사용이라는 관점에서는 매우 훌륭하지만 정치적 리스크가 있다.
- 대단지 아파트를 조성하면서 만들어지는 단지 내 공원은 어떤 공원보다 가치가 크다.
- 군부대 자리는 이제 기피 지역이 아니라 주거지 개발의 핵심이 됐다.

자연환경 최고 입지

● 과거 ● 현재

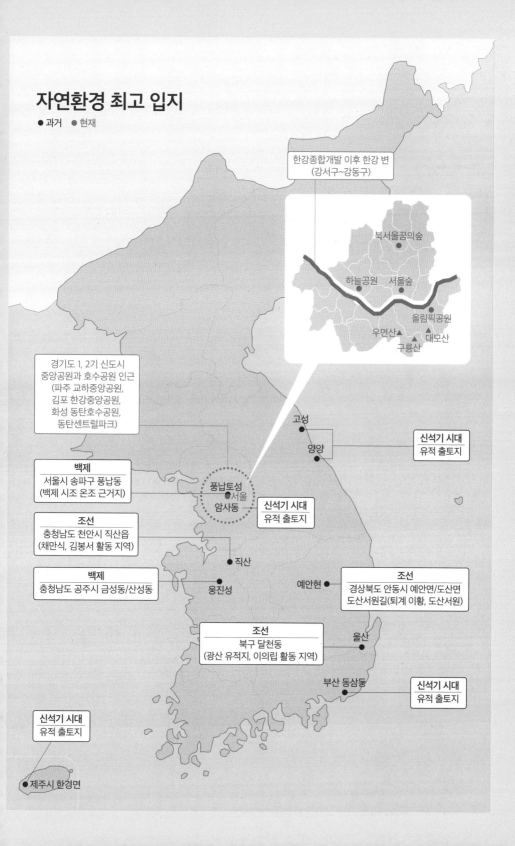

한강종합개발 이후 한강 변
(강서구~강동구)

북서울꿈의숲

하늘공원 서울숲

올림픽공원

우면산▲ ▲대모산
구룡산▲

경기도 1, 2기 신도시
중앙공원과 호수공원 인근
(파주 교하중앙공원,
김포 한강중앙공원,
화성 동탄호수공원,
동탄센트럴파크)

고성

양양

신석기 시대
유적 출토지

백제
서울시 송파구 풍납동
(백제 시조 온조 근거지)

풍납토성
● 서울
암사동

신석기 시대
유적 출토지

조선
충청남도 천안시 직산읍
(채만식, 김봉서 활동 지역)

직산

예안현

백제
충청남도 공주시 금성동/산성동

웅진성

조선
경상북도 안동시 예안면/도산면
도산서원길(퇴계 이황, 도산서원)

조선
북구 달천동
(광산 유적지, 이의립 활동 지역)

울산

부산 동삼동

신석기 시대
유적 출토지

신석기 시대
유적 출토지

● 제주시 한경면

5부

부동산 보는
안목을 키우는
다섯 번째 키워드:
도시계획

9장

뉴타운 사업의 원조,
이성계의
한양 천도

❋ 신수도 한양을 어떻게 살릴까
❋ 주택 공급 실패와 부도심 성저십리
❋ 서울에 집 사는 건 언제나 어려웠다
❋ 조선의 야심 찬 신도시 4군 6진의 흥망
❋ 정조의 업그레이드 신도시 계획, 화성

신수도 한양을
어떻게 살릴까

조선 왕조가 들어선 뒤 개성에서 한양으로 천도한 것은 어디까지나 이성계의 의지였다.

생각해보라. 개경은 474년의 고려 역사에서 몽골의 침략으로 강화도로 피난 간 40년을 제외하고는 줄곧 수도였다. 권문세족은 물론 관료 상당수는 개경에서 자랐거나 과거에 합격한 뒤 이곳에 뿌리를 내려 제2의 고향으로 삼은 이들이었다.

그러니 이성계가 천도 카드를 꺼내 들었을 때 대부분 반대했다는 점은 충분히 이해할 수 있다. 노무현 전 대통령이 수도 이전을 꺼내 들었을 때 서울 및 수도권에서 얼마나 부정적이었는지를 떠올려보며 상상하기 어렵지 않을 것이다. 심지어 이성계의 최측근이자 조선의 설계자인 정도전마저도 "개경보다 너 좋은 곳은 없다"라고 일축했다고 한다.

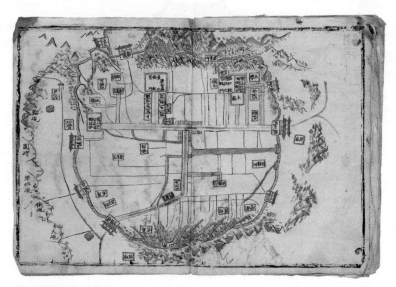

<천하산천도>의 <한양도>
자료: 서울역사박물관

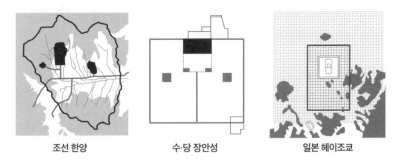

조선 한양   수·당 장안성   일본 헤이조쿄

한·중·일 왕성 비교
자료: 이영·한경호, 「한·중·일 도성계획에서 주례고공기의 해석과 적용에 관한 연구」, 『한국건축학회논문집-계획계』 27, 대한건축학회 참고

그럼에도 이성계가 천도를 단행한 것은 정말로 개경을 싫어했기 때문이다. 함경도 영흥 출신인 이성계는 개경에 권문세족 같은 기반이 없기도 했거니와 최영·정몽주 등 개경의 유명 인사들을 연이어 죽인 탓에 인기가 바닥이었다. 심지어 그가 왕위에 오른 뒤 개경 시장에서 '성계탕'이라는 음식을 만들어 팔았다고 하니 민심이 얼마나 흉흉했는지 알 수 있다.

그래서 이성계는 주변의 반대에도 불구하고 한양 천도를 고

영흥본궁
이성계 가문이 일어선 영흥에 세워진 궁으로, 이성계의 부친 이자춘의 위패를 안치했다고 한다. 6·25전쟁으로 소실됐다. 영흥은 현재 함경남도 금야읍이다. 지명 '영흥(永興)'은 조선 왕조가 영원히 흥성하라는 의미를 담고 있는데, 1970년대 후반 김일성의 지시로 개명됐다고 한다.
자료: 국립중앙박물관

집했고, 그 사정을 이해하는 측근들이 결국 그의 뜻에 따라준 것이다.

주나라를 꿈꾼 한양

조선의 건국자들은 유교적 원칙을 최대한 충실히 따르고자 했던 세력이다. 그들은 신수도를 주나라의 모델에 맞춰 건설하고 싶어 했다. 이성계가 즉위교서에서 "천자는 묘를 세우고, 제후는 오묘를 세우며, 왼쪽에는 종묘를 세우고, 오른쪽에는 사직을 세우는 것이 옛날의 제도이다. 그것이 고려 왕조에서는 제도가 법도에 합하지 아니하고(…)"라고 말한 데서도 확인된다.

주나라를 재현하는 것은 모든 성리학자의 로망이었다. 주나라는 BC 1046년부터 BC 256년까지 존속한 나라였으니, 조선 건국(1392)보다 무려 2,000년 전으로 거슬러 올라가는 나라를 재현하겠다는 얘기였다. 세계사에서 매우 독특한 실험이 펼쳐진 것이다.

그래서 성리학자들은『주례고공기』를 꺼내 들었다. 거기엔 도읍을 건설하는 몇 가지 원칙이 있었다.

전조후시前朝後市(궁궐 앞에는 관청 뒤에는 시장을 건설), 좌묘우사左廟右社(궁궐 동쪽에는 종묘 서쪽에는 사직단을 배치), 전조후침前朝後寢(궁궐 내에서

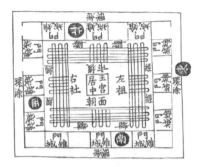

『주례고공기』
전조후시, 좌묘우사 등의 원리가 기록되어 있다.
자료: 서울역사박물관

정무를 보는 조정은 앞에 왕실의 침전은 뒤에 배치) 등이다. 장안(당), 북경
(명)도 이 원칙을 적용해 건설됐다. 그런데 여기서 예상치 않았던
문제가 생겼다.

성리학과 풍수학의 충돌 또는 타협

신라 말 도선 선사가 도입했다는 풍수지리는 고려 때 널리 받아
들여졌다. 고려 인종 때 승려 묘청이 이를 근거로 서경 천도 운
동을 추진하다가 여의찮자 반란까지 벌였다는 사실은 잘 알려져
있다.

신수도로 한양이 선정된 것은 교통이나 세금 운반 등 여러 가

지 현실적 측면을 고려한 것이지만, 궁궐 배치 같은 문제에서는 여전히 풍수지리가 깊게 관여했다. 지금도 집이나 묏자리를 정할 때 영향을 끼치는 판이니 그때는 말할 나위도 없었다.

잘 알려져 있다시피 산을 뒤에 두고 강을 앞에 두는 배산임수는 풍수지리의 ABC다. 그래서 경복궁을 북악산 앞에 세웠는데, 여기서 그만 충돌이 일어났다.

『주례고공기』에 따르면 관청은 궁궐의 남쪽에 배치하고 시장은 궁성의 북쪽에 세워야 한다. 그런데 궁궐 북쪽에 해발고도 342미터의 북악산이 버티고 있으니 시장을 둘 수가 없었다. 그렇다고 북악산을 넘어 그 북쪽에 시장을 둔다는 건 사대문을 벗어나기도 하거니와 현실적으로 말이 안 되는 일이었다.

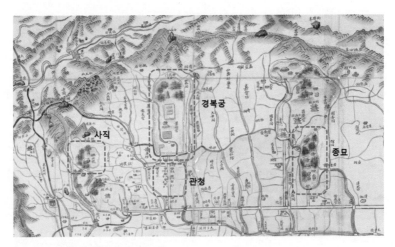

『주례고공기』에 맞춰 건설된 한양도성
자료: <도성도>, 서울대학교 규장각한국학연구원

그래서 결국 타협을 본 것이 궁궐 전면에서 약간 동쪽으로 비껴간 곳에 시장을 건설하는 방안이었다. 그것이 지금의 종로 상권이다. 그렇게 이곳에 800여 칸의 시장을 건설했고, 3차에 걸쳐 2,027칸 규모로 확대했다.

참고로 이 땅은 일찌감치 노른자위 땅이 됐고, 역사상 처음으

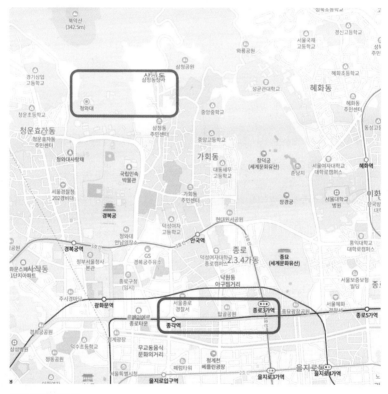

종로 상권의 탄생
『주례고공기』대로 건설한다면 종로 상가는 빨간색 위치에 자리해야 한다. 하지만 '배산임수'라는 풍수지리 원칙에 맞추다 보니 불가피하게 남동쪽(파란색)에 자리하게 됐다.
자료: 네이버 지도

로 '프리미엄'도 구체적으로 확인됐다. 세조 때 원각사를 짓기 위해 종로 일대 민가를 철거했는데, 이때는 시세의 3배를 더 얹어 줬다는 기록이 있다. 그 이유에 대해 당시 재상 신숙주는 이렇게 설명했다. "저자 사람들이 아침저녁으로 이권을 노리는 땅이니, 3배로 주는 것이 편하겠습니다."

신수도 한양의 딜레마

초등학교 5학년 때 고향에 처음으로 들어선 고층(15층) 아파트로 이사를 갔다. 신축 아파트라서 매우 들떴는데, 이게 웬걸. 주변이 온통 공사판이라서 곳곳에 건축 자재들이 쌓여 있었고, 제대로 정비되지 않은 길은 비만 오면 진흙탕으로 변했다. 게다가 주변에 아직 시장이 없어서 장을 보러 예전에 살던 동네까지 가야 했다. 도대체 뭐가 좋은지 전혀 알 수가 없어서 투덜거리곤 했다. 아마도 1970년대 강남이나 1990년대 1기 신도시로 이사한 사람들도 비슷한 경험을 했을 것이다.

한양도 마찬가지였다. '이상적인' 주나라 모델에 따라 착착 건설됐지만 수백 년간 개경에 쌓인 인프라와는 비교할 수 없었다. 자리를 잡는 데는 시간이 필요했고, 당장은 불편했다.

공무원들이야 정부 방침이 정해지면 따를 수밖에 없는 처지이

개경의 모습
개경의 광화문 앞도 상가가 좌우로 밀집해 있었다.
자료: 강세황, <송도기행첩> 중 <송도전경>, 국립중앙박물관

지만, 민간 영역은 다르다. 아무리 왕조 시대라고 해도 조상 대대로 기반을 쌓아온 대도시를 떠나게 하는 건 어려운 일이었다. 실제로 개경 주민 대부분이 한양으로 오지 않고 버텼다. 이성계야 한양에서 살든 말든 우리는 개경에서 지내겠다는 심리였다.

당시 이성계 세력은 새 왕조가 성공하려면 기득권층인 개경

주민들의 동의를 얻는 것이 중요하고, 그들을 개경에 그대로 두면 한양의 위상이 올라가기 어렵다고 판단했다. 그래서 초강수를 뒀는데, 개경의 시장을 폐쇄한 것이다. 그것도 무려 5년 동안이나.

지금도 그렇지만 수도는 대개 자급자족할 수 없는 소비도시에 가깝다. 훗날 조선의 한양도 그랬지만 고려의 개경도 마찬가지였다. 더군다나 고려는 상업과 무역이 발달한 나라였던 만큼 그런 성격이 더 강했을 것이다. 개경 주민들은 사치품을 비롯해 쇼핑에 익숙한 사람들이었다. 그런 터에 시장을 5년간 닫아버렸으니 버틸 재간이 없었으리라. 결국 환도 이후 20년이 지난 뒤 개성은 신수도 한양의 4분의 1로 쪼그라들었다.

예컨대 어느 날 서울의 이마트·코스트코 등 대형 마트를 모두 문 닫게 하고, 분당이나 판교의 매장만 영업을 허가한다면 시민들은 어떤 선택을 할지 상상해보라. 개경 주민들은 버티지 못했다. 물론 남은 사람들도 있지만 대부분 한양으로 내려왔다. 이것은 마치 강남 개발 초기에 서울 시민들이 강남으로 이주하지 않자(심지어 공무원들도 되돌아가자) 경기고 등 유명 고교를 강남으로 이전시킨 것을 떠올리게 하는데, 권력자들이 생각하는 건 다 비슷한 것 같다.

그렇다고 조선 왕조가 채찍만 쓴 것은 아니다. 한양으로 내려온 개경 주민들에게 집을 지을 수 있도록 한양의 토지를 공짜로 나눠줬다. 아이러니하게도 그들에게 토지를 나눠주기 위해 기존에 한양에 살던 거주자들을 강제로 몰아냈는데, 사대문 밖으로 밀려난 이 사람들은 훗날 또 다른 사회문제를 야기하게 된다.

주택 공급 실패와
부도심 성저십리

나라의 도읍이 설치된 지 100여 년이 되어 거주하는 사람이 조밀하므로, 성안은 한 치의 땅이 금과 같습니다. 또 풍속에는 집을 세놓는 일이 없으므로 집이 없는 사람들이 의지하여 살 곳이 없어, 할 수 없이 산 밑 좁은 땅에 입안을 받아서 집을 짓습니다.

- 『중종실록』 7년 5월

1970년대 강남 개발 초기에 서울이 그랬듯이, 조선의 신수도 한양 역시 낯선 환경과 인프라의 결핍으로 많은 사람이 오기를 꺼렸다. 하지만 시간이 흐르고 어느 정도 자리를 잡아가면서 차츰 주택난을 걱정해야 하는 상황이 됐다.

건국 100년 만의 주택난

앞에서도 설명했지만, 조선 왕조는 공무원과 개경 주민을 이주시키면서 무료 토지 분급이라는 당근을 내밀었다.

태조 4년, 한양의 땅을 나눠준 기준을 보면 정1품은 35부[A]를 받았다. 1부는 오늘날 단위로 환산하면 140.83제곱미터 정도로, 35부는 4,929.05제곱미터(1,493평)쯤 된다. 정2품은 30부(1,280평), 정3품은 25부(1,066평) 식으로 한 품에 5부씩 차등을 두었고, 일반

(단위: 부)

구분	1395년의 분급	『경국대전』의 분급 기준
1품	35	15
2품	30	
3품	25	10
4품	20	
5품	15	8
6품	10	
7품	8	4
8품	6	
9품	4	
서인(庶人)	2	2

조선 전기 토지 분급
자료: 『조선왕조실록』

서민은 2부(85평)를 받았다.

지금 기준으로 보면 꽤 넓은 땅을 받은 것 같지만, 그렇지도 않다. 최근 조선 시대 한양 주거지에 대한 발굴 조사 등을 종합하면 당시 건폐율(토지면적에 대한 건물면적의 비율)이 10~30% 정도였다고 하니, 실제 거주 공간은 이보다 훨씬 작았을 것이다. 한 가지 재미있는 건 당시 서민에게 주어진 85평에다가 건폐율 30%를 적용하면 25.5평이 나온다는 것이다. 지금 기준과 크게 다르지 않았던 셈이다.

한양도성은 500결※로 인구 10만 명 규모를 염두에 두고 계획된 도시였다. 그러나 1409년(태종 9) 1만 1,056호이던 호구 수는 불과 20년이 지난 1428년(세종 10)에 1만 8,522호로 67%나 급증했다. 건국 후 100년 남짓 지난 16세기 초 중종 때도 "성안은 한 치의 땅이 금과 같다"라는 비명이 나올 정도였다.

그래서 이때 완성된 『경국대전』에서는 1~2품 15부, 3~4품 10부, 5~6품 8부, 7~9품 4부 등 관료들에게 나눠줄 토지 규모를 줄였다. 태조 때의 절반 수준이다. 다만 서민층에게 주던 2부는 그대로 유지했는데, 이것이 당시 조선 집권층이 생각하는, 한 가정이 가져야 할 최소 규모의 생활공간이었던 것 같다.

주택난이 심해지자 조선 조정은 조금이라도 빈 땅이 있으면 놀리지 않도록 했다. 인조 때 한양 남부 소천변(지금의 을지로 1·2가)에 살았던 박광학의 사례가 당시 상황을 잘 보여준다.

그는 훈련도감 포수였다. 훈련도감은 나라에서 급여를 받는 부대였기에 하층민들이 많이 지원했고 지방 출신도 많았다. 이들에게는 쌀 9~12말이 지급됐는데, 한양에서 집을 구해 살긴 팍팍한 액수였다. 고민하던 박광학은 1628년 광통방(지금의 태평로 1·2가와 다동)에 있는 빈터에 주목했다. 당시 정부는 사대문 안 빈터가 확인되면 땅 주인이 있더라도 다른 사람이 집을 지을 수 있도록 해줬다. 다만 2년이 지나도록 공터로 남아 있는 경우에 한해서였고, 땅 주인이 요구할 경우엔 비워줘야 했다. 박광학은 지금의 서울시청에 해당하는 한성부의 허가를 받아 광통방의 빈 땅에 집을 지었다. 하지만 오래가지는 못했다. 2년 뒤 땅 주인이 나타나 집을 헐어버린 것이다. 박광학은 자신의 부대에 어려움을 호소했지만, 어찌할 방도가 없었다.

부도심 성저십리의 탄생

사대문 안이 포화상태가 되자 정부도 한양의 범위를 고수하기가 어려운 지경이 됐다. 그렇게 해서 만들어진 것이 성저십리城低十里다. 1461년 2월 27일 공식적으로 한양에 포함된 성저십리는 도성 밖 4킬로미터 이내 지역으로, 지금의 강북구·동대문구·마포구·서대문구·성동구·성북구·용산구·은평구·여의도와 광진구·중랑구 일대가 포함된다. 우리 역사상 최초의 '부도심'이라고 할 수 있다. 박정희 정부 때 강남을 개발하기 전까지 서울의 원형이 이 때 잡혔다고 해도 과언이 아니다.

확장된 한양의 범위는 동쪽으로는 청량리, 남쪽으로는 한강 변, 서쪽으로는 마포구 등이었다. 그러니까 정약용이 아들들에 게 '한양에서 10리 안에 살게 하겠다'라고 강조한 것은 사대문 안이 아니라면 최소한 한양의 부도심에는 살아야 한다는 의미 였다.

1426년(세종 8)에는 사대문 안에 1만 6,921호가 있었고, 인구는 10만 3,328명이었다. 성저십리 지역은 1,601호에 6,044명으로 한 양 인구의 5.5% 정도였다. 그러나 1789년(정조 13)에는 도성 안이 2만 2,094호에 11만 2,371명이고, 도성 밖은 2만 1,835호에 7만 6,000명(40%)으로 급증했다. 성저십리 지역에서 인구가 크게 늘 었음을 알 수 있다. 성저십리는 한양에 필요한 미나리와 배추 같

(단위: 호, 명, %)

연도	서부 인구		한성부 전체 인구		서부의 비율	
	호	구	호	구	호	구
1774	13,599	72,049	38,531	197,558	35.2	36.5
1786	15,800	72,268	42,786	199,127	36.9	36.3
1789	16,371	68,194	43,899	189,153	37.2	36.1

한양 서부 인구 비율
서부에서 인구가 급속하게 증가한 곳은 한강 변 일대였다.
자료: 고동환, 『조선시대 서울도시사』, 태학사

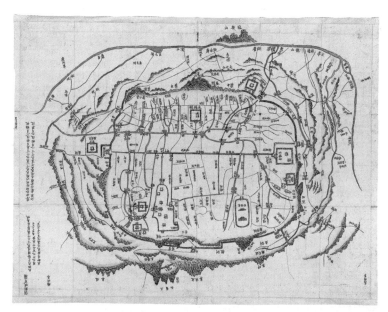

<조선성시도>에 그려진 한양도성
자료: 서울역사박물관

은 채소를 재배하는 근교 농업에 종사하거나 한강 연안에 도착한 세곡이나 각종 상품을 운반하는 노동자들이 많이 거주했다.

조선 건국 당시 한양은 5부 52방 체제였는데, 이후 여러 차례 바뀌었다. 예를 들어 1751년(영조 27)에는 5부 43방이었는데 일견 규모가 줄어든 것 같지만 그렇지 않다. 사대문 안에서는 10여 개의 방이 폐지 또는 합병되고, 북부와 서부에 두모방·한강방·둔지방·용산방·서강방·상평방·연희방·연은방 등이 신설됐다. 이 중용산방·서강방·한강방·두모방·둔지방은 한강 변이고, 상평방·연은방은 서울과 의주를 잇는 의주로에 자리한 지역이다. 즉, 조선

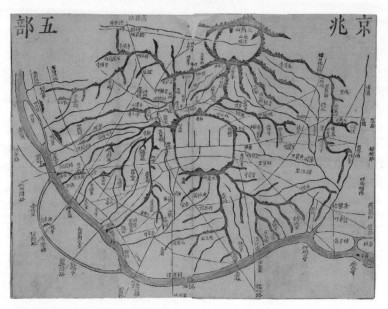

<경조오부도>가 보여주는 조선 후기 한양

한양의 영역이 성저십리까지 확장됐음을 볼 수 있다.

자료: 서울역사박물관

후기 한양의 주거지역이 상업(한강 변)과 도로(의주로)를 따라 확장되고 있었음을 보여준다.

조선판 '광주대단지' 사건

이성계 세력은 한양도성을 건설하면서 개경 주민들을 이주시키고 원주민을 외곽으로 내몰았다. 그럼으로써 개경 주민들에게 집을 지을 땅을 무상으로 나눠줄 수 있었다. 하루아침에 한양에서 쫓겨난 이들은 성저십리에 자리를 잡았다. 이것만으로도 분통이 터질 일인데, 이들을 정말 분노케 한 일이 또 있었다.

조선 시대 세금은 이중 구조였다. 지방은 전세(토지세)·군역(군복무)·공납(특산품) 등을 내야 했지만, 한양은 이것이 면제되는 대신 주택에 부과되는 세금(재산세)과 한양을 유지하는 데 필요한 각종 역할을 수행해야 했다. 예를 들어 한강 변에 사는 한양 사람은 겨울에 얼음을 채취해 나라에 바쳐야 했다.

그런데 한양에 포함된 성저십리 지역에는 두 가지가 모두 적용됐다. 행정구역상 한양에 들어왔는데도, 실질적인 행정은 경기도 양주에서 맡아봤기 때문이다. 같은 한양이라도 여전히 '도성 안·개경 출신 기득권층 vs. 성저십리·한양 원주민'이라는 차별이 존재했던 것이다.

세금을 이중으로 부담하게 된 만큼 당연히 성저십리 주민들은 크게 반발했다. 그런데도 조선 조정은 이를 한동안 묵살했고, 건국한 지 80년이 지난 성종 대가 되어서야 비로소 해소됐다. 서울의 가난한 원주민을 성남으로 강제로 이주시킨 뒤 사실상 방치했던 '광주대단지 사건'의 조선 버전이라고 할 만하다.

툭하면 홍수가 나던 청계천 일대

계속 급증하는 한양 인구는 18세기가 되자 도성 밖 성저십리까지 포화상태로 만들었다. 그러자 이제는 사람들이 한양 주변의 산으로 올라가기 시작했다. 원래 조선은 왕궁 보호 등을 이유로 도성 10리 내 산의 개발을 엄격하게 막았다. 하지만 사람들이 밀려들고 주택은 부족하니, 무조건 막는 것도 한계가 있었다. 결국 그린벨트가 하나둘씩 풀렸고, 1746년부터 만리재 일대를 시작으로 남산 등 한양의 주요 산이 개간되기 시작했다(이런 분위기 속에서 1757년에 잠실(蠶室)이 풀렸다. 잠실은 원래 양잠을 장려하기 위한 일종의 국립 농업단지였다).

한양의 인구가 증가하면서 땔감 소비도 늘었고, 이 때문에 안 그래도 개간으로 사라진 나무가 더욱 귀해졌다. 구한말 한양에 온 많은 외국인들이 산에 나무를 보기 어렵다고 지적한 것도 이 때문이다.

산이 헐벗자 토사가 무너져 내리며 계속 하천으로 흘러들었고, 흘러 흘러 청계천에 쌓여갔다. 영조가 즉위할 무렵 청계천은 퇴적된 토사 탓에 하천 바닥이 거의 평지와 같은 높이였다고 한다. 그러니 조금만 비가 와도 범람하기 일쑤였다.

심지어 이 무렵 청계천 변에는 집을 구하지 못한 사람들이 찾아들어 움막을 짓고 사는가 하면 심지어 집을 매매하기도 했다.

영조의 청계천 준설 과정을 그린 <수문상친림관역도(水門上親臨觀役圖)>
자료: 부산시립박물관

그런데 툭하면 청계천이 넘쳐흐르니 그 혼란과 인명 피해는 말로 다 할 수 없었다. 2022년 여름 이례적인 폭우로 강남역 일대가 침수되는 등 큰 피해를 겪었는데, 그와 같은 풍경이 18세기에는 청계천 일대에서 다반사로 벌어졌을 것이다. 결국 보다 못한 영조가 1760년 대대적인 준설 작업에 나선 배경이다. 20만 명, 전錢 3만 5,000민緡, 쌀 2,300여 석을 투입해 57일간 대공사를 벌였다.

정도전의 계산은 왜 틀렸나

정도전 등 한양 설계자들은 왜 인구를 10만 명 정도로 산정했을까? 한양의 주택난을 공부하면서 그의 좁은 안목을 탓한 적이 있다. 그런데 정도전 입장에서도 나름의 근거가 있었을 것 같다.

일단 그가 살았던 14세기는 유라시아 대륙에 거대한 소빙기가 닥치면서 농업생산량이 급감했던 시기다. 이를 버티지 못하고 결국 강력했던 원나라(몽골)도 명나라로 교체됐다. 고려 역시 이런 흐름에서 예외가 아니었는데, 일생 내내 불순한 기후와 농업 부진을 겪은 정도전은 대대적인 인구 증가를 예상하기 어려웠을 것이다. 실제로 고려 수도 개경의 인구는 오랫동안 큰 변동 없이 10만 명 정도를 유지한 것으로 알려졌다.

한편, 조선 전기 경북 지역에서 '영남농법'이라는 신기술로 논농사가 활성화되면서 쌀 생산량이 급증하고 인구 부양력을 높인 것도 조선 인구가 급증한 요인이었다. 이를 정도전이 어떻게 예상할 수 있었겠는가.

18세기 영국의 경제학자 토머스 맬서스도 『인구론』에서 세계적인 식량부족으로 인류가 큰 위기를 겪을 것으로 예측했지만, 실제로는 '녹색혁명' 등 각종 기술의 혁신으로 이후 인구는 수십 배 늘어났다. 예나 지금이나 혁신과 변화를 내다본다는 건 쉽지 않고, 또한 그래서 신도시 건설 등이 어려운 문제인 것 같다.

서울에 집 사는 건
언제나 어려웠다

집을 사는 일이 참 어렵다. 모두 이와 같다면 누가 집을 사려고
물어보겠는가?

- 유만주의 일기 중, 1784년 8월 6일

조선 정조 때 한양에 살았던 유만주가 남긴 일기의 일부다. 당
시에도 한양에서 집 구하기는 힘들었고, 극심한 스트레스에 시
달리는 것도 마찬가지였다.

　예상치 못한 주택난에 직면한 정부는 사대문 밖 성저십리까지
한양을 확장해야 했다. 그렇게 해서 한양의 주택난은 해결됐을

까? 집값은 잡혔을까?

'아빠 찬스' 없이는 살 수 없는 한양 집

과거에 급제한 전라도 양반 황윤석은 1769년 한양에 올라와 종부시(조선 시대 왕실의 계보를 기록하고 종실의 잘못을 조사하는 관청)의 종7~8품 관리로 일했다. 하급 공무원인 그는 성균관 앞 반인들의 거주지인 반촌에 머물렀다. 숙박비는 월 2냥, 반찬값과 세탁비는 별도였다. 박봉에 월세가 부담스러웠던 그는 집을 몇 군데 알아봤다.

종부시 인근 5칸 초가집은 40냥, 종부시 대문 밖 12칸 초가집은 110냥, 산림동(을지로 일대)의 12칸 초가집은 70냥, 인현동의 7칸 초가집은 50냥이었다. 그가 쓴 『이재난고』에 따르면 당시 한양에선 초가집 1칸에 10냥, 기와집 1칸에 20냥이었다고 하니 시가보다 싼 집을 보러 다닌 것이었다. 그는 이조차도 버거웠는지 구매를 포기했다.

예나 지금이나 '황금열쇠'는 아빠 찬스인 것 같다. 황윤석과 비슷한 시기에 한양에 살았던 유만주는 과거에 번번이 낙방해 직업도 없었지만, 황해도 해주 판관인 부친과 친척들의 도움으로 도성 안에 집을 마련할 수 있었다. 최종적으로 그는 1784년 명동과 1785년 창동에 각각 2,000냥과 930냥을 주고 집을 샀다. 하지만 서울 토박이인 그조차도 집을 구하는 건 쉽지 않았다. 그가 집을 구한 과정을 따라가 보자.

유만주가 남긴 일기를 보면 그는 1784년 1월부터 집을 구하기 위해 수서(중구 남대문로 4가), 창동(중구 남창동), 난동(중구 회현동), 명동, 한정동(종로구 명륜동 4가 일대), 공동(중구 소공동), 낙동(중구 충무로 근방) 등에 집을 보러 다녔는데 여러 차례 이사가 좌절됐다. 가격대가 맞지 않은 적도 있고, 어렵게 돈을 구해 집문서까지 교환했는데도 계약이 파기된 적도 있다.

그의 일기를 보면 부동산 중개업자인 집주름의 농간에 몇 차례 휘둘렸던 것 같다. "집값이 갑자기 1만 문(100냥) 늘어 1,300냥이 됐다"(1784년 4월 18일)라든가 "값을 2,000을 올린 것은 참으로 본디 헤아렸던 바가 아니지만 무익하게 화를 내면 일에 매우 불리

유만주가 집을 알아보러 다닌 지역
자료: 서울역사박물관

하고 일에 마땅하지도 않을 것이다. 사람으로 하여금 속이 뒤집히게 한다"(1784년 7월 27일) 같은 내용이 있기 때문이다.

그래도 그는 집주릅에게 화를 내지 못했다. 집주릅이 신분은 낮아도 집을 소개하는 것부터 계약 과정 전반에 적잖은 영향력을 갖고 있기 때문이다. 집주릅은 집 계약뿐 아니라 집을 소개해주고 계약문서를 쓰는 것에서도 별도로 수수료를 챙겼으며, 집주릅이 그려주는 집 도면은 사채업자에게 돈을 빌리는 데에도 중요한 근거 자료가 됐다.

유만주는 6월 11일 집주릅과 함께 공동에 있는 2,100냥짜리 집을 본 뒤 집주릅에게 해주 먹 4홀, 해주 붓 3자루, 해주 담배 1근을 보내주고는 별도로 보상할 것이라고 전하는가 하면 그가 집 도면을 그려준 대가로 먹과 생선을 건네기도 했다.

결국 그는 8개월 만에 명동에 100칸짜리 집을 2,000냥에 샀다. 앞서 황윤석이 한양의 기와집은 1칸당 20냥이라고 했으니 대략

유만주의 이사 과정

시가에 맞는 집을 찾은 셈이다. 그의 부친은 '분수에 맞지 않는 비싼 집'이라고 못마땅해했지만, 아름다운 정원이 있는 집을 원하던 유만주는 계약을 강행했다.

부친이 비록 종5품의 현직에 있었지만, 2,000냥은 큰돈이었다. 그래서 그는 집값의 상당액을 친척과 경강주인들에게 빌렸다. 조선 후기 마포 일대 숙박과 유통을 독점한 경강주인들은 한양 사금융의 큰손이었다. 유만주가 경강주인 측에 1,050냥을 빌리고 싶다고 편지를 보내자 이튿날 새벽에 돈을 보내주겠다는 답장이 왔다. 대출을 의뢰하면 이튿날 돈이 융통됐다는 것을 보여준다. 지금으로 치면 카카오뱅크만큼이나 빠른 속도였다.

한양의 집값은 어느 정도였을까

그렇다면 유만주가 구입한 집값은 어느 정도의 가치를 가지고 있었을까? 유만주의 집값과 전세금을 비교해보자.

유만주는 집을 사기 전인 1779년과 1782년 한양에서 전세로 거주했는데, 가격은 각각 3만 1,000문(310냥)과 2만 5,000문(250냥)이었다. 명동 집값이 2,000냥이니 전세금의 7~8배 정도 했던 셈이다. 그가 친척과 사금융까지 융통해 '영끌'로 100칸짜리 집을 산 것은 이전에 살던 전세집보다 작은 집에서 살기 싫어서였을 것이다. 두 집의 크기가 대략 비슷하다고 보면, 매매가와 전세가의 차이가 퍽 컸던 셈이다.

수요는 많고 공급은 적으니 당연히 시세차익도 누릴 수 있었다. 조선 헌종 때 한양 경화사족의 겸인(집사)이었던 이윤선은 1854년 방교(종로구 신문로 일대)로 이사했는데 집값 1,500냥에 집 앞 밭까지 합쳐 2,250냥을 주고 샀다. 그리고 1863년엔 이 집을 3,000냥에 팔고, 2,550냥을 들여 상대창동(남대문로 3·4가)의 주택을 구입했다. 9년 만에 750냥(집값의 33.3%)의 시세차익을 남긴 셈이다. 그는 평생 한양에서 살았고, 일기로 남긴 29년 동안 이사를 여섯 번 다녔는데 이 같은 재테크를 통해 재산을 적잖게 불릴 수 있었다.

당시 매매 기록을 보면 주택 거래는 활발한 편이었다. 평균 5~6년에 한 번씩 집주인이 바뀌었고, 3~4개월 만에 바뀌는 경우도 있었다. 앞에서 소개한 유만주는 이사를 가기 위해 부동산 소개로 여섯 군데의 후보지를 둘러봤다.

100여 년 동안 10배 뛴 서울 집값

한양 집값을 잡는 데 가장 적극적인 조선 왕은 영조였다. 그는 한양 집값 상승의 주요 원인이 시세차익을 노린 다주택 보유에 있다고 봤다. 그래서 극약처방을 내렸는데, 관직자는 일반 서민들의 집을 구입하지 못하게 함으로써 사실상 실거주 외에는 집을 가질 수 없도록 했다. 또 영조는 일부 양반들이 피접(병 치료를 위해 살던 집을 떠나 다른 곳에 머무르는 것)을 핑계로 하층민의 집을 빌렸다가 아예 빼앗는 '여가탈입閭家奪入'을 근절하기 위해 아예 세입 자체도 금지했다. 즉, 1가구 1주택만 허용하고 모든 전월세를 막아버린 것이다.

그런데 앞서 살펴봤듯이 한양은 한양 토박이들만 사는 곳이 아니었다. 과거에 급제해 관료가 되거나 훈련도감의 군인이 되어 한양에 오는 경우도 있었고, 일부 서민들은 이들에게 세를 줘 먹고살았다.

시장을 교란한 후폭풍은 컸다. 당장 영조의 측근이라고 할 수 있는 부제학 원경하와 좌의정 김상로부터 일반인의 집을 사들인 게 들통나 문제가 됐다.

흥미로운 건 정작 왕실에서 이런 흐름을 역행하는 일도 비일비재했다는 점이다. 앞서도 언급한 것처럼 세종 때는 영응대군의 집을 짓기 위해 가옥 60채가 철거됐고, 문종 때는 경혜공주의 집을 짓기 위해 가옥 40채가 철거됐다. 그 강력한 규제론자 영조 때도 마찬가지였다. 부제학 이종성은 영조에게 "옹주가 사여받은 저택 옆 여염집을 많이 사들여 더 큰 집을 지으려 한다고 합니다. 과연 이런 일이 있으십니까, 없으십니까?"라고 따지기도 했다. 이렇게 만든 공주나 옹주의 옛 저택은 민간에서 혼례를 치를

때 세를 받고 신부 집으로 대여되기도 했다. 이를 '금교세가金轎貰
米'라고 불렀는데 몇 년 전부터 강남에서 유행한 프라이빗 스타일
고급 웨딩홀의 선조 격인 셈이다.

그렇다면 이런 '반시장'적인 정책이 집값을 잡는 데는 도움이
됐을까?

지금까지 전해지는 18~19세기 장통방(서울 남대문로와 서린동 일
대)의 주택 매매 기록에는 당시 한양 집값의 변화가 고스란히 담
겨 있다. 1719년 160냥에 거래된 집이 1764년엔 200냥, 1769년엔
300냥, 1783년엔 350냥으로 서서히 오르다가 1800년엔 900냥,
1830년 1,205냥, 1831년엔 1,500냥으로 급격히 상승했다. 100여
년 동안 10배가량 뛴 셈이다.

다음은 18~19세기 한양 장통방의 주택 가격과 쌀값의 변화 추
이를 기록한 표와 그래프다. 18세기만 해도 쌀값은 비교적 안정
된 반면, 집값의 상승폭은 매우 크다는 것을 알 수 있다. 영조가
쓴 고강도의 집값 억제 대책이 성공하지 못했다는 방증이다.

연도	벼 1두 가격(문)	연도	서울 장통방 주택 가격(냥)
1711~1720	1.08	1719	160
1721~1730	0.89	1764	200
1731~1740	0.87	1769	300
1741~1750	0.84	1782	300
1751~1760	0.92	1783	350
1761~1770	1.22	1796	350
1771~1780	1.25	1800	900

연도	벼 1두 가격(문)	연도	서울 장통방 주택 가격(냥)
1781~1790	1.2	1804	1,050
1791~1800	1.5	1830	1,250
1801~1810	1.23	1831	1,500
1811~1820	1.69	1852	1,500
1821~1830	1.6	1861	2,300
1831~1840	1.6	1863	2,500
1841~1850	1.19		
1851~1860	1.65		

서울 쌀값과 집값의 변천

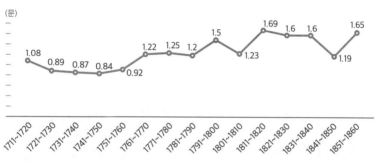

18~19세기 벼 1두 가격 변화 추이
자료: 이영훈, 『수량경제사로 다시 본 조선후기』에서 인용

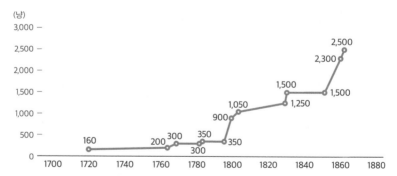

18~19세기 서울 종로 장통방의 한 주택 가격 변화 추이
자료: 양진석, 『조선후기 漢城府 中部 長通坊 丁萬石契 소재 가옥의 매매와 그 특징』에서 인용

유만주 집의 가치는?

한편 무직자였던 유만주는 현직 관료인 아버지에게 생활비를 받아 썼는데, 1784년 8월 5일 일기를 보면 한 달 생활비로 16냥을 받았다. 그렇다면 명동 집은 125개월 치의 생활비였던 셈이다(이 외에도 유만주는 충북 단양에 있는 농장에서 정기적으로 오는 곡식으로 부수입을 얻었던 것 같다).

또 당시 쌀 3되가 10문이었다고 하니 명동 집의 가격은 쌀 3,000말(200섬)에 해당한다. 유만주가 1778년 7월 23일 일기에서 8명 식구의 연간 쌀 소비량을 8섬이라고 했으니, 이것은 8명 식구가 25년간 먹을 쌀의 양이기도 했다.

유만주 집의 가치(2,000냥)
한양 최고 주택의 10분의 1
전세금의 7~8배
125개월 치 생활비
쌀 3,000말

유만주 집의 가치

	쌀	콩
정1품	2석 8두	1석 5두
종9품	10두	5두

*쌀 1석=5냥

영조 시대 관료들의 월급

참고로 유만주는 일기에 한양 사대부 주택 중 가장 비싼 것은 입동에 있는 이은의 집으로, 380여 칸이며 2만 냥 남짓 한다고 썼다. 이와 비교하면, 그는 한양에서 가장 비싼 집의 10분의 1 정도 되는 집에 살았던 셈이다. 2021년 전국 공동주택 가격에 따르면 한국에서 가장 비싼 아파트는 더펜트하우스 청담으로 전용면적 407.71제곱미터에 163억 2,000만 원이었다. 제곱미터당 4,002만 8,451원인 셈이다. 유만주가 살았던 집은 지금으로 치면 16억 원 정도 되는 48평 아파트가 아니었을까?

조선의 야심 찬 신도시
4군 6진의 흥망

"사실인가 보네, 그 소문 말이야."

"뭔 소문이요?"

"산삼을 탐해 폐사군 땅에 들어간 여진족들이 몰살당했대."

넷플릭스 〈킹덤: 아신전〉에 나오는 대화 중 일부다. 〈아신전〉은 조선이라는 시공간에 좀비를 엮어 'K-좀비' 시리즈를 유행시킨 〈킹덤〉의 스핀오프 작품이다.

그런데 내가 〈아신전〉을 보면서 흥미를 느낀 지점은 좀비가 아닌 다른 데 있었다. 바로 '폐사군廢四郡'이다. 산삼이 많이 나온다는 폐사군은 실재했던 장소일까, 아니면 '엘도라도' 같은 가공의 지명일까?

힌트는 세종 시대에 있다. 세종은 많은 업적을 남겼는데, 그중에서도 빼놓을 수 없는 것이 북방 영토 확보다. 이때 4군(압록강)과 6진(두만강)을 개척하면서 비로소 '두만강-압록강'이라는 한반도의 북방 경계가 확정됐기 때문이다. 그런데 우리가 이 지역에 대해 아는 것은 대개 '최윤덕, 김종서 장군을 보내 개척했다'에서 그친다. 새로운 영토가 생겼는데 이곳에 누가 살았고, 어떤 일이 있었는지는 이상할 정도로 가려져 있다. 왜 그럴까.

'4군 6진'이라는 신도시

세종이 주변의 반대에도 불구하고 4군 6진 개척 사업을 밀어붙인 것은 태조 이성계 때부터의 숙원이었기 때문이다. 북방 변경의 안정, 영토 확장 및 국토의 균형 개발, 농지 확대 등 여러 가지가 고려됐을 것이다.

그러나 세종이 두 차례 대규모 원정을 벌여야 했을 정도로 이 사업은 만만치 않았다. 무엇보다도 여진족이 이곳에 터를 잡고 살았기 때문이다. 마침내 이들을 쫓아낸 정부는 단순한 군사기지가 아니라 조선인들이 밭을 일구고 정착해 완전한 조선인 사

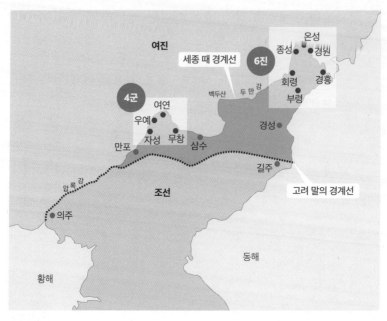

4군 6진

회로 만드는 것이 무엇보다도 중요하다고 봤다. 여진족이 쳐들어올 때 군사를 신속하게 모으기 위해서도 꼭 필요한 일이었다. 즉, 4군 6진은 요즘으로 치면 군사 기능이 더해진 복합 신도시였다.

정부는 곧 이 지역에 주민을 대규모로 옮기는 '북방 사민' 사업을 시행했다. 세종 때만 해도 평안도 및 함경도 남부에서 7,569호가 이주됐고, 삼남(충청·전라·경상)에서는 세종~성종 기간에 4,783호가 이주됐다. 1호를 5명으로 잡는다면 6만 2,000명 정도가 옮겨진 셈이다. 조선 시대에 이것은 결코 적은 숫자가 아니다. 조선 초 한양 인구가 10만 명이었으니 그 절반이 넘는 수가 이동한 셈이다.

조선이 이 사업에 얼마나 심혈을 기울였고, 얼마나 많은 인구를 투입했는지 알 수 있다. 게다가 실제로 보내진 인구는 더 많았다. 왜냐하면 일반인만으로는 필요한 수를 채우기 어려워지자 범죄자, 유랑민까지 보냈기 때문이다.

험난한 신도시 사업

4군과 6진은 평안도와 함경도에서도 최북단에 속하는 곳이다. 날씨는 춥고, 땅은 척박하다. 조상 대대로 살아온 땅을 떠나 이런 곳으로 가라고 했으니 이주자 선발부터 정착 방안, 인프라 등이 세밀하게 마련돼야 했고 그 뒤에도 정부의 세심한 배려가 필요했다. 물론 정부도 나름의 계획은 갖고 있었다. 이주민에게는 농사지을 땅을 지급하고, 세제나 의료 혜택을 제공하기로 했다.

권투선수 마이크 타이슨이 이런 말을 한 적이 있다. "누구나 그럴듯한 계획을 가지고 있다. 처맞기 전까지는Everyone has a plan 'till they get punched in the mouth."

불행히도 조선의 북방 사민 계획이 그랬다.

처음엔 평안도와 함경도 남부 주민들을 선발해 4군과 6진에

각각 채워 넣었다. 그러나 '아랫돌 빼서 윗돌 괴기' 수준에 불과했다. 안 그래도 사람이 부족한 평안도와 함경도에서 사람을 뺀다고? 북부는 찰지언정 남부가 텅 빌 수밖에 없었다. 마치 요즘 '혁신도시'라고 포장해 신시가지를 개발하니 구시가지가 비어버린 것처럼 말이다. 그래서 평안도와 함경도 남부를 채우기 위해 삼남(충청·경상·전라)에서 이주자를 보냈지만, 나간 인구의 절반도 채되지 않았다. 게다가 인구가 연쇄적으로 이동하다 보니 이로 인한 혼란이 극심했다. 정부가 계획을 수정해 삼남 지역에서 바로 북방으로 보냈지만 달라질 건 없었다. 이동 거리가 워낙 먼 탓에 무사히 도착하는 것만도 만만치 않은 일이었다.

게다가 도착한 북방 지역은 예상보다 열악했다. 주택, 도로, 학교, 농지 등의 인프라가 어느 것 하나 갖춰져 있지 않았다. 이미 세종 때 "이주한 주민 중 2,250명이 도망쳤으며, 2,140명이 아직도 돌아오지 않았다"라는 보고가 올라오는 등 주민의 이탈 사태가 심각했다. 성종 때도 삼남에서 1,500호를 이주시키고 관리가 가보니 사람들이 풀 속에 움막을 만들고 관에서 옷과 음식을 주기만을 기다리고 있었다고 한다. 이주 인구 중 40%가량이 사망했다는 보고도 올라왔다. 사관이 "변방을 채우기도 전에 하삼도가 먼저 텅 비게 될 것"이라고 지적할 정도였다.

전근대 시대라도 이런 소문은 금방 퍼진다. 북방으로 이주하게 된 주민들 사이에서 자살이 속출했다. 가장 입장에선 '내가 죽으면 가족들은 남겨주겠지'라는 심리였지만, 정부는 그렇게 할 경우 자살자가 늘어날 거라며 가장이 죽어도 남은 가족을 모두 입거시키도록 했다. 그러다 보니 심지어 절도나 폭행 등의 범죄를 저질러 이주 대상에서 제외되려는 웃지 못할 꼼수가 등장하기도 했다.

분당과 일산처럼 엇갈린 운명

한 가지 덧붙이자면, 1기 신도시라고 해도 분당과 일산의 운명이 엇갈린 것처럼 4군과 6진에서도 양 지역의 분위기가 달랐다. 결론적으로 말하면 4군보다는 6진 쪽의 사정이 훨씬 나았다. 6진 지역의 토양이 더 비옥해서 농업이 발달한 점도 있고, 바다에 가까워 해산물도 풍부했다. 그래서 세조는 6진은 두되 4군은 폐군을 결정했다. 그래서 '폐사군'으로 불리게 된 것이다.

이후 폐사군 지역은 인적이 드물어져 산삼이나 모피 등의 보고가 됐고, 이를 가져다 팔아 이익을 얻는 인근 주민들도 생겨났다. 산삼과 모피가 점차 고급 상품이 되자 훗날 조선과 청 간에 백두산 인근 지역의 영유권을 두고 갈등이 고조되기도 했다.

세조 때 철거한 폐사군이 다시 역사에 등장한 건 약 200년이 지난 숙종(재위 1674~1720) 때다. 남구만이 적극적으로 건의해 2군

〈여지도(輿地圖)〉의 함경도

〈여지도〉는 18세기 후반 이후에 제작된 것으로 추정된다. 6진은 온성·경원·경흥·부령·회령·종성이 모두
그대로 남은 반면, 4군 여연·무창·자성·우예는 모두 사라졌다.

자료: 서울역사박물관

이 시범적으로 복구됐다. 남구만은 이 지역에 사람들이 모이게

하려면 도로도 개설해야 한다고 강조했다. 지당한 주장이었으나

동의를 얻지 못했다. 오히려 정부는 이 일대에서 산삼을 캐던 조

선인이 청나라 관리들을 살해한 사건을 빌미로 다시 폐군했다.

그러던 이 지역에 사람들이 모여든 것은 18세기 후반부터다. '삼정의 문란' 등 지배층의 착취를 견디지 못한 삼남 지역 농민들이 짐을 싸 북쪽으로 이주하면서 정부의 손길이 느슨한 이곳에 눌러앉은 것이다. 이때는 감자나 고구마 같은 구황작물도 들어왔고 농업기술도 발달해 이전보다는 정착하기가 수월했다.

폐사군의 사례는 제아무리 국가가 그럴듯한 계획을 앞세워 사람들을 이주시킨다고 한들 도시가 발달하는 것이 아니라는 점을 생생하게 보여준다. 폐사군은 인간의 욕망과 편의가 얼마나 복잡미묘한 것인지를 간과한 조선 정부의 '흑역사'다. 지금도 가끔 정부가 세우는 신도시나 주택 정책에서도 이런 모습을 보게 되는데 그저 싸게 땅(주택)만 만들어주면 '오케이'하리라고 생각한다면 오산이다.

그래서일까, 조선 왕조는 이후 정조 대에 신도시 화성을 건설할 때 매우 세심한 계획을 세웠다(뒤에서 곧 확인하게 될 것이다). 물론 정조의 스타일이기도 했겠으나 과거 4군 6진 사업에서 얻은 교훈도 어느 정도는 작용하지 않았을까.

정조의 업그레이드
신도시 계획, 화성

조선 시대 가장 유명한 신도시는 수원 화성이다. 정조가 재위 후
반부에 '갑자년 구상'이라는 것을 내놓으며 본격화됐다. 세자가
열다섯 살이 되고, 모친 혜경궁이 칠순이 되는 1804년 왕위를 이
양한 뒤, 사도세자의 묘가 안치된 이곳에 머무르겠다는 구상이
었다. 정조는 1794년 정월부터 총력을 기울여 화성 신도시 건설
10개년 계획을 추진했다.

화성은 단순히 그가 안락한 노후를 위해 계획한 신도시만은
아니었다. 이는 그가 머무를 화성행궁과 부속 건물의 규모를 600
여 칸으로 했다는 점에서도 드러나는데, 참고로 이성계가 한양

화성행궁
이성계 때 건설된 경복궁과 비교해도 규모에 큰 차이가 없었다.
자료: 수원관광 홈페이지

에 지은 경복궁의 규모가 750칸이었다. 정조는 이곳을 행정·군
사·경제 등의 기능을 갖춘 복합도시로 짓고 상왕정치를 할 계획
이었다고 전해진다. 정치적 배경이야 그렇다 치고 정조가 화성
신도시를 어떻게 계획했는지를 보자.

신도시의 성패는 돈과 사람

정조의 신도시 구상을 보면 눈길을 끄는 것이 돈이 돌고 사람이
모여야 성공할 수 있다는 확신을 가졌다는 점이다. 그는 어떻게
하면 한양의 상인들을 이곳으로 끌어들여 상업 타운으로 만들
수 있을지 고민했다. 당시 올라온 방안 중 하나가 화성 상인들에
게 인삼의 무역과 판매 독점권을 주고, 이들이 신도시 주요 도로

에 기와집을 짓고 살게 하자는 것이었다.

여기에는 중요한 함의가 있다. 당시 인삼은 청나라와의 무역에서 결제 수단이었다. 원래는 일본과의 무역에서 들어오는 은으로 결제했지만, 일본의 은 채굴량이 급감하면서 대일 무역이 쇠퇴하자 인삼으로 대체하고 있었다. 18세기 청나라는 세계 최고의 경제 대국이었으니 인삼 무역 독점권을 준다는 것은 적잖은 혜택이었다. 지금으로 치면 중동 국가에서 석유 교역 독점권을 주는 것이나 다름없다.

한편 수원부사 조심태는 그 방안보다는 부유하고 상업에 밝은 수원 사람들을 신도시로 이주시키고 이들에게 공적 자금을 융통해 상회를 열게 하자고 했다. 또 화성 용주사 승려들에게도 자금을 공급해 종이와 신발을 만들게 하자는 방안을 내놓았다. 신도시 상공업 진흥책이었던 셈이다. 그가 이렇게 주장한 것은 한양 상권을 이주시키거나 인삼 판매 독점권을 부여하는 데에는 적잖은 갈등과 시간 소요가 따를 것으로 봤기 때문이다(실제로 이 방안은 정조가 사망하면서 흐지부지됐다).

조심태의 방안은 부담이 적었기에 정부는 1만 5,000냥의 자금을 수원 상인들에게 대여해 신도시에 상회를 열게 했다. 또 4,000냥을 추가로 마련해 안성의 지장(종이 만드는 장인)들을 유치하기로 했다. 제조업도 함께 육성해야 한다고 판단한 것이다. 여기에 10년간 세금 감면 혜택을 주는 것도 추가했다.

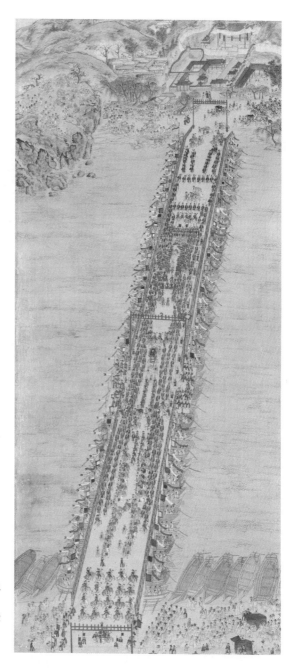

**<정조 때 한강과 남부
경기를 이은 배다리>**
<화성능행도병풍(華城陵
幸圖屏風)>의 일부다.
자료: 국립고궁박물관

정조의 화성행차를 그린 『원행을묘정리의궤』
자료: 국립고궁박물관

여담인데, 정조는 국책사업에 상인들을 활용하는 것을 좋아했
다. 예를 들어 한양과 삼남(충청·전라·경상)을 잇는 시흥대로를 만들
때 한강을 건너는 배다리를 가설했는데, 여기에 신진 상업 세력
인 경강상인들의 상선을 동원했다. 그 대가로 세곡 수송의 특권
을 주어서 상인들의 적극적인 참여를 유도했다.

교육 수요를 잡아라

하지만 돈과 상인이 모인다고 성공을 담보할 수 있는 건 아니었

다. 이때가 조선 시대라는 점을 잊어서는 안 된다. 정조가 내놓은 카드가 하나 더 있었는데, 바로 과거시험이었다. 그는 수원 지역에 특별 과거를 시행했다.

이 정책은 당연히 양반들의 이주를 노린 것으로, 정조에 협력했던 남인 출신 가문들이 적극 호응했다. 예를 들어 전라도 해남에 살던 고산 윤선도의 후손들이 수원으로 이주해 과거시험에 참여했다.

이 정책은 효과를 봤을까? 당연히 효과를 봤다. 1790년(정조 14) 신도시 인근에 집을 지은 인구의 절반가량이 양반층이라는 보고가 있었다. 그래서 정조가 이듬해 수원을 방문하면서 굉장히 기뻐했다고 하는데, 1793년에는 수원의 성내 인구가 5,000명에 다다를 정도로 급증했다.

이런 효과 덕분이었을까. 1794년 정월부터 1804년까지 10개년 계획으로 추진된 화성 신도시 건설은 불과 34개월 만인 정조 20년 1796년 10월 16일에 마무리됐다.

화성 신도시가 정조의 구상대로 성장했다면, 지금쯤 수원은 화성시 수원구 정도로 흡수되어 있거나 화성을 보조하는 위성도시가 됐을지도 모른다.

남은 것은 서울대 농대

하지만 세상일이 계획대로 될 리가 없다. 알다시피 화성은 현재까지도 수원 인근의 지방에 불과하다. 정조의 야심 찬 구상이 실패한 것이다. 물론 정조의 급사로 정책의 연속성이 없었던 게 결정타였겠지만 이유는 여러 가지가 있다.

일단 인삼 교역 독점권이나 한양 거상들을 이동시키는 문제가 간단치 않았다. 한양 시전은 당시 노론을 비롯해 정치 세력의 강력한 자금줄이었다. 한양 시전뿐 아니라 평양 등 다른 도시들도 마찬가지였다. 정조 때 남인 출신 채제공도 평양에서 정치자금을 수수했다는 공격을 받았을 정도다. 사정이 이렇다 보니 개성과 의주를 중심으로 자리 잡은 교역망을 흔드는 건 매우 어려운 일이었다.

그리고 아무리 백지상태에서 시작한다지만 한양을 능가할 상업지구를 마련하는 데 1만 5,000냥만 들였다는 것은 액수가 너무 적은 것 같다. 앞서도 언급했지만, 서울의 좋은 집 한 채가 1,000냥을 호가할 때였고, 가장 비싼 주택은 2만 냥에 달했다.

가장 근본적으로는 정조 개인의 바람으로 시작됐다는 점이다. 정조가 부친을 추숭하고 상왕정치를 하겠다는 의지로 시작된 계획인 만큼 그가 사망하자 동력이 사그라질 수밖에 없었다. 화성 신도시의 실패는 어쩌면 예고된 결말이었는지도 모른다.

다만 남긴 것도 있으니 대규모 둔전과 대유둔이다. 정조는 이곳에 대형 저수지를 만들어 거대한 둔전을 마련했다. 자급자족적 복합도시를 만들겠다는 의지도 있었거니와 이곳에 자신의 친위부대인 장용영을 두려고 했기 때문에, 재정 기반을 안정적으로 확보하기 위해서였다. 군인들이 평시에 이곳에서 농사를 지어 생계 걱정을 덜게 하는 동시에 일반인에게도 농지를 나눠줘 화성 신도시의 인구를 늘리겠다는 계산도 있었다.

그런 구상 아래 1795년 101석 5승락 규모의 둔전이 마련됐는데, 이때 만들어진 국영농장이 계속 유지되어 구한말에는 이곳에서 종자실험도 하고 일제 강점기에는 수원고등농림학교(훗날 경성제국대로 편입), 해방 이후엔 서울대 농과대학의 모태가 됐다.

당시 만든 저수지가 '만석거'인데 현재는 대부분 매립되어 도로, 주차장, 테니스장으로 쓰이고 남은 일부는 만석공원이 됐다. 대유둔은 지금의 수원 송죽동, 정자동, 천천동, 화서동 등인데 역

만석공원
자료: 수원시 홈페이지

시 아파트 단지로 바뀌었다.

정조의 뉴타운, 경모궁방

정조는 친부 사도세자의 비극적 죽음을 목격한 트라우마에서 평생 벗어나지 못했고, 그에 대한 추숭 작업에 많은 신경을 썼다. 사도세자의 묘를 화성으로 옮기고 신도시를 건설한 것이 유명하지만, 실은 한양에서도 '경모궁'이라는 뉴타운 사업을 벌였다.

경모궁은 사도세자의 사당으로 지금의 서울 명륜동 4가와 연건동, 혜화동 서울대 의대 자리다. 정조는 '수은묘'라고 불리던 이곳을 '경모궁'으로 개칭하고 정비사업을 벌였다. 당시만 해도 거의 개발되지 않은 지역이었다.

정조는 이곳에 사람들이 살게 하기 위해 몇 가지 떡고물을 마련했다. 하나는 양질의 주택 공급이다. 관에서 목재를 공급해 기와집 120여 호를 지었다. 하지만 이것만으로는 부족했다. 왜냐하면 이곳 주민들에겐 경모궁 관리와 관련된 부역이 주어지기 때문이다. 그래서 정조는 외부에서 혜화문을 통해 한양으로 들어오는 상품에 대한 독점적 도매 권한을 허용했다. 바로, 여객주인권이다.

한양도성 안 시전이 일반 소비자를 대상으로 상품을 판매한다면, 여객주인은 지방에서 온 상품을 시전상인들에게 판매하는 도매상들이었다. 여객주인이 상품의 가격을 통제할 수 있었기 때문에 큰 이익을 주는 사업이었다. 예컨대 김포의 경우 18세기 중엽부터 19세기 중엽까지 100년간 여객주인권 매매 가격이 100배 상승했다는 기록이 있을 정도다. 그렇게 해서 이 지역에는 연초, 건어물, 생선, 신발 등을 다루는 여객주인이 생겨났다.

이 덕분에 주민들이 늘어나면서 유의미한 인구 변화가 발생했는데,

1789년 실시한 인구조사를 보면 이 지역에 경모궁방이라는 행정구역이 신설됐음을 확인할 수 있다.

그리고 1774년부터 1789년 사이 한양을 구성하는 5부의 인구 변화를 보면 경모궁방이 속한 동부에서 3,600명 정도 늘어난 것으로 확인된다. 같은 기간 나머지 지역의 인구는 감소했으니 경모궁방의 신설이 영향을 준 것이 거의 확실하다.

10장

도시에
생명력을 불어넣는
작업

* 공장지대의 놀라운 변신
* 지하철 말고 기차역 역세권
* 신도시를 또 만든다고?
* 수도권 신도시도 아닌 지방 이전?
* 그래서 더더욱 복합개발이 필요하다

공장지대의
놀라운 변신

공장의 사전적 의미는 '원료나 재료를 가공하여 물건을 만들어 내는 설비를 갖춘 곳'이다. 여기서 얻을 수 있는 시사점 두 가지가 있는데, '가공'이라는 단어와 '설비를 갖춘'이라는 표현이다. 뭔가를 가공하기 위해서는 물체에 변화를 가㈜해야 하는데, 그러자면 물리적·화학적 과정을 거치기 마련이다. 물리적 과정이라면 소리가 나거나 빛이 나거나 열이 나올 테고, 화학적 과정이라면 원치 않았던 엉뚱한 물질이 생겨나 냄새를 풍기거나 오염물질이 발생하거나 할 것이다. 그리고 공장이라면 이런 일을 소규모로 하기보다는 대규모로 하고 싶을 테니 설비도 크고 많을 것이다.

비선호 지역이 인기 지역으로 바뀐 이유

그래서인지 예전부터 사람들은 공장이 몰려 있는 곳을 좋아하지 않았다. 가내수공업 정도밖에 없던 경제 수준에서 공장이라는 것이 갓 들어섰을 때의 사회상을 떠올려보자. 1925년 8월 12일 자「조선일보」기사에는 경성 도시계획에 관한 내용이 실렸는데, '영등포 부근을 공장지대로 하는 개괄적 설계가 성립됐다'라고 나와 있다.

　최근의 지적도를 확인해보자. 서울에는 일반공업지역은 없고 준공업지역만 남아 있는데, 영등포구는 신길동을 제외한 대부분 지역이 준공업지역일 정도다. 지금도 여전히 공장들이 많이 남

경성 도시계획에 관한 기사
자료: 네이버 뉴스 라이브러리(「조선일보」 1925년 8월 12일)

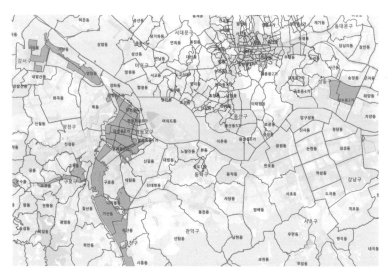

영등포구와 구로구에 집중되어 있는 준공업지역
자료: 국토교통부 토지이음

아 있는 문래동을 떠올려보면 쉽다. 강서구 염창동·마곡동, 성동
구 성수동 일대, 도봉구 도봉동·창동 일대가 이와 비슷하며 이 지
역들에 초대형 제조 업체들이 있다.

　지금도 이 지역들이 공장지대일 것으로 생각하는 사람들이 많
지만, 지금은 대부분 아파트 단지로 바뀌었고 지식산업센터(아파
트형 공장)도 들어섰다. 이처럼 눈에 보이는 현실이 바뀌었는데 지
목이 그대로인 이유는 지목을 바꾸는 것이 그만큼 쉽지 않은 일
이기 때문이다.

　이런 지역들일수록 난개발이 이뤄졌다는 특징이 있다. 가장
쉬운 예가 영등포와 강서, 금천, 구로 등이다. 왜 이 지역 아파트

들은 소규모로 개발됐는지 궁금해하는 사람들이 많은데, 원래
있던 공장들이 하나씩 하나씩 이사 나갈 때마다 그 자리에 아파
트를 지었기 때문이다. 큰 공장이 나가면 크게, 작은 공장이 나가
면 작게 아파트를 지은 것이다.

신도림도 비슷하다. 신도림과 구로역 건너편에 건설된 대림아
파트, 동아아파트 등의 위치가 다 예전에 공장이 있던 자리다. 그
리고 바로 앞 디큐브시티는 연탄 공장이 있던 자리다.

이상의 사례를 통해 지금의 공장이 미래의 찬란함을 가져다
줄 것이라는 생각이 허황된 꿈만은 아니라는 것을 알 수 있을
것이다.

당당히 도심에 편입된 구로공단

예전의 구로공단이나 성남 상대원·하대원도 비슷한 변화상을 보
여준다. 특히 구로공단은 지식산업센터가 곳곳에 들어서 산업의
중심이 됐다. 지식산업센터에서는 예전과 마찬가지로 산업 역군
들이 열심히 근무 중이지만, 건물 외관이나 지역 풍경은 완전히
바뀌었다. 40년 전 구로공단에서 일했던 사람이 이곳에 와서 본
다면 깜짝 놀라겠지만, 그동안 발전한 대한민국의 수준에 맞춰
입주 업종이 바뀌었고 그에 따라 건물들도 크게 바뀐 것이다. 여

전히 그 자리에서 가발을 만들거나 봉제업을 한다면 임대료 수준이 너무 높아 감당할 수가 없을 것이다.

그렇다면 여기에는 어떤 의미가 있을까? 앞서 「조선일보」에서 다뤘던 1920년대의 영등포는 도심이 아니었고 1970년대의 구로공단도 도심과는 거리가 멀었다. 하지만 이제는 모두 도심에 포함됐다. 지금이야 너무나 당연시되지만, 개통 당시(1980~1984년 단계적 개통) 지하철 2호선이 서울 도심 한복판을 지난다고 생각한 사람은 없었을 것이다. 2호선이 지나는 강남 테헤란로조차 당시에는 나대지가 넘쳐났다.

지하철 2호선의 건설 목적은 다음과 같았다.

- 강남 개발에 따라 강남과 강북을 연결하는 철도 노선 구축
- 수도권 전철 1호선이 경유하지 못하는 서울 주요 번화 지역들의 철도 노선 확보 및 이들 지역을 연결하는 대순환선 구축

즉, 강남 개발을 시작한 지 10년이 지나 서울 각지에 생겨난 주요 부도심(강남·잠실·신촌·홍대·건대)을 연결하는 것이 가장 중요한 목적이었다. 그리고 여기에 공단지역인 구로공단을 지나도록 노선을 수정했다. 예나 지금이나 공단을 도심 한복판에 조성하지는 않지만, 많은 사람의 직장인 '공장'과 주거지역을 연결했기에 공장지대가 '도심'에 편입된 것이다.

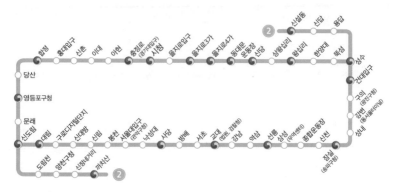

서울지하철 2호선
그때나 지금이나 중요한 지역들을 연결하다 보니 정해진 노선이다.
자료: 서울메트로

공장 밀집 지역에서 젊음의 명소로

최근 들어 이런 움직임이 나타난 곳이 바로 성수동과 문래동이다. 이곳은 예전에 공장 밀집 지역이었으나 지금은 젊은이들이 찾는 힙하고 쿨한 명소로 완전히 바뀌었다. 이런 변화가 나타난 건 사실 그렇게 오래된 일이 아니다. 공장지대에 있던 대형 창고들이 카페나 베이커리로 바뀐 건 2015년 이후의 일이며, 문래동 창작촌이 만들어진 것도 2010년 전후다. 앞서 살펴본 구로공단, 상대원·하대원공단처럼 지식산업센터 역시 들어왔지만, 그런 일률적인 변화가 아니라 문화를 꾸미고 이에 따른 소비가 일어나는 방식으로 공업지역이 변화한 것이다. 이렇게 변화하는 과정을 사회 구성원들이 선호한다는 사실을 알게 된 것이 겨우 10년밖에 되지 않는다는 얘기다.

서울·수도권에서 시작된 이런 변화가 지방으로도 확산돼야 하는데, 지방에선 잘 확인되지 않는다. 그 이유로는 세 가지를 들 수 있다. 첫째는 서울만큼 인구가 집중되어 있지 않아 기존 공업지역의 입지까지 도심이 확대되지 못했다는 것이다. 둘째는 공업지역의 규모가 서울과는 달리 굉장히 크다는 점이다. 그리고 셋째는 아직도 공업 기능이 충분히 살아 있기 때문이다.

적절한 예가 아닐 수도 있지만 울산·여수의 석유화학단지나 거제의 조선단지, 창원의 기계공단, 용인·화성의 반도체산단이 이렇게 변화하려면 해당 산업이 서울·수도권의 경공업처럼 경쟁력을 잃어야 한다. 하지만 그건 대한민국의 종말을 의미하기에 일어나선 안 되는 끔찍한 일이다. 그 때문에 지방에서는 아직 이런 사례를 찾아보기가 어렵다.

빈 땅에 들어선 인기 높은 오션뷰 아파트

인천에서는 조금 다른 상황이 펼쳐졌다. 인천 남동구·미추홀구에 있던 다양한 업종의 업체들이 다른 지방으로 이전하면서 빈 땅이 생겼기 때문이다. 워낙 광활한 부지여서 도시개발이 진행돼 아파트가 많이 지어졌다. 항구도시 인천의 특성상 공장이 있

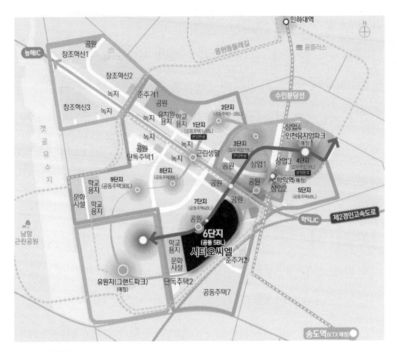

인천 용현학익지구

던 곳들은 대부분 바닷가여서 오션뷰$^{ocean\ view}$가 가능한 아파트가 들어선 것이다. 이런 변화가 2000년대 초반부터 진행됐는데, 지금은 그때보다 자연환경을 훨씬 중시하는 시절인 만큼 이런 공장 부지의 도시개발이 상당한 인기를 끌고 있다. 그 대표적인 예가 용현학익지구 재개발인 시티오씨엘이다.

인천에서 이런 변화가 나타난 것을 보며 조금 다른 식으로 개발을 진행한 곳이 시흥·안산이다. 서울에 있던 공장을 옮기기 위해 반월·시화공단이 조성됐는데, 이때 추가 산업용지가 필요해서 인근 간석지를 매립했다. 그런데 요즘엔 반월·시화공단 역시 이전을 꿈꿀 정도로 산업고도화가 진행돼 그 부지를 공단 외의 방식으로 이용하기로 결정이 났다. 단순히 아파트가 아닌 숙박시설을 대거 공급해 수도권 거주자들의 휴양지를 조성하겠다는 구상이다. 바닷가라는 특징상 오션뷰가 가능하니 금상첨화라고 할 수 있다.

이 구상이 민간에서 진행되면서 공업지역에 새로운 움직임을 가져오고 있다. 수도권 도로교통 환경이 좋아지고 생활 수준이 향상된 덕에 이런 사업 구상도 가능해진 것이다.

인천 남동구 논현동 한화지구
자료: 한화건설

시화 MTV 멀티테크노밸리
자료: K-WATER

공장 부지가 공원 또는 지식산업센터로 바뀐다면

공장 지역의 이 같은 변화는 부동산 시장에 큰 영향을 미친다. 단지 공장 지역이 바뀌는 데서 그치지 않기 때문이다. 우선은, 사양산업을 영위하던 업체들이 이전하면서 지역 기피시설의 소멸이라는 긍정적인 효과를 거두게 된다. 이어 그 자리에 지식산업센터가 들어서 기존의 일자리보다 고소득 일자리를 공급하게 된다. 그뿐만이 아니라 지식산업센터의 특징에 맞는 더 젊은 지식노동자가 유입돼 기존 상권을 대체하는 효과까지 가져온다.

레미콘 공장은 아직까지 도심 주요부에 남아 있는 대표적인 공장 시설이다. 여타 제조업 설비와는 달리 도심 건설 과정에서 시간의 제약을 이기기 위해 불가피하게 남아 있어야 했기 때문이다. 특히 레미콘 공장은 주로 도심 인근에 자리한다. 만성적인 교통체증 탓에 외곽의 시설에서 도심까지 레미콘을 공급하기가 쉽지 않았기 때문이다.

이런 레미콘 공장의 변화가 최근 들어 가장 강하게 나타나고 있다. 특히 서울 성동구 성수동에 있는 삼표레미콘 공장은 2022년 8월에 철거를 완료했다. 바로 옆 서울숲 인근에 고급 주거지

성수동 레미콘 공장 철거 전과 철거 후

가 이미 공급된 데다, 지역주민들 역시 공장 부지를 공원으로 만들자는 의견이 대세이기 때문이다. 최근 선호되는 것이 공장보다는 편의시설이고, 편의시설 중에서도 공원이 손꼽힌다는 점을 보여준다.

삼표레미콘 공장 자리에 지식산업센터만 들어와도 좋겠지만, 대다수를 위한 공원이 들어온다면 더욱 환영받을 것이다. 지역의 매력은 이처럼 공장 지역을 현명하게 개발함으로써 더욱 커질 수 있다.

지하철 말고
기차역 역세권

기차역은 늘 많은 생각을 하게 한다. 유럽 배낭여행을 가든 어디를 가든, 기차역에 내렸을 때의 기억은 엇비슷하다. 이동 시간을 최소화해 어떻게든 그 도시에 10분이라도 더 있고 싶은 마음에 역 앞에 있는 숙박시설을 선택하곤 했다. 하지만 그 동네에서 오래 살아야 하는 사람이라면 생각이 다를 수도 있을 것이다. 소매치기나 부랑자도 많고 다양한 범죄에 노출될 수도 있기 때문이다.

우리나라의 기차역에는 그런 이미지가 더욱 강하게 남아 있다. 우선 서울만 해도 서울역 인근이 서울의 중심이라고 생각하는 사람은 많지 않을 것이다. 아주 어릴 적, 서울역에 내려 역 광장 맞은편에 있는 육중한 대우센터(지금은 서울스퀘어)를 보면서 "여기가 서울의 중심인가요?"라고 물었다가 비웃음을 샀던 일이 생각난다. 서울의 중심은 예나 지금이나 광화문이지, 서울역 주변은 아니다.

'서울을 대표하는 기차역이 왜 중심지에 없을까?' 하는 궁금증이 들어 찾아봤다. 이 땅의 철도는 대부분 일제 강점기에 만들어진 만큼 당시 지명이었던 '경성京城역'으로 찾아보니 지금의 자리가 아니라 현재의 경찰청 건너 이화외고·이화여고 부지에 만들어진 것이었다. 경인선 역으로 경성정거장이라고 불렸는데, 나중에 경부선이 개통되면서 서대문역으로 개칭됐다. 당시 남대문역도 생겼는데, 여기에 경의선이 추가될 때 직결운행의 원활함을 위해 남대문역이 경성역으로 바뀌었고 지금의 서울역이 된 것이다.

그런데 서울역 주변은 역사 주위를 개발해 진정한 업무·상업 중심지로 만든 도쿄역 인근 마루노우치와는 전혀 다른 모습이 구축됐다. 예전 홍등가로 유명했던 남대문경찰서 인근의 양동은 이제 대부분 오피스 빌딩으로 바뀌었지만(아

서울역 북부 역세권 개발
서울역 북부 역세권은 최근 들어 개발계획들이 속속 발표되고 있다.
자료: 내 손안에 서울

직 미개발지가 남아 있긴 하다), 북부 역세권이나 서부 역세권 등은 개발 이전 상태 그대로다. 최근 들어서 조금씩 변화하고 있지만 여전히 서울역 인근에서 누군가를 만나자는 이야기는 입에서 잘 나오지 않는다. 나는 인기 지역을 '어디서 연인을 만날까'라는 생각이 드는지로 규정하곤 하는데, 이런 생각이 들게 하는 역을 아직 못 찾았다.

기차역 역세권 개발의 성공 사례

역은 특히 수도권에서 엄청난 의미를 가지고 있다. 아직 지방에는 광역철도가 구축되어 있지 않기 때문이다(이제 부산과 울산에 그나마 생겼다). 역은 인근 지역과의 접근성이 어떤 곳보다 뛰어난 곳인데도 아직 이런 점이 부각되질 못했다.

최근 들어 이런 움직임이 강하게 나타나는 곳이 있는데, 바로 수서역이다. 수서역에서는 이미 SRT가 전국 주요 도시들과 서울을 연결해준다. 동탄(15분)이나 평택지제(26분)를 갈 때도 SRT를 타는 것이 가장 쾌적하고 빠르다 보니 멀리 떨어진 지방을 가는 게 아니라 수도권에서 이동할 때도 고속전철을 이용하게 된다. 이 정도 시간이면 자동차로 옆 동을 가는 수준이라고 할 만하다.

때마침 수서역 주변의 땅을 개발하는 수서 역세권 개발이 원

수서 역세권 개발
자료: 내 손안에 서울, 한화건설

활히 진행 중이다. 지금까지 '개발' 하면 임대주택 중심의 아파트 조금 짓고 나머지 상업지역에 오피스텔이나 근린생활시설 정도가 들어오는 것으로 생각했겠지만, 수서 역세권은 조금 차원이 다른 개발이 진행된다. 신세계백화점이 들어오기로 한 것이다.

이와 비슷한 움직임을 이미 본 기억이 있을 것이다. 바로 판교역인데, 이 역 주변에는 알파돔시티라는 복합개발의 결과물이

판교역 알파돔시티
자료: 알파돔시티

있다. 부동산에 관심 있는 이들 중에 판교역이 그저 신분당선 역에 그친다고 생각하는 사람은 없을 것이다. 이미 경강선과 환승이 가능하며, 경강선은 향후 월곶판교선과도 연결될 예정이기 때문이다. 더욱이 역세권에 현대백화점 판교점이 들어오면서 상업 기능이 대폭 강화됐고, 알파돔시티 알파리움의 오피스 빌딩들 역시 우량 임차인을 구하는 데 성공하며 상업·업무 기능이 조합된 역세권이 완성됐다.

이는 대한민국에서 아주 드문 사례에 속한다. 여기 말고 역 주변에 뭔가가 제대로 들어온 적이 있던가? 사실 없다.

혐오시설에서 선호시설로 바뀌는 역 주변

📍

부산과 대구, 인천에는 훌륭한 변화 사례가 있다. 우선 인천 동춘역 근처에 스퀘어원이 있다. 예전 트럭터미널 부지다. 이미 유동인구가 충분히 확보되어 있는 곳에 들어오는 대규모 상업시설이므로 성공은 이미 어느 정도 보장된 셈이다. 유동인구를 기반으로 하는 사업의 성

부산 해운대 센텀시티
자료: 부산광역시

동대구역 복합환승센터
자료: 대구광역시

공을 이제부터는 지방에서도 확인할 수 있게 될 것이다.

사실 비슷한 모습이 이미 눈앞에 펼쳐져 있다. 바로 부산의 센텀시티, 그리고 대구의 동대구역이다. 특히 동대구역 근처는 예전의 어수선함은 온데간데없이 말끔하게 단장되어 있다. 복합환승센터가 만들어지고 신세계백화점이 입점한 동대구역의 모습을 상상이나 해봤는가?

이런 변화가 가장 빠르게 나타난 곳이 서울로, 바로 잠실역과 신도림역이다. 잠실역 인근은 입주가 된 이후에 상업 기능이 더해졌고, 신도림역 인근은 기존 공업지대가 주거지로 변화하는 과정에서 상업 기능을 갖췄다는 차이가 있다. 신도림역에는 연탄 공장이 상업시설로 변화한 곳이 있는데, 앞서 잠깐 언급한 디큐브시티가 그 예다.

그동안 밤늦게 역 근처를 돌아다니기 싫었던 이유는 무엇이었을까? 바로 청량리·길음·천호·영등포역 인근에 있던 혐오시설인 '집창촌' 때문이다. 그렇다면 앞으로는 역 근처가 굳이 싫지 않을 이유는 무엇일까? 그 시설들이 그저 사라지는 정도가 아니라 선호시설로 대체될 계획이기 때문이다. 평범한 입지에 새로 들어서는 시설보다 '혐嫌'에서 '호好'로 바뀌는 시설들은 해당 지역에 강한 긍정적 기운을 불어넣는다. 재래시장만 있던 동네에 대형마트 하나만 들어와도 지역의 생활 패턴이 크게 바뀌듯이, 오래된 역 근처의 큰 변화는 교통 편의성뿐만 아니라 삶의 질을 끌어올리는 데 상당한 기여를 한다. 아직까지 이런 변화를 경험해본 적이 별로 없어서 피부에 와닿지는 않겠지만, 이런 변화가 찾아오기까지 이제 짧으면 2년여밖에 남지 않았다.

신도시를
또 만든다고?

문재인 정부에서 발표한 3기 신도시가 추진되고 있다. 노무현 정부 때 발표된 2기 신도시도 아직 종료되지 못한 상태에서 나온 것이 바로 3기 신도시다. 2기 신도시는 1기 신도시로 충분할 줄 알았던 수도권 주택 시장이 2000년대 초반까지도 안정되지 않자(사실 1기 신도시의 입주가 끝난 지 10년도 되지 않아 벌어진 일이다) 곧바로 공급으로 해결하려는 취지였다.

그런데 1기 신도시보다도 훨씬 먼 입지라는 점이 결국은 좋지 못한 결과를 가져왔다. 특히 리먼 쇼크 이후에 분양된 곳들이 많아 상당수가 장기 미분양으로 남았다. 2기 신도시는 지금도 여전히 인기 지역으로 취급받지 못하는 곳이 꽤 많다. 왜냐고? '매우 멀기' 때문이다.

1·2기 신도시의 숱한 시행착오

1기 신도시도 준공 당시에 교통 대책이 함께 개발되진 못했다.

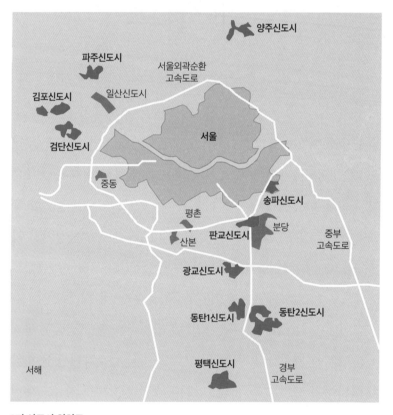

2기 신도시 위치도

1기 신도시 중 기존 도심을 개발하는 신시가지 형태였던 안양 평촌·부천 중동·군포 산본은 조금 다른 경우이니 제외하기로 하고, 서울과 1기 신도시를 연결하는 철도 교통이 언제 완성됐는지를 보자. 성남 분당은 분당선이, 고양 일산은 3호선 연장인 일산선이 담당했다. 그런데 이 중 분당선만 수서-오리 구간이 개통되면서(1994) 아파트 입주와 시기를 맞췄을 뿐, 일산선은 분당선보다 2년 늦게(1996) 개통됐다. 1기 신도시는 그나마 도시의 준공 완료 시기에는 맞춰 서울로 연결되는 철도 교통이 준비된 셈이다.

2기 신도시는 어땠을까? 광역교통시설부담금과 광역교통개선대책 분담금이라는 것이 있다. 사람들이 보통 알고 있는 것은 광역교통개선대책분담금이다. 계획도시를 건설할 때 교통과 관련된 비용을 해당 지구 사업자가 부담하는 제도로, 줄여서 교통분담금이라고도 한다. 요즘에야 다 4호선이라고 부르지만, 개발 초기에는 안산선이라고 부르던 금정역-오이도역 구간을 반월국가산업단지 개발사업자인 한국수자원공사가 건설비 전액을 부담한 것이 시초다. 이때부터 신도시 도시개발사업자가 부담하게됐으며, 1기 신도시에도 분양원가에 건설 비용이 반영됐다. 그래서 분당선과 일산선이 깔리게 된 것이다.

그런데 2기 신도시에서는 어색한 일이 벌어졌다. 세대당 1,200만 원(김포한강)부터 2,200만 원(광교)의 교통분담금이 분양가에 반영됐고 LH가 약 25조 원의 교통분담금을 징수했는데, 도시가 완성될 때까지 교통이 준비되지 않은 것이다.

광교 신도시와 김포한강 신도시의 예를 보자. 광교 신도시에는 신분당선이, 김포한강 신도시에는 김포골드라인이 투입됐다. 그런데 신분당선 광교 연장은 2018년, 김포골드라인은 무려 2019년이 되어서야 개통이 된 것이다. 광교 신도시와 김포한강 신도시의 입주가 2011년부터 시작됐다는 것을 생각해보면 최초 입주자들 기준으로 적어도 7년간은 철도 없는 도시에서 생활한 것이다. 비슷한 시기에 지어졌지만 2년밖에 기다리지 않은 판교(2009년 첫 입주, 2011년 철도 개통)는 조금 전 도시들보다 훨씬 축복(?) 받았다고도 볼 수 있다.

참고로 성남과 하남 위례(위례신사선, 위례과천선), 양주 옥정·회천(도봉산포천선)은 개통까지 아직도 먼 상황이다. 2기 신도시는 아니기에 직접적인 관련은 없을 수 있지만, 이미 교통분담금을 납부한 수원 호매실 같은 경우는 신분당선이 2029년에야 연장될 것으로 보인다. 지역마다 약속을 지키는 수준이 상당히 다르다는 걸 알 수 있다.

3기 신도시 이전에 1기 신도시 문제를
해결하는 것이 우선

이런 상황에 3기 신도시를 또 짓는 것이다. 3기 신도시는 아직 토지보상도 완료되지 않았는데 사전청약을 진행 중이다. 보통 2026~2027년부터 입주가 시작된다고 계획이 잡혀 있는데, 조금 전 말한 것처럼 토지보상조차 끝나지 않았다.

지난 문재인 정부는 숙려제를 통해 시장의 의견을 듣고 주요 결정을 내리겠다고 했는데, 윤석열 정부 역시 이미 바뀌어버린 사회 분위기를 정부의 의도대로 끌고 갈 수는 없을 것이다. 이런 상황에서 토지주들은 보다 많은 보상을 기대할 텐데, 과연 정부가 '강압적'인 방법을 동원해 개발의 속도를 낼 수 있을까? 현실적으로 쉽지 않을 것으로 본다. 특히 토지보상도 제대로 되지 못하는 상황에서 주택보다 철도 건설을 먼저 하겠다는 건 현실화 가능성이 떨어지는 이야기다.

이런 와중에 1기 신도시가 어느덧 30년 차가 됐다. 그래서인지 20대 대통령선거에 출마한 주요 후보들은 1기 신도시의 향후 처리법에 대한 내용을 공약으로 내놓았다. 재건축 과정을 완화해 빠르게 진행할 수 있게 하며, 용적률 완화 등으로 추가 주택 건설을 촉진해 시장에 주택을 충분히 공급함으로써 시장 가격의 안정화까지 꾀하겠다는 것이다.

말하긴 굉장히 쉬운데, 막상 진행할 수 있을지부터가 문제다. 1기 신도시는 현재 기준으로 수도권 거주지 중 최상위권을 차지하는 곳들이다. 비록 주택이 노후화됐다는 점은 있지만, 이미 30년 가까운 세월 동안 갖춰진 인프라는 경기도 최고 수준이다. 이렇게 잘 갖춰진(그리고 어렵게 만든) 인프라를 내버려 둔 채 빈 땅에서 새롭게 시작하려 하는 것이 바로 3기 신도시다. 이런 상황에 굳이 신도시를 또 만드느냐는 반발이 나올 수밖에 없다. 1기 신도시 문제를 잘 해결하는 것이 현 상황에서 가장 현명한 대처법이지만, 정부가 늘 현명하게 움직이는 건 아니라는 것쯤은 모두가 잘 알고 있을 것이다.

가장 현명한 해법은 무엇일까

서울 주택 문제 해결을 위해 신도시를 만들다 만들다 이제 충청남도 아산까지 다다랐다. 고속도로를 타고 내려가다 보면 경기도에선 여간하면 논밭을 찾아보기 힘들 정도가 됐다. 주택 문제는 상상 이상의 물량 공급이 아니고선 답이 없다는 것을 느끼게 해주는데, 3기 신도시는 이런 의식의 연장선에서 바라봤을 때 충분한 물량도 아닐뿐더러 시기도 부적절한 데다 추가 비용까지 감수해야 하는 선택지다. 그리고 이미 모든 것이 준비되어 있는

1기 신도시의 정비사업이 이미 코앞에 닥쳤다. 이런 상황에서 어떤 결정을 내리는 것이 가장 합리적일까?

1기 신도시는 지금부터 20여 년간 시장의 향방을 좌우할 게임 체인저가 될 것이다. 그런데 벌써부터 예상되지만 시장이 긍정적으로 변화할 것 같진 않다. 참고로 '긍정적'이란 정부가 말하기로는 가격 하락을 의미한다.

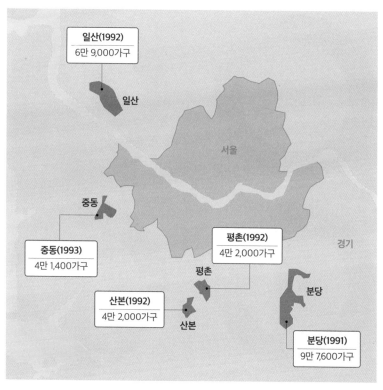

1기 신도시는 이미 지어진 지 30년이 흘렀다

주차
5.4
25.9
19
22
27.7

상하수도 부식
5.2
10.1
25.9
21.7
37

방범·안전
4.2
4.9
13.8
40.5
36.5

소음·진동
1.2
11.4
22.2
29.1
36

단열·방풍
3.7
6.4
31.9
22
36

실내 공간 배치
3
2
33.8
24
37.3

1기 신도시 거주자의 주거 환경 만족도
※ 2019년 10~11월 1기 신도시 500가구 이상 아파트 단지 거주자 405가구 조사
자료: 경기연구원

수도권 신도시도 아닌
지방 이전?

지방 이전은 공권력의 엄청난 폭력이라는 생각을 해본 적이 있는가? '지역 균형 발전'이라는 말을 쉽게 꺼내는 사람들이 있다. 그런데 그런 말 하는 사람치고 자기 가족을 지방으로 보내는 경우를 못 봤다. 왜 사람들은 '지역 균형'이라는 허황된 말을 서슴지 않고 꺼내는 것일까? 자기 가족도 아닌 다른 이들의 생이별을 동반하는 엄청난 결정인데 말이다.

서울의 기능을 지방으로 분산하다

📍

기존 기능을 이전시키는 것으로 문제를 해결하려는 움직임이 나타난 것은 1970년대부터다. 여의도가 그랬고, 영동(강남) 개발이 그랬다. 강북에 있던 기능을 새로운 지역으로 옮기면 그만큼의 수요가 분산되면서 가격도 안정될 것이라는 기대도 분명히 포함되어 있었을 것이다. 강북 기능을 강남으로 옮길 때는 유사시에 강북 거주자들을 강남으로 대피시킬 만한 시간이 충분하지 않다는 군사적 기능이 우선됐다.

그런데 당시에도 사람들을 여의도나 강남으로 이동시키는 일은 녹록지 않았다. 여의도 시범아파트와 논현동 공무원아파트 역시 충분한 수요가 없어 초기에는 공무원들이 울며 겨자 먹기로 입주해야만 했다. 물론 그 사람들은 훗날 최고의 선택이었다며 칭송했지만.

이후 사람들을 본격적으로 이동시켜야 하는 일들이 본격적으로 준비됐는데, 공무원들에게만 가해졌던 '폭력'에 대한 완화책으로 강북 유명 학교들을 강제로 강남으로 이전케 했다. 이는 한편으로, 미리 가 있던 사람들에게는 이주지가 매력적인 곳으로 바뀌는 계기가 됐다.

어쨌든 여기까지는 '서울 내'에서의 이동이었다. 그런데 1980년대에 들어서면서 이동 범위가 조금씩 넓어졌다. 대표적인 예가 정부종합청사를 과천으로 옮긴 것이다. 당시 서울에 있던 많은 제조 업체를 안산으로 옮기는 계획도 함께 진행됐다. 반월·시화공단을 만든 이유가 그것이다.

1990년대에는 별다른 이슈가 없었다고 생각하는 사람이 많지만, 1기 신도시 중 하나인 대전 둔산 신도시에 제3 정부종합청사(정부대전청사)를 만든 것이 시작이었다. '국토의 균형 발전과 중앙 행정기관의 지방 이전으로 균등한 지역 발전'이라는 말로 서울·수도권에 거주 중인 중앙공무원 상당수를 지방으로 강제 이주시켰다. 물론 가기 싫으면 그만두면 되는 것이니 '강제'라는 표현은 부적절할지도 모른다. 하지만 이 같은 결정은 스탈린이 조선인

대전 제3 정부종합청사
광화문, 과천에 이어 지방에 처음 생긴 정부종합청사다.
자료: 위키백과

지역	공기업	준정부기관
부산	주택도시보증공사 한국남부발전(주)	한국자산관리공사 한국주택금융공사
대구	한국감정원 한국가스공사	신용보증기금
광주 · 전남	한국전력공사 한전KDN(주) 한전KPS(주)	한국농어촌공사 한국농수산식품유통공사 사립학교교직원연금공단
울산	한국석유공사 한국동서발전(주)	한국산업인력공단 근로복지공단 한국산업안전보건공단 한국에너지공단
강원	한국광물자원공사 대한석탄공사	도로교통공단 국민건강보험공단 건강보험심사평가원 한국관광공사
충북		한국가스안전공사 한국소비자원
전북		한국전기안전공사 한국국토정보공사 국민연금공단
경북	한국도로공사 한국전력기술(주)	한국교통안전공단
경남	한국토지주택공사 한국남동발전(주)	중소벤처기업진흥공단 한국시설안전공단
제주		공무원연금공단

지방 이전 공공기관 세부 현황
자료: 국토교통부

들을 중앙아시아로 강제 이주시킨 것과 크게 다르지 않다.

2000년대에 들어서면서부터는 수위가 한층 높아졌다. 노무현 정부가 만든 국가균형발전위원회의 결정인데, '수도권 지역 편중'에 따른 경제 성장의 과실을 지방도 다 같이 누리게 하겠다는 취지로 서울·수도권 공공기관을 전국 곳곳으로 분산시켰다. 공무원뿐 아니라 공기업·공공기관까지 적절한 분배를 위해 곳곳으로 보낸 것이다.

특정 지역을 선택한 데에는 이런저런 이유가 있었다. 가스 폭발 사고가 발생했던 대구에 한국가스공사가 간다든지, 석유화학 공장이 많은 울산에 한국석유공사가 이전한다든지 등이다. 하지만 여기까지는 애교로 볼 수 있다. 강원도에 건강보험공단·건강보험심사평가원이, 전라남도에 한국전력공사가, 경상북도에 한국도로공사가, 경상남도에 한국토지주택공사가 가게 된 이유는 무엇일까? 아마 별다른 이유가 없을 것이다.

지방 이전 명분, 설득력이 있나?

직장이 이렇게 옮겨진 사람들은 대부분 주말부부를 선택해야 했다. 지방에 내려가 잘 정착하라는 취지로 특별공급 주택청약 기회를 제공했지만, 대부분 청약 초기에 매도해 이후 주택 가격이 크게 상승했을 때의 과실을 얻은 사람은 많지 않다는 '웃픈' 현실도 있다. 안타까운 일이지만, LH 사태 이후로는 지방 이전 기관 특별공급이 사라져 막상 지방으로 내려갔지만 집은 구하지 못한 사례도 흔하다.

가장 어이없는 건 주요 기관들이 지방으로 이전한 탓에 서울에서 생활하는 많은 사람이 일을 보려고 지방에 내려가야 한다는 것이었다. 정부종합청사를 세종시로 그대로 옮기면서 이제 서울 광화문에는 몇 개 부서밖에 남아 있지 않은데, 이 부서들이 역으로 차별을 받는(!) 상황도 벌어졌다. 통일부, 여성가족부, 행정안전부, 외교부, 금융위원회, 국민권익위원회가 그렇다. 또한 서울은 아니지만 정부 2청사의 법무부, 방위사업청, 공정거래위원회, 방송통신위원회는 왜 남아 있는 것일까?

여기까지는 그러려니 하겠지만, 청와대와 국회가 서울에 있다 보니 국정감사 기간만 되면 지방으로 이전한 기관장들이 서울에 와서 머무르는 일이 벌어지곤 했다. 본사는 지방인데 서울 사무소를 두는 곳도 많아졌다. 예전 LH 사장은 진주에 거의 내려가지 않는다는 소문까지도 있었다. 직원들은 내려가고 장은 늘 서울에 있는 것이 바람직한가? 청와대를 사용하지 않고 정부종합청사를 사용할 것이라는 공약을 내놓았던 대통령은 임기 말까지 청와대에 있었다. 국회는 세종시에 분원을 만든다는데 굳이 서울과 세종으로 이원화될 필요가 있을까? 지방 이전을 가져온 명분을 살리려면 말 그대로 서울·수도권에 있는 공공 기능을 모조리 지방으로 옮겨야 할 것이다. 하지만 현재 상황을 볼 때, 이도 저도 아닌 결과를 가져온 것이 바로 지방 이전이다.

융·복합이라는 말을 요즘처럼 자주 쓴 적이 없었던 것 같다. 서로 다른 분야 사람들의 역량을 한데 모아 문제를 해결하는 것

세종시 국회의사당 분원 위치도
세종에 국회의사당 분원이 생길 예정인데, 이전이 아니라 '분원'을 내는 것이다.

이 일반화되고 있는데, 각 기능을 전국 각지에 흩어놓는 것이 21세기에 맞는 전략인가? 아니면 결국 지역 나눠 먹기의 희생양인가?

적어도 민간기업이 이런 결정을 쉽게 내놓는지를 확인해보면 쉽게 알 수 있다. 당연히 아니다. 오히려 우수 인재를 확보하기 위해 본사 사옥을 더 좋은 입지로 옮기려고 애를 쓴다. 앞으로 다가올 융·복합 시대에 정부만 지방에서 유아독존, 독야청청하려는 것일까?

그래서 더더욱 복합개발이 필요하다

'슬세권'이라는 말을 들어본 사람이 못 들어본 사람보다 많은 세상에 살고 있다. 자신이 사는 곳에서 슬리퍼 신고 다닐 만한 거리에 이런저런 시설이 다 있다는 뜻인데, 이처럼 간편한 차림으로 나서도 되는 곳이 집 근처에 있다는 것은 이제는 축복이다. 예전처럼 백화점 갈 때 빼입고 나서는 일은 드물지 않은가. 사실 차를 살 때도 굳이 옷을 잘 차려입고 가는 시대는 이미 지났다.

그러니 주거지역에 주거만, 상업지역에 상업만 존재하는 것은 아무도 바라지 않게 됐다. 어떻게 보면 토지의 용도가 복합화된 것인데, 이런 경향은 20년 전부터 나타났다. 바로 주상복합 붐이다. 당시 주상복합은 단순 주거와 상업 기능의 결합 정도였는데,

이제는 더 넓은 지역을 복합적으로, '제대로' 개발해야 한다는 니즈가 커지고 있다.

복합개발의 대표적인 사례, 롯데월드몰

대표적인 사례가 바로 잠실 롯데월드몰이다. 바로 길 건너 롯데백화점도 쇼핑과 테마파크가 결합된 복합개발이었지만, 2010년대에 개발된 롯데월드몰은 상업뿐 아니라 업무·주거·숙박을 결합했다. 100층짜리 빌딩에 롯데지주 본사가 이전하면서 롯데그룹의 CI도 교체했는데 CI에 심지어 롯데월드타워, 롯데월드몰 부지를 형상화했다. 그만큼 롯데월드몰·타워가 그룹 내에서 중요한 위치라는 사실을 확인할 수 있다.

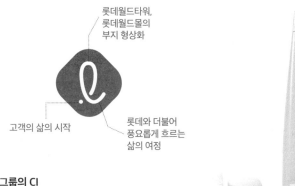

롯데월드타워,
롯데월드몰의
부지 형상화

고객의 삶의 시작

롯데와 더불어
풍요롭게 흐르는
삶의 여정

롯데그룹의 CI
롯데그룹 CI에도 롯데월드몰의 느낌이 남아 있다.

중요한 본사 사옥 빌딩에 이처럼 여러 가지 기능을 복합적으로 개발한 사례는 상당히 드물다. 삼성그룹도 서초동 사옥을 만들 때 오피스 이외의 기능은 넣지 않았다. 현대자동차그룹이 개발하려는 삼성동 GBC도 복합개발이긴 하지만, 주거 기능은 포함되어 있지 않다.

복합적인 니즈에 맞춰 개발도 복합적으로

소비자들의 주거에 관한 욕구는 이제 주거지 인근에서 대부분의 일을 처리하고 싶어 하는 것으로 발전했다. 교육이나 교통, 자연 환경과 같은 주거 관련 요인들뿐 아니라 직주근접, 쇼핑, 여가 등도 한 번에 처리하고 싶어 한다. 그런데 이를 충족시켜주는 곳이 많지가 않다. 토지마다 용도가 정해져 있기 때문이다.

하지만 21세기에 '이 땅은 농업용, 이 땅은 주거용, 저 땅은 상업용' 식으로 구분하는 것도 참 우스운 일이다. 오피스텔은 보통 상업지역에 건축되는데, 상업지역에 어떻게 거주 목적의 오피스텔을 짓느냐고 말하는 것이 얼마나 어색한지를 다들 깨닫질 못한다. 거꾸로 백화점이나 쇼핑몰처럼 상업 기능이 강한 곳에 주거를 검토하는 건 어색해하지 않는다. 시장의 수요를 이미 파악하고 있지만, 행정 기능이 이를 따라가지 못하는 것이다.

서초대로 주변 개발계획

판매·업무·문화 기능을 복합적으로 갖춘 단지가 들어설 예정이다.

자료: 서초구

위치	서울 서초구 1322의 1 일대
면적	4만2312m²
높이	최고 250m
이용 계획	역세권 활성화와 도시환경 정비를 위한 판매 업무 문화 기능 복합개발
기타	특별계획구역 간 연계 개발, 공중보행통로 설치 허용
용도 지역	2종 3종 일반주거지역 → 사전협상 거쳐 상업지역으로 상향 가능

서초대로 주변 개발계획 중 롯데칠성 부지 지구단위계획

자료: 서초구

이런 복합개발이 점점 확대되고 있다. 역세권을 중심으로 한 넓은 부지를 개발할 때 단순히 오피스나 주거만을 고민하지 않는다. 이런 움직임이 빠르게 나타나고 있는 곳이 바로 삼성동 GBC이고, 그 외에도 꽤 많이 준비되고 있다. 서초동 롯데칠성 부지, 서초동 정보사 부지, 가양동 CJ 부지, 이태원동 UN사 부지 등이다. 각기 가장 중시하는 기능은 따로 있고 거기에 다른 기능을 합친 개발을 기획하고 있다. 군이 일본의 미드타운이나 롯폰

기힐스 개발 사례를 언급하지 않더라도 이젠 서울에서도 복합개발의 훌륭한 사례를 찾아볼 수 있다.

용도지역 변경으로 도심을 개발한다

도시를 크게 변화시키려는 민간의 움직임에 정부도 합류하고자 노력 중이다. 바로, '용도지역 개편 움직임'이다. 큰길 주변은 중심·일반상업 등으로 용적률을 높게 적용하고 뒷길로 들어갈수록 용적률을 낮춰 높은 건물을 지을 수 없게 한 것이 별로 의미가 없다는 점을 정부가 깨달은 것이다.

서울의 대표 중심 지역인 광화문을 한번 떠올려보자. 광화문 큰길가에는 물론 고층빌딩이 이어져 있는데, 골목으로 들어가도 높은 건물이 연이어 들어서 있다. 주요 중심지일수록 큰길가와 아닌 곳의 차이가 크지 않다는 얘기다. 그럼에도 용도지역에 따라 조금만 뒷길로 들어가도 높은 건물을 짓지 못하게 되어 있는 규정은 불합리하다는 것이 서울시 의견이다. 용도지역에 매몰되지 않으면서 '비욘드 조닝Beyond Zoning'이라는 개념을 도입해 '다기능 복합 용도'로 토지를 이용하겠다는 것은 상당한 의미가 있다. 구태의 한계에 매몰되지 않겠다는 것이다. 이미 번화한 곳이라면 앞길, 뒷길 구분 없이 지역을 더욱 쓸모 있게 개발할 수 있게

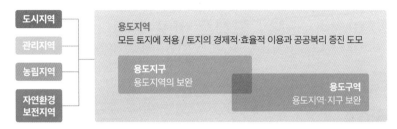

용도지역, 용도지구, 용도구역
모든 땅에는 용도가 정해져 있다는 개념도 예전 방식이다.
자료: 서울도시계획포털

하겠다는 얘기인데, 이제까지 왜 이런 생각을 하지 않았던 것인지 오히려 궁금해진다.

지금까지는 용도지역이라는 한계에 매몰되어(기존 땅의 용적률을 높여 유효 활용도를 높이면 기존 토지 소유자에게 과도한 이익이 돌아간다는 생각) 기존 지역을 재개발하기보다는 외곽의 빈 땅을 새롭게 개발하려고만 했었다. 그런데 이제는 새롭게 만드는 것보다 기존의 도심을 더욱 효과적으로 개발하겠다는 생각이 등장한 것이다. '용도지역'이라는 한계가 적극적인 개발을 막는 걸림돌이었다고 한다면, 용도지역에서 벗어나려는 것은 가치가 높은 토지를 효과적으로 활용해야 한다는 생각이다. 그만큼 현재 우리나라의 도심 상황은 개발을 굉장히 원하고 있다는 것을 드디어 정치권에서도 인지하게 됐다는 뜻이다. 정치권이 이처럼 태도를 바꾼 이유는 매우 유용한 땅이 도심에서 '쿨쿨' 잠자고 있다는 것을 느끼게 되었기 때문일 것이다.

5부 • 핵심은 바로 이것!

- 조선의 신수도 한양이 외면받자 정부는 '개성의 상점 폐쇄'라는 초강수를 두어 성공시켰다.
- 한양은 10만 명 규모로 만든 계획도시다. 100년도 안 되어 주택난이 시작되자 결국 부도심을 만들었다.
- 영조는 한양 집값을 잡겠다며 공급 대신 매매를 제한했다. 하지만 오히려 집값은 폭등했고, 사채에 '영끌'이 필수가 됐다.
- 조선이 야심 차게 조성한 신도시 4군 6진. 명분만 앞세워 인프라 구축에 소홀하다가 결국 '폐사군'이라는 결말을 맞았다.
- 정조는 화성 신도시의 유입 인구를 늘리기 위해 상업과 세제 혜택을 제공했다.

- 과거에는 저렴한 일자리를 제공했던 공장지대가 이제는 첨단산업의 메카가 됐다.
- 대규모 공장지대가 쾌적한 주거지로 탈바꿈하는 일은 인천, 그것도 해안가에서 자주 확인된다.
- 기차역 역세권은 과거엔 기피 지역이었지만 이젠 직주근접의 인기 지역으로 탈바꿈하고 있다.
- 지금 있는 신도시를 개선하는 것이 신도시를 또 만드는 것보다 훨씬 유용하다.
- 수도권에 기능을 집중하는 것이 더욱 효율적일 수 있지만 정치적 부담은 훨씬 커진다.

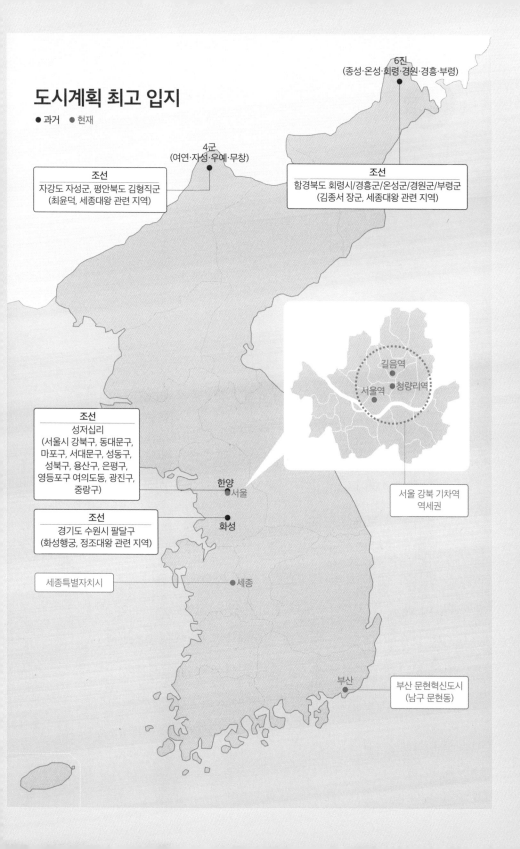

도시계획 최고 입지

● 과거　● 현재

6진
(종성·온성·회령·경원·경흥·부령)

조선
함경북도 회령시/경흥군/온성군/경원군/부령군
(김종서 장군, 세종대왕 관련 지역)

4군
(여연·자성·우예·무창)

조선
자강도 자성군, 평안북도 김형직군
(최윤덕, 세종대왕 관련 지역)

길음역
청량리역
서울역

조선
성저십리
(서울시 강북구, 동대문구,
마포구, 서대문구, 성동구,
성북구, 용산구, 은평구,
영등포구 여의도동, 광진구,
중랑구)

한양
서울

서울 강북 기차역
역세권

조선
경기도 수원시 팔달구
(화성행궁, 정조대왕 관련 지역)

화성

세종특별자치시

세종

부산

부산 문현혁신도시
(남구 문현동)

다섯 가지 키워드,
특히 교육에 주목하자

이상우

부동산은 인간의 삶과 떼려야 뗄 수 없는 존재다. 특히 이 책을 통해 독자들은 예나 지금이나 부동산을 바라보는 사람들의 생각이란 게 크게 다르지 않다는 점을 깨닫게 됐으리라고 믿는다. 사람이 살아가는 방법은 시간이 흘러도 크게 달라지지 않으며 조금씩 더 세련되어질 뿐이다. 바로 이 점을 부동산 시장에 투영하는 법을 배울 필요가 있다.

그런 관점에서 이 책에서 다룬 다섯 가지 키워드는 꼭 기억해둘 필요가 있다. 교육, 직주근접, 교통, 자연환경 그리고 도시계획. 이 다섯 가지는 앞으로도 변하지 않을 것이다. 특히 이 책에서는 교육을 강조했다는 점을 기억해주길 바란다. 고소득과 교육의 상관관계는 아무리 강조해도 지나치지 않기 때문이다. 교육이 부동산 시장에 상당히 강한 영향을 미친다는 생각이 역사의 흐름 속에서 한 번 더 부각됐기를 바란다.

역사 속 과거와 현재의 부동산에 대한 설명이 자연스럽게 이어지는 상상을 집필 이전부터 해왔는데, 글을 마무리하는 이 시점에 보니 상당히 만족스럽다. 내 능력으로 어떻게 할 수 없는 전문 영역이 더해지는 협업이란 상당히 즐거운 작업이라는 사실을 알게 된 것도 흥미로운 점이다. 유성운 기자님의 전문성과 나의 노력이 더해진 결과가 하루빨리 시장에 나오길 기대해본다.

이 책의 기획 단계부터 씨앗을 뿌리고 책이 만들어지는 전 과정을 함께하면서 결실을 볼 수 있도록 독려해준 송병규 팀장님께 고맙다는 말을 전하고 싶다. 더불어 긴 시간 동안 원고를 기다려주신 김선준 대표님께도 감사의 인사를 전한다. 무엇보다 남편과 아빠를 배려해준 와이프와 아이들에게 고맙다는 말을 꼭 전하고 싶다.

탈고를 앞두고 앞으로 또 언제쯤 부동산책을 낼 수 있을지 생각이 떠오르지 않는다. 항상 당시에 최선을 다하려 노력하기 때문이다. 이번 『대한민국 부동산 부의 역사』에도 지금 내가 머릿속에 가지고 있는 생각을 모두 쏟아부었다. 여기에 유성운 기자님이 작성한 역사까지 더해졌으니 현재 부동산 시장뿐 아니라 미래의 시장을 바라보는 시각이 한층 더 다양하고 선명해졌을 것으로 믿는다. 나의 부족함이 유성운 기자님의 역량으로 상당 부분 가려지리라 생각하니 기분이 좋아진다.

맺음말 **461**

세계 어디든
부동산에 관심 없는
사람은 없다

유성운

한국의 지정학 또는 부동산 문제를 이야기할 때 원망을 듣는 3대 장이 있다. 그 많고 많은 땅 중에 굳이 한반도 일대를 고른 환웅, 한반도의 그 많고 많은 지역 중 서울에 도읍을 정한 온조, 그리고 또다시 서울을 택한 이성계.

중국·러시아 같은 나라에 치이고, 서울 집값이 천정부지로 솟다 보니 나오는 우스갯소리겠지만, 사실 그만큼 땅이 우리 생활에 끼치는 영향이 너무나 크기 때문에 나오는 이야기일 것이다. 하지만 한반도가 아니었다면 그리고 서울에 도읍을 정하지 않았다면, 지금 우리는 더 행복해졌을까?

개인 사정으로 책의 상당 부분을 영국에서 썼다. 지금 이 글을 쓰고 있는 곳도 런던의 한 카페다. 와서 보니 런던은 런던대로 주거비가 만만치 않다. 집값은 천문학적이고, 월세는 서울보다 비싸다. 대도시의 인프라를 포기할 수 없으니 반지하에 살거나 통근 가능한 외곽으로 가는 것 또한 서울과 다르지 않다. 다들 내 집 마련(월세든, 매매든)에 관심이 많고, 골목마다 자리한 부동산 소개소는 서울의 카페만큼이나 많다. 런던의 부동산은 어떤 부분에서는 더 가혹한 면도 있다. 예를 하나 들자면 영국은 부동산에 붙는 세금을 세입자가 낸다. 쉽게 말해 재산세가 세입자 몫인 셈이다.

예정에 없었던 갑작스러운 영국행은 책의 작업을 늦어지게 한 요인이 됐지만, 한편으로는 세계 어디든 주거 문제는 간단치 않고 사람들은 집과 땅에 관심이 많다는 사실을 확인할 수 있게 해주었다. 또 그만큼 생각할 거리도 늘어났고 시야도 넓어졌다. 그런 시점에 대한민국 넘버 원 전문가와 함께 집과 땅에 대해 다루는 시간을 가진 것은 이색적이고도 특별한 기회였다. 각자 맡은 분야에 대한 깊이는 감히 비교할 수 없지만, 그래도 이상우 대표님이 쓴 글의 맛을 더하는 양념 역할은 할 수 있지 않을까 기대하고 있다. 작업을 시작한 후 서로 만난 적이 없어서(만날 수가 없었다!), 흔쾌히 동의해줄지는 알 수 없지만 말이다.

아울러 이 책으로 나는 마음의 짐 하나를 내려놓을 수 있게 됐다. 다시 2018년 "'부귀를 경계하라'던 퇴계 이황은 어떻게 재산을 늘렸나" 기사 이야기다. 반응은 좋았지만, 아무래도 흥미 위주로 정리하다 보니 퇴계를 너무 탐욕스러운 위선자처럼 묘사한 것 같았다. 물론 그가 재산 마련에 덜 관심을 보였다면 보다 완벽해 보였겠지만, 그건 어디까지나 지금의 기준이다. 미국에서 국부로 받드는 조지 워싱턴도 흑인 노예를 거느린 대농장의 소유주였지만 어떤 부끄러움도 느끼지 않았다. 당대 사람들을 평가할 때 현재의 기준을 들이대는 것은 다소 신중할 필요가 있다. 그래서 나는 5장에서 이황이 살았던 시대의 분위기를 다른 측면에서도 볼 수 있는 연구들을 소개했다. 첨언하자면, 기사에서 역사적 인물을 다루면 간혹 몇몇 문중으로부터 항의가 들어오고 일부는 회사로 찾아오기도 한다. 그런데 이황의 문중 진성 이씨 측에서는 한 번도 그런 적이 없었다. 나의 존재감이 미미한 덕분도 있겠으나, 어찌 됐든 간이 콩알만 한 나로서는 매우 감사한 일이다. 당시 기사 조회 수가 180만 건이 넘었으니 이 책도 그 정도 팔린다면 짐을 완전히 내려놓을 수 있지 않을까.

그리고 여기에 소개한 많은 내용은 서울역사박물관의 소중한 자료와 '참고문헌'에 소개한 기존 연구들을 활용했다. 모든 연구자께 깊이 감사드린다. 아울러 중요한 자료의 인용을 기꺼이 허락해주신 박현모 여주대 세종리더십연구소장님과 바쁜 시간을 쪼개 자료 수집을 도와준 조창주 경제사회연구원 사무국장님께도 감사하다는 말씀을 전하고 싶다.

끝으로, 이 책의 시작부터 함께 고민하고 방향을 제시해준 송병규 팀장님과 원고의 깊이를 더하기 위해 수없이 원고를 수정하고 보완하느라 많은 시간이 소요됐음에도 묵직하게 인내하며 기다려주신 김선준 대표님께 감사의 인사를 전하고자 한다. 더불어 언제 어디서나 나를 이해해주고 응원해주는 가족에게 고맙다는 말을 전하고 싶다.

참고문헌

- 고동환, 『조선시대 서울도시사』, 태학사, 2007
- 고동환, 『한국 전근대 교통사』, 들녘, 2015
- 김성우, 『조선시대 경상도의 권력 중심 이동』, 태학사, 2012
- 서울역사박물관, 『서울역사박물관: 600년 서울을 담다』, 서울역사박물관, 2013
- 서울역사박물관, 『성균관과 반촌』, 서울역사박물관, 2020
- 오수창, 『조선후기 평안도 사회발전 연구』, 일조각, 2002
- 한국역사연구회, 『개경의 생활사』, 휴머니스트, 2007
- 김건태, 「이황의 가산경영과 치산이재(治産理財)」, 『퇴계학보』 130, 2011
- 김대중, 「유만주의 가옥구매」, 『한국실학연구』 27, 2014
- 김문경, 「가와이문고(河合文庫) 소장 古文書에 보이는 조선후기 서울 종로의 주택과 미나리 논(水芹田)」, 『민족문화연구』 84, 2019
- 김성우, 「15~16세기 인재의 府庫, 선산」, 『대구사학』 143, 2021
- 박종진, 「고려왕조의 수도 개경의 특징과 위상」, 『서울학연구』 83, 2021
- 김창현, 「고려 개경과 조선 한경의 구조 비교」, 『서울학연구』 58, 2015
- 김흥순, 「조선의 도시화는 왜 정체되었는가? 신제도학파 분석틀의 준용」, 『한국지역개발학회지』 29, 2017
- 문경호, 「여말 선초 조운제도의 연속과 변화」, 『지방사와 지방문화』 17, 2014
- 서성호, 「기록으로 본 울산 달천 광산」, 『울산사학』 19, 2015
- 서성호, 「[특집:고려시기 개경의 구조와 기능] 고려시기 개경의 시장과 주거」, 『역사와현실』 38, 2000
- 신안식, 「고려 개경의 경제 공간과 교통로」, 『서울학연구』 83, 2021

- 양진석, 「조선후기 漢城府 中部 長通坊 丁萬石契 소재 가옥의 매매와 그 특징」, 『규장각』 32, 2008
- 우영환, 「충남지역의 금광업에 관한 경제사적 고찰」, 『경영사학』 24(3), 2009
- 유봉학, 「正祖의 華城 건설과 산업진흥책」, 『한국실학연구』 2, 2000
- 유슬기·김경민 「조선시대 한양도성 안 동부 지역의 상업도시화 과정」, 『서울학연구』 67, 2017
- 유승희, 「15~16세기 漢城府의 주택 문제와 정부의 대응」, 『사학연구』 94, 2009
- 유승희, 「조선전기 한성부 가옥 철거와 정부의 보상실태」, 『이화사학연구』 42, 2011
- 유승희, 「17~18세시 漢城府內 軍兵의 家垈 지급과 借入의 실태」, 『서울학연구』 36, 2009
- 이경수, 「선사문화의 변동과 소금의 민속고고학」, 『한국학보』 19, 1993
- 이도학, 「弁韓 '國出鐵' 論의 檢證과 意味」, 『단군학연구』 39, 2018
- 이도학, 「高句麗의 東海 및 東海岸路 支配를 둘러싼 諸問題」, 『고구려발해연구』 44, 2012
- 이도학, 「伯濟國의 성장과 소금 交易網의 확보」, 『백제연구』 23, 1992
- 이미나, 「1930년대 '금광열'과 문학적 형상화 연구」, 『겨레어문학』 55, 2015
- 이수건, 「퇴계 이황 가문의 재산 유래와 그 소유형태」, 『역사교육논집』 13·14, 1990
- 이욱, 「18세기 이후 한성부 북부 6방(坊)(현 북촌)의 주거 정체적(停滯的) 구조」, 『서울학연구』 61, 2015
- 이양수, 「변한의 대외교역」, 『고고광장』 8, 2011
- 이영·한경호, 「한중일 도성계획에서 주례고공기의 해석과 적용에 관한 연구」, 『대한건축학회 논문집』 27, 2011
- 이정신, 「고려시대 금 은채굴과 금소·은소」, 『역사와 담론』 57, 2010
- 장지연, 「개경과 한양의 도성구성 비교」, 『서울학연구』 15, 2000
- 정요근, 「고려~조선전기 漕倉의 분포와 입지」, 『한국사학보』 57, 2014
- 정요근, 「고려시대 鄕·部曲의 성격 재검토」, 『사학연구』 124, 2016
- 장재천, 「朝鮮後期 成均館의 泮村과 泮村人」, 『향토서울』 77, 2011
- 문숙자, 『退溪學派의 經濟的 基盤-財産 形成과 所有 規模를 중심으로』, 『정신문화연구』 85, 2001
- 최종현, 「개경과 남경사이」, 『서울학연구』 63, 2016
- 최진옥, 「조선시대 평안도의 생원 진사시 합격자 실태」, 『조선시대사학보』 36, 2006
- 27쪽 '1872년 지방 지도에 그려진 개경', 72~73쪽 '한강의 지식 네트워크', 160쪽 '성균관과 반촌의 위치', 372쪽 『주례고공기』에 맞춰 건설된 한양도성'에 쓰인 도판은 서울대학교 규장각한국학연구원의 허락하에 사용하였다.

대한민국 부동산 부의 역사

초판 1쇄 발행 2022년 10월 11일
초판 3쇄 발행 2022년 12월 12일

지은이 이상우, 유성운
펴낸이 김선준

기획·책임편집 송병규 **편집3팀** 이희산
표지 디자인 엄재선
표지 일러스트 정유진(유유)
본문 디자인 김영남
책임마케팅 신동빈 **마케팅팀** 권두리, 이진규
책임홍보 이은정 **홍보팀** 조아란, 김재이, 유채원, 권희, 유준상
경영관리팀 송현주, 권송이

펴낸곳 ㈜콘텐츠그룹 포레스트 **출판등록** 2021년 4월 16일 제2021-000079호
주소 서울시 영등포구 여의대로 108 파크원타워1 28층
전화 02) 332-5855 **팩스** 070) 4170-4865
홈페이지 www.forestbooks.co.kr

ISBN 979-11-92625-03-4 (03320)

㈜콘텐츠그룹 포레스트는 독자 여러분의 책에 관한 아이디어와 원고 투고를 기다리고 있습니다. 책 출간을 원하시는 분은 이메일 writer@forestbooks.co.kr로 간단한 개요와 취지, 연락처 등을 보내주세요. '독자의 꿈이 이뤄지는 숲, 포레스트'에서 작가의 꿈을 이루세요.